奥运遗产与体育旅游创新发展研究丛书

蒋依依 主编 | 谢婷 方琰 陈希 副主编

气候变化对中国室外滑雪场的潜在影响及应对

方琰 著

本专著由国家自然科学基金青年项目"气候变化对中国人工造雪依赖型室外滑雪场的影响研究"（42001255），中国博士后基金"全球气候变化背景下中国室外滑雪场可持续发展研究"（2020M680448）资助下完成

科学出版社

北 京

内 容 简 介

2022年冬奥会的成功举办带动中国滑雪产业快速发展，中国成为新兴的滑雪目的地。同时，中国也是全球气候变化的敏感区和影响显著区之一。本书旨在全面分析气候变化对中国室外滑雪场的潜在影响及其应对策略。本书统筹考虑"供给"和"需求"，一方面，整合"自然积雪"和"人工造雪"框架，通过优化已有模型评估未来气候变化对室外滑雪场供给的影响；另一方面，关注"现实滑雪者"和"潜在滑雪者"，综合分析未来气候变化对室外滑雪场需求的影响，并探究气候变化背景下影响滑雪决策的主要因素和机制。此外，基于"多方参与-效益优先-分类应对"思路，提出中国室外滑雪场应对气候变化的策略。本书对于总结气候变化对新兴滑雪目的地分析框架和研究方法，以及推进中国滑雪产业可持续和高质量发展具有一定的理论和现实意义。

本书可供滑雪产业相关的管理人员、科研人员和广大科研院所体育旅游、旅游管理、休闲体育等专业的本科生和研究生参考阅读。

审图号：GS京（2023）2043号

图书在版编目（CIP）数据

气候变化对中国室外滑雪场的潜在影响及应对 / 方琰著 . —北京：科学出版社，2025.3
（奥运遗产与体育旅游创新发展研究丛书 / 蒋依依主编）
ISBN 978-7-03-076892-6

Ⅰ.①气… Ⅱ.①方… Ⅲ.①气候变化-影响-雪上运动-室外场地-研究-中国 Ⅳ.①G863.105.1

中国国家版本馆CIP数据核字（2023）第215470号

责任编辑：李晓娟 / 责任校对：樊雅琼
责任印制：徐晓晨 / 封面设计：美 光

科 学 出 版 社 出版
北京东黄城根北街16号
邮政编码：100717
http://www.sciencep.com

北京九州迅驰传媒文化有限公司印刷
科学出版社发行 各地新华书店经销

*

2025年3月第 一 版 开本：720×1000 1/16
2025年3月第一次印刷 印张：12 3/4
字数：300 000
定价：158.00元
（如有印装质量问题，我社负责调换）

前　言

　　室外滑雪场受自然条件限制较多，气候变化对室外滑雪场的影响不容小觑，受到多个重要国际组织的持续关注，如联合国政府间气候变化专门委员会（IPCC）、世界贸易组织（WTO）、经济合作与发展组织（OECD）、国际奥林匹克委员会（IOC）等。然而，现有研究主要聚焦于传统/成熟的滑雪目的地，如北美、欧洲、日本等。中国作为新崛起的滑雪目的地尚未得到应有的重视。

　　2001 年，在"国际滑雪产业论坛"上，中国首次阐述将滑雪提升到产业高度，从战略布局上引导滑雪产业的发展。2019 年 9 月国务院办公厅发布《体育强国建设纲要》，明确指出科学规划布局和建设一批室内外滑雪场。截至 2024 年 4 月，中国有 719 个滑雪场（其中室外滑雪场 659 个），滑雪人次达 2308 万，无论是滑雪场数量还是滑雪人次均跻身世界前列。2022 年北京冬奥会期间民众对于滑雪比赛项目和滑雪运动员的高度关注，中国通过筹办 2022 年北京冬奥会有效推动滑雪产业快速发展，实现了"带动三亿人参与冰雪运动"的宏伟目标，显示出中国滑雪产业发展的热度和强劲势头。2024 年 11 月，国务院办公厅印发《关于以冰雪运动高质量发展激发冰雪经济活力的若干意见》，推动冰雪"冷资源"转化为"势动力"，中国滑雪产业将进一步发展。

　　值得注意的是，中国是全球气候变化的敏感区和影响显著区之一。20 世纪中叶以来，中国区域升温率高于全球平均水平。气候变化对中国粮食安全、人体健康、水资源、生态环境、能源、重大工程、社会经济等诸多领域构成严峻挑战，气候风险水平趋高。科学把握气候变化的影响，有效降低气候风险，合理开发利用相关资源，是有效应对气候变化的基础。室外滑雪场作为中国冰雪产业发展的核心，其在气候变化背景下的可持续发展是将"冰天雪地"持续转换为"金山银山"的关键。《体育强国建设纲要》（国发办〔2019〕40 号）和《全国冰雪场地设施建设规划（2016—2022 年）》（体经字〔2016〕646 号）等多个文件强调科学建设和运营滑雪场的重要性，需综合考虑气候、地貌和生态等。2020 年 5 月，国际奥林匹克委员会、国际残疾人奥林匹克委员会和第 24 届冬季奥林匹克运动会组织委员会（北京冬奥组委）同步发布《北京2022年冬奥会和冬残奥会可持续性计划》，明确提出低碳冬奥应对气候变化、推动冰雪产业发展、赛后场馆持续利用等重要行动。因此，随着全球气候变暖，科学评估气候变化对中国室外滑雪场的影响并提出针对性应对措施，是滑雪产业可持续发展的基础，是冬季运动发展的关键，是落实全民健身国家战略、推动健康中国和体育强国建设的重要保障，是满足人民群众对美好生活向往的有效手段，更是推动践行奥运可持续理念、推进北京冬奥可持续计划、构建奥运遗产可持续利用中国模式的主要内容。

在明确需评估气候变化对中国室外滑雪场影响的重要性后，探讨现有研究框架和方法是否适用、如何做到精准评估等关键问题尤为重要。与传统/成熟的滑雪目的地相比，新兴滑雪目的地具有鲜明特征，如对人工造雪依赖程度较高、潜在滑雪市场庞大等。由于人工造雪有赖于一定的温度和湿度，气候变化将通过影响人工造雪进一步影响室外滑雪场的积雪状况。同时，气候变化是否会影响潜在滑雪者参与滑雪运动，是关乎中国滑雪产业持续健康发展的重要问题。

基于此，本书以中国全域为研究区域，从供给和需求两方面全面探究未来气候变化对中国室外滑雪场的潜在影响，初步探索气候变化对新兴滑雪目的地影响的理论框架和研究范式。

本书撰写过程中得到相关滑雪场经营者和专家的支持和帮助，在此表示诚挚的感谢！学术研究永无止境，由于研究水平所限、研究时间较短，本书难免有疏漏之处，恳请广大读者批评指正。

方 琰

2024年12月30日

目 录

前言

第1章 绪论 ··· 1
1.1 气候与气候变化概念 ··· 1
1.2 气候变化的事实与预测 ·· 2
1.3 气候变化对室外滑雪场影响的研究进展 ······································ 11
1.4 研究设计与框架体系 ··· 27

第2章 中国滑雪旅游发展情况 ·· 37
2.1 发展阶段 ··· 37
2.2 发展现状 ··· 39
2.3 发展趋势 ··· 45

第3章 中国室外滑雪场气候变化分析与检验 ·· 48
3.1 研究方法与数据来源 ··· 48
3.2 中国室外滑雪场历史气象因子变化分析 ···································· 54
3.3 中国室外滑雪场气象因子未来变化分析 ···································· 75
3.4 本章小结 ··· 83

第4章 气候变化对中国室外滑雪场供给的潜在影响 ······························ 86
4.1 研究方法与数据来源 ··· 86
4.2 影响评估 ··· 91
4.3 本章小结 ·· 106

第5章 气候变化对中国室外滑雪场需求的潜在影响 ···························· 107
5.1 概念界定和测度指标 ·· 107
5.2 研究假设和模型构建 ·· 115
5.3 研究方法和数据来源 ·· 118
5.4 影响评估 ··· 123
5.5 本章小结 ··· 152

第6章 中国室外滑雪场应对气候变化的对策 ················· 154
　　6.1 应对策略 ·· 154
　　6.2 主要策略应对效果 ······································· 161
　　6.3 不同区域应对策略 ······································· 168
　　6.4 本章小结 ·· 170

参考文献 ·· 172

附录 ·· 185
　　附录 A　滑雪者气候变化感知和决策行为调查问卷 ··········· 185
　　附录 B　潜在滑雪者气候变化感知和决策行为调查问卷 ······ 192

第1章 绪 论

1.1 气候与气候变化概念

1.1.1 天气与气候

天气是近地表大气（主要在对流层）在短时间（几分钟到几天）发生的气象现象，是气候分布的一个具体形态。具体而言，大气中的各种气象要素如气温、湿度、风力、降水量等时空上的综合表现形成了各式各样的天气现象和天气过程，如雷雨、冰雹、台风、寒潮、大风等，它们常常在短时间内造成集中的、剧烈的影响。相比于气候，天气系统总是不断变化的，具备显著的多变特征，即不同时期会有不同的天气情况。

气候是人类生存和发展所依托的外在环境的一个重要组成部分，地球上生命的存在依赖于适宜的气候环境。气候系统是由大气圈、水圈、冰冻圈、岩石圈和生物圈五个圈层及其之间相互作用组成的高度复杂的系统。从定义上来讲，气候是气候系统的全部组成部分在任意特定时间段内的平均统计特征，即指某一长时期内（月、季、年、数年到数百年及以上）气象要素（如温度、降水、风、日照和辐射等）和天气过程的平均或统计状况，主要反映某一地区冷暖干湿等基本特征，通常由某一时期的平均值和距此平均值的离差值（气象上称之为距平值）来表征。

1.1.2 气候变化

气候变化是指气候平均状态与相应变率的变化，即气候平均状态和离差（距平）两者中的一个或者一起出现统计意义上的显著变化。离差值增大，表明气候变化的幅度越大，气候状况不稳定性增加，气候变化敏感性增强。

导致气候变化的原因众多，主要分为自然原因和人类活动原因。根据引起气候变化的原因不同，气候变化的定义存在差异。联合国政府间气候变化专门委员会（IPCC）定义的气候变化是指气候随时间发生的任何变化，包括由自然的变率造成和由人类活动造成的结果。然而，《联合国气候变化框架公约》（UNFCCC）中使用的气候变化定义则指由人类活动直接或间接引起的气候变化，这种人类活动是指通过改变全球大气组成成分而影响全球气候，由此造成的气候变化是叠加在相同时期的自然气候变化变率之上的。

1.2 气候变化的事实与预测

1.2.1 气候变化的事实

1.2.1.1 全球气候变化特征

IPCC第六次评估报告第一工作组报告《气候变化2021：自然科学基础》提供了关于气候科学的最新进展（IPCC，2021）。该报告的结论表明，地球气候系统经历着快速而广泛的变化（部分变化已无法逆转），且人类活动对气候变化的影响已成为不争的事实。

(1) 气温

与1850~1900年相比，2003~2012全球地表平均温度高出0.90（[0.74，1.00]）℃，2011~2020年全球地表平均温度高出1.09（[0.95，1.20]）℃，比2003~2012年升高0.19（[0.16，0.22]）℃，为19世纪50年代以来的最暖10年。同时，20世纪70年代以来的50年全球增暖速率比近2000年来任何一个50年的增温速率都要大。

从归因来看，人为影响造成大气、海洋、陆地增暖是毋庸置疑的。与1850~1900年这一时段相比，2010~2019年人为影响造成的全球增温幅度为1.07（[0.8，1.3]）℃，与观测的升温幅度1.06℃基本一致。其中，温室气体的贡献为1.0~2.0℃，气溶胶等其他人强迫的贡献为-0.8~0.0℃。自然强迫的贡献为-0.1~0.1℃，气候系统内部变率的贡献为-0.2~0.2℃。

（2）降水

20世纪中叶以来，全球平均陆地降水量可能有所增加（中等信度），但与1950年之前相比，可能增加的信度低。20世纪80年代以来全球陆地降水增长较快（中等信度），但具有较大的年际变化和地区差异。全球降水气候中心①（GPCC V2020）和 CRU TS 4.04② 观察到的长期趋势（1901~2019年）的空间变异性表明：降水显著增加的区域主要为北美东部地区、欧亚大陆北部、南美洲南部和澳大利亚西北部；降水显著减少的区域主要为热带西部、非洲赤道和亚洲南部。

从近期变化趋势来看（1980~2019年），GPCC V2020、CRU TS 4.04 和 GPCP V2③ 的数据表明：全球陆地降水显著增长的区域主要为热带非洲、欧洲东部、中亚；降水显著减少的区域为美国中南部、北美西部、北非和中东。

（3）极端天气

从极端温度事件来看，20世纪50年代以来，全球尺度暖昼和暖夜天数增加，冷昼和冷夜天数减少；最暖日温度（日最高温度的年最大值）和最冷日温度（日最低温度的年最小值）均呈升高趋势，且陆地区域后者上升幅度比前者上升幅度大；热浪强度和频次增加，持续时间延长。同时，极端温度事件在90%以上区域的变化具有中等以上信度，其中亚洲、欧洲、北美洲和澳大利亚等区域的信度为很可能，中南美洲为高信度，非洲为中等信度。一些地区出现低信度的原因主要是观测数据和相应研究较少甚至缺失。

从强降水事件来看，20世纪中叶以来，全球尺度陆地强降水事件的频次和强度可能增加，约42%的区域强降水事件呈现增多增强趋势（中等信度以上）。除欧洲和北美外，亚洲强降水事件可能也增多增强了。

从干旱事件来看，IPCC第六次评估报告将干旱细分为农业生态干旱、气象干旱和水文干旱三种类型。报告显示非洲大部分区域及亚洲、欧洲和澳大利亚部分区域的农业生态干旱加重，仅澳大利亚北部的农业生态干旱减轻；气象干旱呈增加趋势的为非洲和南美的大部分区域，而西伯利亚、欧洲北部、北美中部、澳

---

① GPCC V2020，全球降水气候中心2020版本 Global Precipitation Climatology Centre（GPCC）Version 2020（V2020）.
② CRU TS 4.04，气候研究单位网格时间序列4.04版本 Climatic Research Unit Gridded Time Series（CRU TS）Version 4.04.
③ GPCP V2 全球降水气候中心第2版本 Global Precipitation Climatology Project（GPCP）Version 20（V2）.

大利亚北部和中部区域气象干旱呈减弱趋势。水文干旱变化的证据较少,水文干旱增加的区域为非洲西部、东亚、地中海、澳大利亚南部,减少的区域在欧洲北部和南美东部的南部地区。

从极端风暴事件来看,20世纪80年代以来全球强台风(飓风)占比增加,西北太平洋热带气旋达到最大风力时的位置向北移动。同时,人类活动是解释热带气旋降水增加的重要因素(高信度)。

从复合事件来看,20世纪50年代以来,全球热浪和干旱复合事件增多(高信度),欧洲南部、美国和澳大利亚等地利于野火发生的复合天气事件变得越来越频繁(中等信度),一些沿海和河口地区的洪涝复合事件增多(中等信度)。

1.2.1.2 中国气候变化特征

中国是全球气候变化的敏感区和影响显著区之一。近60年来中国平均气温的上升率为0.24℃/10a,升温率约为同期全球平均水平的两倍(中国气象局气候变化中心,2018)。根据《中国气候变化蓝皮书2021》(中国气象局气候变化中心,2021),中国气候变化体现在气候系统的诸多方面,后续主要从与室外滑雪场密切相关的气候因素对中国气候变化的主要特征进行阐述,包括气温、降水、积雪和极端天气四个方面。

(1) 气温

1901~2020年中国地表年平均气温呈显著上升趋势,升温速率为0.15℃/10a,并伴随明显的年代际波动。1951~2020年,中国地表年平均气温呈显著上升趋势,升温速率为0.26℃/10a。近20年是20世纪初以来的最暖时期,1901年以来的10个最暖年份中,除1998年,其余9个均出现在21世纪。2020年中国地表年平均气温较常年偏高0.79℃,为1901年以来第六暖的年份。

从不同区域来看,1961~2020年全国各地年平均气温呈一致性的上升趋势,江南北部及其以北的大部分地区、东南沿海和青藏高原年平均气温每10年升高0.2~0.4℃,其中内蒙古中部和东北部,黑龙江西北部和青藏高原中北部部分地区升温速率超过0.4℃/10a;江南南部、江汉中西部、西南大部分地区平均气温每10年升高0.1~0.2℃;江汉西部和西南地区东北部部分地区升温速率低于0.1℃/10a。同时,不同区域的升温速率存在明显差异。青藏高原地区增温速率最大,平均每10年升高0.36℃;华北、东北和西北地区次之,升温速率依次为0.33℃/10a、0.31℃/10a、0.30℃/10a;华东地区平均每10年升高0.25℃;华中、华南和西南地区升温幅度较缓，增温速率分别为0.20℃/10a、0.18℃/10a和0.17℃/10a。

从最高和最低气温来看，1951～2020年中国地表年平均最高气温呈上升趋势，平均每10年升高0.2℃，低于同期年平均气温的升高速率；同一时期中国地表年平均最低气温每10年升高0.34℃，高于同期年平均气温和最高气温的上升速率。2020年，中国地表年平均最高气温和最低气温较常年值分别高0.7℃和0.9℃。

(2) 降水

1901～2020年，中国年平均降水量无明显趋势性变化，但存在显著的20～30年尺度的年代际振荡，其中20世纪10年代、30年代、50年代和90年代降水偏多，20世纪最初10年、20年代、40年代、60年代降水偏少。

1961～2020年，中国平均年降水量呈增加趋势，平均每10年增加5.1mm，且年代际变化明显。20世纪80～90年代中国年降水量以偏多为主，21世纪最初10年总体偏少，2012年以来降水持续偏多。1998年、1986年和2009年是排名后三位的降水低值年。2020年中国降水量为694.8mm，较常年值偏多10.3%。

从不同区域来看，1961～2020年东北中北部、江淮至江南大部、青藏高原中北部、西北中部和西部年降水量呈明显增加趋势，其中江南东部、青藏高原中北部、新疆北部和西部降水增加趋势尤为显著；而东北南部、华北东南部、黄淮大部、西南地区东部和南部、西北地区东南部年降水量呈减少趋势。同时，不同区域平均年降水量变化趋势差异明显。青藏高原地区平均年降水量呈显著增多趋势，平均每10年增加10.44mm，2016～2020年青藏高原地区降水量持续偏多；西南地区平均年降水量总体呈减少趋势，但2015年以来降水以偏多为主；华北、东北、华东、华中、华南和西北地区年降水量无明显线性变化趋势，但均存在年代际波动变化。21世纪以来，西北、东北和华北地区平均年降水量波动上升，华东和东北地区降水量年际波动幅度增大。具体而言，2020年东北北部、黄淮东部、江汉大部、江淮大部、江南北部、西南地区东北部、西北地区东南部部分地区偏多20%～100%；华南东南部、西北中部和西部部分地区及西藏西北部偏少20%～50%。2020年，华中地区平均降水量较常年值偏多23.1%，为1961年以来最多；东北地区平均降水量偏多13.2%，为1961年以来第三多；华南地区平均年降水量较常年值偏少6.4%。

从降水日数来看，1961～2020年中国平均年降水日数呈显著减少趋势，平均每10年减少1.9天；2020年中国平均年降水日数为103.1天，与常年值基本持平。1961~2020年，中国年累计暴雨（日降水量≥50mm）站日数呈增加趋势，平均每10年增加4.0%；2020年累计暴雨站日数为7408站日，较常年值偏多24.1%，为1961年以来最多，仅次于2016年。

（3）积雪

2002~2020年，中国西北积雪区和东北及中北部积雪区平均积雪覆盖率均呈弱下降趋势；青藏高原积雪区平均积雪覆盖率略有增加，年际振荡明显。2020年，东北及中北部和青藏高原积雪区积雪覆盖率为27.8%，较2002~2019年平均值偏低，为近五年最低值。

根据积雪日数检测，2020年全国平均积雪日数为22天，东北及中北部、青藏高原和西北地区积雪区平均积雪日数为42.4天、22.4天和23.7天。东北地区西北部、内蒙古东部、阿尔泰山、天山、祁连山、喜马拉雅中西段等地积雪日数超过100天，局部超过120天。

（4）极端天气

1961~2020年，中国极端低温时间显著减少，极端高温时间自20世纪90年代中期以来明显增多，极端强降水呈增多趋势。

从极端气温来看，1961~2020年中国平均暖昼日数呈增多趋势，平均每10年增加5.7天，尤其在20世纪90年代中期以来增加更为明显。2020年，中国平均暖昼日数为65天，较常年值偏多21天。同时，该时期中国平均年冷夜日数呈显著减少趋势。平均每10年减少8.2天，1998年以来冷夜日数较常年值持续偏少。2020年，中国冷夜日数21天，较常年值偏少15天。此外，这一时期中国极端高温时间的年代际变化特征明显，20世纪90年代中期以来明显偏多。2020年，中国发生极端高温事件505站日，较常年值偏多225站日，其中贵州罗甸（41.2℃）等共计69站日最高气温突破历史极值。1961~2020年，中国极端低温事件频次呈显著减少趋势，平均每10年减少237站日。2020年，中国共发生极端低温事件68站日，较常年值偏少200站日，其中内蒙古岗子（-32.4℃）和山西小店（-20.6℃）日最低气温突破低温历史极值。

从极端降水来看，1961~2020年中国极端日降水量事件频次呈增加趋势，平均每10年增多18站日。2020年，中国共发生极端日降水量事件387站日，较常年偏多156站日，为1961年以来第二多，其中山西、广西、四川等地共计45站日降水量突破历史极值。

从气象干旱来看,1961~2020年中国共发生185次区域性气象干旱事件,其中极端干旱事件16次、严重干旱事件39次、中度干旱事件77次、轻度干旱事件53次;1961年以来,区域性干旱事件频次呈微弱上升趋势,并且具有明显的年代际变化特征;20世纪70年代后期至80年代区域性气象干旱事件偏多,90年代偏少,2003~2008年阶段性气象干旱事件偏多,2009年以来总体偏少。2020年,总共发生4次区域性气象干旱事件,频次较常年略偏多;其中东北、华南遭遇严重夏伏旱,达到严重干旱等级;2次中度干旱等级,分别为春夏季西南部分地区发生的气象干旱和4月中旬至夏初长江以北出现的阶段性干旱;秋冬季华南等地发生的气象干旱为轻度干旱等级。

从台风来看,1961~2020年登陆中国的台风(中心风力≥8级)个数呈弱增多趋势,但线性趋势并不显著;年际变化大,最多的一年达12个。同时,这一时期登陆中国台风比例呈增加趋势,尤其是2000~2010年最为明显,2010年的台风登陆比例为50%。2020年登陆中国的台风有5个,登陆比例为22%,较常年值偏多。

1.2.2 气候变化的预测

1.2.2.1 全球气候变化预测

IPCC第六次评估报告以当前气候(1995~2014年)和工业革命(1850~1900年)两个时期为基准,采用国际耦合模式比较计划第六阶段(CMIP6)的5种共享社会经济路径(SSP1-1.9[①],SSP1-2.6[②],SSP2-4.5[③],SSP3-7.0[④],SSP5-8.5[⑤])对未来气候进行预测。预测时期主要涵盖近期(2021~2040年)、中期(2041~2060年)和长期(2081~2100年)三个时间段,部分预估时间延至2300年。

SSP1-1.9:目前最低的辐射排放情景。情景模拟比较计划(ScenarioMIP)设

[①] SSP1-1.9:共享社会经济路径1-1.9 (Shared Socioeconomic Pathway 1-1.9)。
[②] SSP1-2.6:共享社会经济路径1-2.6 (Shared Socioeconomic Pathway 1-2.6)。
[③] SSP2-4.5:共享社会经济路径2-4.5 (Shared Socioeconomic Pathway 2-4.5)。
[④] SSP3-7.0:共享社会经济路径3-7.0 (Shared Socioeconomic Pathway 3-7.0)。
[⑤] SSP5-8.5:共享社会经济路径5-8.7 (Shared Socioeconomic Pathway 5-8.7)。

计了一个在 2100 年前强迫低于 RCP2.6[①] 的情景,并通过综合评估模型（integrated assessment models, IAM）模拟出一个基于 SSP1 共享社会发展路径,其辐射强迫在 2100 年达到约 1.9W/m², 可能（大于 66%）在 2100 年保持全球升温 1.5℃。

SSP1-2.6: CMIP5[②] 中 RCP2.6 的更新版本,与 SSP1-1.9 同属于低强迫情景, 2100 年辐射强迫稳定在约 2.6W/m²。该情景考虑了未来全球森林覆盖面积的增加,且伴随大量的土地利用变化,通过 IAM 及适应与脆弱性的综合评估,具备低脆弱性、低减缓挑战的特征,符合 SSP1 情景。

SSP2-4.5: CMIP5 中 RCP4.5[③] 的更新版本。属于中等辐射强迫情景,在 2100 年辐射强迫稳定在约 4.5W/m²。该情景常被用于 CMIP6 的参考,如协同区域气候降尺度计划中的区域降尺度和年代际气候预测计划。此外,由于 SSP2 的土地利用和气溶胶路径并不极端,是综合中等社会脆弱性和中等辐射强迫的情景。

SSP3-7.0: 属于中高等辐射强迫情景,2100 年辐射强迫稳定在约 7.0W/m²。它填补了 CMIP5 中高强迫情景的空白。SSP3 路径代表了较大土地利用变化和较高的气候强迫因子。因此,该路径结合相对较高的社会脆弱性和相对较高的辐射强迫。

SSP5-8.5: CMIP5 中 RCP8.5[④] 的更新版本。该路径属于高强迫情景,也是唯一可以实现至 2100 年排放高至 8.5W/m² 的路径。

根据 IPCC 第六次评估报告第一工作组报告第四章的内容,未来全球气候的预估结果主要包括以下四方面（周天军等,2021；周波涛和钱进,2021）。

（1）气温

在 SSP5-8.5 情景下,2021~2040 年与 1850~1900 年的平均值相比,全球平均表面气温的 20 年平均值很可能升高 1.5℃,这一升温在 SSP2-4.5 和 SSP3-7.0 情景下也可能发生,在 SSP1-1.9 和 SSP1-2.6 情景中多半可能发生[⑤]。到 2030 年,任何一年的全球平均表面气温在所有考虑的共享社会经济路径中都可能超过 1.5℃（40%~60%,中等信度）。

---

① RCP2.6: 典型浓度路径情景 2.6 (Representative Concentration Path Scenario 2.6)。
② CMIP5: 国际耦合模式比较计划第五阶段 (Coupled Model Intercomparison Project Phase 5, CMIP5)。
③ RCP4.5: 典型浓度路径情景 4.5 (Representative Concentration Path Scenario 4.5)。
④ RCP8.5: 典型浓度路径情景 8.5 (Representative Concentration Path Scenario 8.5)。
⑤ 可能性评估还可以酌情考虑使用其他术语: 极可能表示 95%~100% 的概率; 多半可能表示 50%~100% 的概率; 极不可能表示 0~5% 的概率。

与 1995~2014 年的平均值相比，2081~2100 年的全球平均表面气温平均值很可能在 SSP1-1.9 低排放情景升高 0.2~1.0℃，在 SSP5-8.5 高排放情景升高 2.4~4.8℃。基于 SSP1-2.6、SSP2-4.5 和 SSP3-7.0 情景，全球平均表面气温很可能分别升高 0.5~1.5℃、1.2~2.6℃和 2.0~3.7℃。

(2) 降水

全球增温背景下，21 世纪降水变化呈显著的区域性和季节性差异（高信度）。伴随着增温，陆地上将会有更多地区面临降水的显著增加或减少（中等信度）。受温室气体引起的增暖影响，高纬度地区和热带海洋降水很可能增加，大部分季风区降水可能增加，副热带大部分地区降水可能减少。随着全球增暖，陆地大部分地区降水的年际变率将增强（中等信度）。

与 1995~2014 年相比，2081~2100 年全球平均年陆地降水量在 SSP1-1.9 低排放情景和 SSP5-8.5 高排放情景可能变化的范围分别为 -0.2%~4.7% 和 0.9%~12.9%。基于 SSP1-2.6、SSP2-4.5 和 SSP3-7.0 情景，全球平均年陆地降水量可能变化的范围分别为 0~6.6%、1.5%~8.3% 和 0.5%~9.6%。

受气候系统内部变率、模式不确定性以及自然和人为气溶胶排放不确定性的影响（中等信度），全球平均年陆地降水量近期预估结果存在不确定性。根据近期预估结果，不同情景下降水的变化不存在明显差异（高信度）。

(3) 极端天气

从极端温度来看，在未来全球气候进一步变暖情形下（即使全球温度升高水平稳定在 1.5℃），全球尺度和大陆尺度以及所有人类居住的区域，极端热事件（包括热浪）将持续增多，强度加强；极端冷事件将减少，强度将减弱。在大多数陆地区域，极端温度事件强度的变化与全球增暖幅度成正比。最暖日温度（日最高温度的年最大值）上升幅度最大的区域位于中纬度和半干旱的一些区域以及南美季风区，为全球增暖幅度的 1.5~2 倍；最冷日温度（日最低温度的年最小值）上升幅度最大的区域位于北极区域，为全球变暖幅度的 3 倍（高信度）。此外，极端热事件频次变化随全球增暖幅度呈非线性增长，越极端的事件，其发生频率的增长百分比越大。

从强降水来看，随着全球变暖加剧，强降水事件很可能变得更强、更频繁。在全球尺度上，未来全球每增温 1℃，极端日降水事件的强度将增强 7%（高信度）。区域强降水强度变化与全球变暖幅度近乎成线性关系，未来全球变暖幅度越大，强降水增强就越大；强降水事件的频次随全球增暖幅度增加而加速增长，越极端的强降水事件，其发生频率的增长占比就越大（高信度）。例如，在全球 1.5℃温度升高背景下，当前 20 年一遇的强降水事件发生频率将增加 10%，100 年一遇的强降水事件发生频率将增加 20%；在全球 2℃温度升高背景下，当前 20 年一遇的强降水事件发生频率将增加 22%，100 年一遇的强降水事件发生频率将增加 45% 以上。预测结果表明，强降水未来变化预估结果的信度水平与全球温度升高水平有关，全球温度升高水平越高，预估的强降水变化的信度水平就越高。

从干旱来看，随着未来全球气候进一步增暖，更多区域将受到农业生态干旱加重的影响（高信度）。未来全球升温幅度越大，遭受农业生态干旱加重影响的区域就越多。在全球温度升高 4℃ 水平下，人类居住区域大约有一半将受到农业生态干旱加重的影响（中等及以上信度）。

从极端风暴来看，随着未来全球气候进一步变暖，全球强台风（飓风）占比、热带气旋最大风速和热带气旋降水很可能将增加，西北太平洋热带气旋达到最大风力时的位置可能进一步向北移动。同时，一些区域（包括美国在内）与强对流相关的降水率将加大（高信度）。

从复合事件来看，随着未来气候变暖加剧，许多区域的复合事件发生概率将增加（高信度）。例如，欧洲、澳大利亚东南部、美国、印度、中国西北部等区域的热浪和干旱复合事件可能越来越频繁。由于海平面的上升和强降水的增加，海岸带复合洪水事件的发生频次和强度将增加（高信度）。

1.2.2.2 中国气候变化预测

(1) 温度

根据多模式集合预估结果，未来中国气候将进一步增暖。与 1995～2014 年相比，到 21 世纪末，中国年平均气温在 SSP2-4.5 和 SSP5-8.5 情景下将分别增加 2.7℃ 和 5.4℃（Yang et al., 2021），均高于全球平均水平，属于气候变化影响的显著区和敏感区。

(2) 降水

中国 2021～2100 年平均年降水量均呈线性上升趋势，但上升的速度有所差异（向竣文等，2021）。具体而言，SSP1-2.6 情景下平均年降水量的增长速率为 6.8mm/10a，SSP2-4.5 情景下增长速率为 14.58mm/10a，SSP3-7.0 情景下为 21.3mm/10a，而 SSP5-8.5 情景下则达到了 31.73mm/10a。随着路径增加，平均年降水量的增长速率也增加。在SSP1-2.6情景下,降水增长速率较为稳定,到21世纪末平均降水量将达到645mm,较历史增加99mm;而在SSP2-4.5、SSP3-7.0、SSP5-8.5三种情景下,平均年降水量增长速率随着时间的推移逐渐变大,到21世纪末年平均降水量将分别达到676mm、750mm、783mm。在SSP5-8.5情景下,2021~2060年增长速率为25.6mm/10a,而2061~2100年增长速率为56.7mm/10a,增长速率是前40年的2倍以上。

(3) 极端天气

基于最新的CMIP6数据集发现,当全球增暖达到1.5~5℃时,中国有五至七成地区的增温幅度将高于全球平均水平,其中南方的极端高温事件增加更多,而北方则是高温事件的强度增幅更大。相对于2~5℃,将全球增暖控制在1.5℃将有利于避免36%~87%极端高温事件的增幅(Zhang et al.,2021a)。结合人口数据,研究发现未来在高排放情景下(SSP3-7.0和SSP5-8.5),中国主要城市群(京津冀、长三角、珠三角、川渝地区和长江中游地区)的高温风险将是现代水平的数倍甚至数十倍,而在中低排放情景下(SSP1-2.6和SSP2-4.5),高温风险将会与目前的水平相似。预计在2041~2060年,五大城市群可能面临每年3~13个高温危险日(极易导致死亡风险);而如果高排放情景一直持续到21世纪末,届时的年均危险日数将数增至8~67d(Zhang et al.,2021b)。

从强降水来看,到21世纪末,SSP5-8.5情景下中雨日数和大雨日数将分别上升到4.70d、1.76d,较历史时期(2.27、0.56d)增长了约2倍;SSP1-2.6情景下中雨日数和大雨日数将分别上升到3.08d、0.89d(向竣文等,2021)。这说明未来降雨将增加,且主要表现为中雨大雨的增加;极端降水也将增加,增长趋势比年降水量增长趋势更加显著,所以极端降水占总降水量的比重也更大。

1.3 气候变化对室外滑雪场影响的研究进展

随着气候变化对室外滑雪场的危害日益凸显,科学评估气候变化对室外滑雪场的影响成为重要研究方向和热点问题,受到多个重要国际组织的持续关注和支持,如联合国政府间气候变化专门委员会(IPCC)、世界贸易组织(WTO)、经济合作与组织(OECD)、国际奥林匹克委员会(IOC)等。整体而言,气候变化和室外滑雪场的研究可分为起步、发展和多元化三个阶段(Steiger et al.,2019)。

起步阶段:1986~1997年。关于室外滑雪场与气候变化之间相互作用的学术研究最早出现在20世纪80年代中期,该阶段研究数量占整体研究的10%左右,主要开展气候变化影响评估研究的包括北美(McBoyle et al., 1986)、澳大利亚(Galloway et al., 1988)和瑞士(Abegg and Elsasser, 1996; Abegg et al., 1994)等。在此期间,瑞士还发布了世界第一个滑雪场气候敏感性评估报告。

发展阶段:1998~2007年。该时期研究数量增长近一倍(占整体研究的20%),研究区范围也大幅扩大。同时,新的研究问题和方法论在这个阶段出现,包括研究滑雪者对潜在气候变化感知及行为反应(König, 1998),将人工造雪作为适应气候变化的策略(Scott et al., 2003),以及做了世界上第一个气候变化对滑雪供给和需求的综合评估(Fukushima et al., 2002)。

多元化阶段:2008年至今。该阶段主要特点是该领域研究数量快速增长(占整体研究的70%)、研究问题多元化和跨学科贡献提升、研究区域覆盖范围扩大,以及与决策者互动增加。主要研究问题包括评估气候变化影响或评估脆弱性(56篇),其次是利益相关者感知研究(25篇)、气候敏感性分析(18篇)、综合评估(18篇)和滑雪者行为反应研究(13篇)等。

通过上述分析可知,气候变化的影响评估是气候变化和室外滑雪场研究领域的核心问题,涵盖供给和需求两个方面。因此,本书聚焦气候变化对室外滑雪场供给和需求的影响,分别从影响方式、测度指标、评估方法等方面进行系统梳理。

1.3.1 气候变化对室外滑雪场供给的影响

1.3.1.1 影响方式

满足滑雪旅游的基本条件是可靠的积雪,一般认为至少要有30cm厚度的积雪才能保证滑雪旅游的安全,因而许多研究将30cm厚度的积雪作为滑雪场积雪可靠性的标准(Abegg and Elsasser, 1996; Steiger, 2010; Damm et al., 2014)。气候变化引起的温度、降水、湿度等气候因素的变化将给自然积雪和人工造雪带来影响,从而导致滑雪旅游供给数量和质量发生变化。研究表明,温度上升1℃,可靠自然积雪的雪线将提高150m,上升2℃和4℃情景下分别提高300m和600m(Abegg et al., 2007)。因此,拥有"可靠自然积雪"的滑雪场数量将大幅下降,如温度上升2℃则阿尔卑斯山地区拥有"可靠自然积雪"的室外滑雪场的数量从609个（91%）下降到404个（61%）；若温度上升4℃，这一数量将降至202个（30%）（Agrawala，2007）。

同时，由表1-1可知，人工造雪依赖一定的温度和湿度（Snowathome，2013），气候变化将通过影响人工造雪进一步影响室外滑雪场积雪状况。基于目前技术水平，在大部分湿度条件下（湿度≤65%）能较好实现人工造雪的温度为≤-5℃。虽然较高温度能实现人工造雪（如-2℃），但湿度条件要求严格，使得大部分情况下人工造雪质量和效果不太理想。

表1-1 人工造雪所需的气候条件

温度/℃	湿度/%
	10　15　20　25　30　35　40　45　50　55　60　65　70　75　80　85　90　95　100
	适宜人工造雪　　　　　　　比较不适宜人工造雪　　　　无法人工造雪
-9	
-8	
-7	
-6	
-5	
-4	
-3	
-2	
-1	
0	
1	
2	
3	
4	

资料来源：Snowathome，2013。

如果自然降雪减少，室外滑雪场将更依赖人工造雪，尤其是在滑雪季初期（11月），几乎完全依赖人工造雪（Rutty et al.，2017），这将直接导致运营成本上升（如压雪机和造雪机的购买及使用、储水池建设等）。虽然人工造雪能大大降低滑雪场的脆弱性，但并不是应对气候变化的万能之策，一方面在于人工造雪依赖一定的温度和湿度,另一方面在于运营成本与收益之间的矛盾。因此,即使考虑人工造雪,未来滑雪季节长度和滑雪面积亦将缩短、减少。如北美西部的科罗拉多州阿斯彭的高海拔地区,即使将人工造雪考虑在内,未来20年该地区滑雪季节依旧将减少10d,至2100年滑雪季节仅为28~70d(Katzenberger et al.,2006)。

综上,气候变化主要通过影响自然积雪和人工造雪,进一步对积雪的可靠性、运营成本、滑雪季节长度、可滑雪面积等造成影响,导致室外滑雪场供给发生变化。需要指出的是,由于不同区域的气候条件及气候变化程度不同,不同滑雪目的地在气候变化背景下的敏感程度将不同,造就"赢家"和"输家"。研究表明,暖冬使一些室外滑雪场滑雪人次减少高达86%,而部分室外滑雪场滑雪人次增加66%(Steiger,2011a)。

1.3.1.2 测度指标

气候变化对室外滑雪场供给影响研究的尺度涵盖国际、国家、省、市等,测度指标主要包括滑雪季节长度、人工造雪需求量、经济可持续发展能力、滑雪产业系统容量等。

(1) 滑雪季节长度

滑雪季节长度作为评价滑雪场质量的指标之一(Silberman and Rees,2010),是衡量气候变化对室外滑雪场潜在影响的重要标准。目前众多学者从不同层面、不同角度对该指标进行评估,主要基于不同排放情景、气候模型、时间尺度、人工造雪技术等来测度气候变化对不同海拔/不同类型滑雪场的潜在影响(Scott and Jones,2005;Scott et al.,2019a)。

研究结果表明,随着未来气候变暖,各地滑雪季节均将不同程度地缩短(表1-2)。一般而言,大型或者海拔较高的室外滑雪场滑雪季节长度的变化比例更小(Scott et al.,2019)。此外,人工造雪技术的提升将大大降低滑雪场的脆弱性,如在温度上升3℃且降水减少20%的情景下,澳大利亚将无法拥有可靠的自然积雪滑雪场(König,1998),但如果有完善的人工造雪设备及供水系统,全部的室外滑雪场将能在未来25年内有效应对气候变化的潜在影响(Hennessy et al.,2003)。然而,人工造雪并不是应对气候变化的万能之策,如北美西部的科罗拉多州阿斯彭的高海拔地区,即使将人工造雪考虑在内,未来20年该地区滑雪依旧

第1章 绪 论

表1-2 气候变化对滑雪季节长度的影响

研究区域	滑雪季节长度基准线/d	未来滑雪季节变化/% 2020s（2011～2040年）	未来滑雪季节变化/% 2050s（2041～2070年）	未来滑雪季节变化/% 2080s（2071～2100年）	来源文献
美国东北部	100～172	低排放情景（B1）：−21～−6；高排放情景（A1Fi）−23～−6	低排放情景（B1）：−25～−8；高排放情景（A1Fi）−38～−14	低排放情景（B1）：−40～−8；高排放情景（A1Fi）−38～−14	Scott, Dawson, Jones, 2008
加拿大班夫国家公园	诺奎山：76（海拔1636 m）；179（海拔2133 m） 露易丝湖：153（海拔1600 m）；197（海拔2600 m）	无人工造雪：−57～−50（海拔1636m）；−13～−7（海拔2133m） 有人工造雪：−15～−7（海拔1636m）；−1～0（海拔2133m） 无人工造雪：−35～−27（海拔1600m）；−3～−2（海拔2600m） 有人工造雪：−1～0（海拔1600m）；2（海拔2600m）	无人工造雪：−94～−66（平均值） 有人工造雪：−43～−9（海拔1636m）；−6～0（海拔2133m） 无人工造雪：−87～−31（海拔1600m）；−19～−2（海拔2600m） 有人工造雪：−12～0（海拔1600m）；0～2（海拔2600m）	—	Scott and Jones, 2005
加拿大安大略省南部湖区	78～138	现有人工造雪技术：−19～−12（CGCM1模式）～（HadCM3模式） 提高人工造雪技术：−12～−7（CGCM1模式）～（HadCM3模式）	现有人工造雪技术：−34～−21（CGCM1模式）～（HadCM3模式） 提高人工造雪技术：−23～−14（CGCM1模式）～（HadCM3模式）	现有人工造雪技术：−49～−38（CGCM1模式）～（HadCM3模式） 提高人工造雪技术：−36～−28（CGCM1模式）～（HadCM3模式）	Scott et al., 2001
加拿大安大略省	107～117		大型滑雪场：−8（RCP 2.6）～−11（RCP 4.5）；小型滑雪场：−16（RCP 2.6）～−30（RCP 4.5）	高排放情景（RCP 8.5）：−90（小型滑雪场）～−60（大型滑雪场）	Scott et al., 2019

续表

研究区域	滑雪季节长度基准线/d	未来滑雪季节变化/% 2020s（2011~2040年）	未来滑雪季节变化/% 2050s（2041~2070年）	未来滑雪季节变化/% 2080s（2071~2100年）	来源文献
加拿大魁北克省	152~163	CCSR NIES-A1情景：−2~0 NCAR PCM-B2情景：−15~−13	CCSR NIES-A1情景：−7~−4 NCAR PCM-B2情景：−32~−39	—	Scott et al., 2007
韩国龙平滑雪场	120	−12（A1B情景）	−30（A1B情景）	−49（A1B情景）	Heo and Lee, 2008
澳大利亚大雪山地区	125	—	−23[a]	−69[b]	Hendrikx et al., 2013
新西兰奥塔哥中部	158	—	−8[a]	−37[b]	
瑞典	162	—	—	−59（A2情景）~−40（B2情景）	Moen and Fredman, 2007
奥地利蒂罗尔州	—	−20（A1B情景）~−14（B1情景）[c]	−45（A1B情景）~−32（B1情景）	−85（A1B情景）~−52（B1情景）	Steiger, 2010

注：a—2040s（2031–2060年）；b—2090s（2081–2110年）；c—2030s（2021–2050年）。
CGCM1：加拿大的耦合全球气候模型第一版本（The first version of the Canadian Global Coupled Model）；HadCM3：哈德利中心耦合模型第3版（Hadley Centre Coupled Model version 3）；CCSR NIES-A1：日本气候系统研究中心及国家环境研究所A1情景（Centre for Climate System Research/National Institute for Environmental Studies A1 scenarios）；NCAR PCM-B2：美国国家大气研究中心平行气候模型B2情景（National Center for Atmospheric Research Parallel Climate Model B2 scenarios）；A1B情景：A1B属于A1情景，A1情景描绘的未来能源选择，也有更多的能源清洁能源，其中A1B情景代表燃料使用较为均衡。石油和天然气变得昂贵，而煤的使用将在许多区域进步都十分迅速，人们偏好清洁能源，环境问题不优先考虑，人口持续增长，科技进步缓慢，人们倾向于选择更有效率也更清洁的煤作为燃料。全球化水平高，人口也稳定，经济增长和科技进步区域接近"区域解决方案"，同时也关注环境保护，一些区域会使用清洁的煤作为燃料；B1情景：B1情景接近"可持续发展"，即全球化水平高，人口稳定，经济多样化"，人们关注的使用将在许多区域发展迅速，节能技术发展迅速，其他区域会使用风能、太阳能等清洁能源；B2情景：B2情景做称作"区域解决方案"，同时也关注环境保护，一些区域会使用清洁的煤作为燃料，其他区域使用风能、太阳能等清洁能源。全书同。

将减少10d，至2100年滑雪季节仅为28~70d（Katzenberger et al.，2006）。由于不同滑雪季节时段在吸引滑雪者和实现旅游收入方面作用不同，西方学者根据本国滑雪市场特点和法定公众假日对滑雪季节进行细分，并分别探讨气候变化对其的影响。以北美地区为例，滑雪季节一般细分为滑雪季节前期、圣诞-新年假期、1~2月、3月学校春假和滑雪季节后期五个时段[①]（Scott et al.，2019），其中圣诞-新年和3月学校春假两个时段由于滑雪人次最多而被认为是最重要的时期（NSAA，2008；Scott et al.，2006，2019）。以加拿大安大略省为例，26%和11%的滑雪者分别选择在圣诞-新年假期和3月学校春假时段滑雪（Ontario Snow Resorts Association，2012）。模拟结果表明，气候变化对滑雪季节前期和后期两个时段影响最大，而在1~2月、3月学校春假期间，得益于前期充足的人工造雪，气候变化对其影响最小（Scott et al.，2019）。基于中国694个室外滑雪场的研究显示，到2090s时期，在RCP2.6、RCP4.5和RCP8.5排放情景下，滑雪季长度少于60d的滑雪场比例分别为20%（139个）、28%（195个）和35%（245个）；而滑雪季长度超过100d的滑雪场比例则分别为28%（197个）、23%（157个）和8%（56个）（Deng et al.，2023）。

（2）人工造雪需求量

人工造雪系统是保证室外滑雪场雪量的重要手段，在全球气候不断变化的背景下尤其重要。由于滑雪者对室外滑雪场的积雪状况表现出高度的敏感性，近年来各国对人工造雪系统的投资迅速增加，如奥地利60%的雪道配备人工造雪机，2008年以来每年投资于人工造雪设备的费用高达1.3亿欧元（Vanat，2017）。

目前学术界对气候变化背景下人工造雪需求量的测算标准主要有：至少维持100d滑雪天数（积雪厚度≥30cm）；保证滑雪场在圣诞假期至3月底能持续营业。这两个标准的制定主要基于滑雪企业被认为至少拥有100d的可滑雪天数才能保证盈利（König and Abegg，1997；Elsasser and Bürki，2002）及圣诞假期开始滑雪人次逐渐增多。研究表明，未来气候变化的所有情景下，滑雪场人工造雪需求量将显著增加。例如，在2050年，即使在低排放情景下（RCP2.6），加拿大安大略省的滑雪场所需人工造雪量是目前人工造雪量的两倍，并在高排放情景下（RCP8.5）增加112%~157%（Scott et al.，2019a）。此外，人工造雪对海拔

---

① 具体的时段划分因区域不同而存在细微差别，如安大略省的圣诞-新年假期为12月20日至1月4日（Scott et al.，2019），而美国东北部的圣诞-新年假期为12月22日至1月2日（Scott et al.，2008）

较低的室外滑雪场至关重要。以阿尔卑斯山脉为例，由于温度升高，海拔较低的室外滑雪场在滑雪季节初期（11～12月）的人工造雪极其重要，而海拔≥2000m的室外滑雪场即使在2050年也具备充足的积雪覆盖（Rixen et al.，2011）。

（3）经济可持续发展能力

室外滑雪场经济可持续发展能力测度标准为：能维持至少100d的滑雪天数；圣诞–新年假期的营业天数比例>70%或>75%（König and Abegg，1997；Scott et al.，2007；Dawson and Scott，2007，2010，2013）。这两个标准的结合，既考虑了重要经济指标"100天规则"，又衡量了气候变化对重要假期的影响。对于西方滑雪市场而言，圣诞–新年假期是最重要的滑雪季节时段，北美地区超过20%的滑雪者在该时段滑雪（NSAA，2008），而对于加拿大安大略省滑雪市场，该时期的滑雪者占26%（OSRA，2012）。虽然部分学者认为圣诞–新年假期的可营业天数占该阶段的70%以上即可（Dawson and Scott，2010），但大部分学者认为75%以上才能保证滑雪场的利润（Dawson and Scott，2013；Scott et al.，2008，2019）。

研究结果表明，在气候变化背景下，拥有经济可持续发展能力的室外滑雪场将持续减少。以北美为例，基于高和低排放情景，有54%～55%的室外滑雪场在2010～2039年能同时满足以上两个标准，而至2070～2099年仅剩7%～32%（Dawson and Scott，2013）。此外，这两个标准也可用于测度不同区域室外滑雪场的经济脆弱性。Scott等（2008）以美国东北部为例，通过滑雪场经济脆弱性指标（平均滑雪季节<100d；圣诞–新年假期的可营业天数比例<75%）分析气候变化背景下14个研究区域的相对脆弱性。

（4）滑雪产业系统容量

滑雪面积作为衡量滑雪场规模的主要指标，对滑雪者选择滑雪旅游目的地具有重要影响作用。为了更好地反映研究区域滑雪产业的竞争力及预测滑雪需求流向变化，Scott等（2019a）构建了一个新的指标——系统容量（terrain-days），全面估算研究区域所有室外滑雪场容量变化，为各个室外滑雪场每天可滑雪面积的总和。该指标的提出能有效弥补滑雪季节长度指标的缺陷，因为在气候变化背景下，虽然很多滑雪场营业，但仅有部分雪道开放（Rutty et al.，2017）。研究表明，气候变化可能导致室外滑雪场滑雪面积减少，使该区域滑雪产业系统容量下降。例如，21世纪中期安大略省的室外滑雪场的系统容量将减少9%（RCP2.6）～28%（RCP8.5）。

1.3.1.3 评估方法

(1) 时间类比法

时间类比法（temporal analogues）是利用过去的气候信息作为未来可能气候情景的类比（Webb and Wigley, 1985; Pittock, 1993）。由表1-3可知，暖冬使得滑雪季节长度仅减少3~16d（Dawson et al., 2009; Steiger, 2011b; Rutty et al., 2017）。通过对比可知，该方法预测的滑雪季节长度减少天数比模型预测结果更少，这个差异可能与构建的模型无法充分考虑经营决策有关（如减少开放雪道及缆车），导致模型高估了气候变化对滑雪季节长度的影响。Rutty等（2017）通过使用加拿大安大略省所有滑雪场的高分辨率日数据印证了这个假设。虽然安大略省的滑雪季节在2011~2012年暖冬仅仅减少16d，但开放的雪道和缆车骤减，雪质也大幅下降，表明滑雪旅游供给数量及质量均下降。这说明滑雪季节长度变化并不能充分反映供给数量（如开放雪道面积）和质量（如雪质）的变化，可能会忽视滑雪者滑雪体验，对需求产生的影响。

表1-3 暖冬对室外滑雪场滑雪季节长度的影响

区域	来源文献	气候基准线	暖冬时间	暖冬温度/℃	暖冬降水	未来类似情景	滑雪季节长度变化/d
美国东北部	Dawson等（2009）	1961~1990年	1998~1999年	+2.7	+7.5%	2050s, B1	3.4
			2001~2002年	+4.4	−20%	2050s, A1B	10.9
奥地利蒂罗尔州	Steiger（2011b）	1971~2000年	2006~2007年	+3.0	—	2060s, A1B 2080s, B1	10
加拿大安大略省	Rutty等（2017）	1981~2010年	2011~2012年	+3.6	—	2050s, RCP8.5	16

注: +表示增加；—表示减少。

需要指出的是，虽然时间类比法基于历史数据（如气温、降水、滑雪季节长度、滑雪人次等），在一定程度能反映气候变暖对滑雪场的影响，但由于暖冬气候与未来类似气候变化情景存在一定差异，因此该模拟结果不能完全代表未来气候变化情景对滑雪场的影响。例如，Dawson等（2009）以美国东北部为研究对象，基于30年（1961~1990年）平均气候，分别以1998~1999年与2001~2002年滑雪季节暖冬气候代表2050s时期B1和A1B排放情景。以2001~2002年滑雪季节为例，虽然其上升温度（比30年平均温度高4.4℃）与该地区2050s

时期 A1B 排放情景上升温度接近，但该气候变化情景下降水将上升 30%，与暖冬季节降水（比 30 年平均降水低 20%）情况存在较大差异，这种不同将会高估气候变化对高海拔地区室外滑雪场的影响。

（2）机理模型

近年来，气候变化对室外滑雪场的影响研究逐步转向定量化数值模拟评估。该方法基于气候变化对室外滑雪场的影响机理，构建专业模型，提高评估精度。部分学者通过构建积雪模型评估气候变化对室外滑雪场自然积雪的影响（Clark et al.，2009；Hendrikx et al.，2012）。

随着气候变化背景下人工造雪需求量的不断增加，Scott 等（2003）关注人工造雪对自然积雪的补充，基于安大略省滑雪市场构建 SkiSim 1.0 模型。Steiger（2010）以欧洲阿尔卑斯山地区为研究区域，通过改进人工造雪规则进一步发展出了 SkiSim 2.0 模型。SkiSim 2.0 模型包括自然积雪和人工造雪 2 个模块。在自然积雪模块中，通过温度、降水等气象数据计算积雪和融雪量，并使用降雪量和积雪覆盖天数校准计算结果。人工造雪模块中，结合人工造雪时期、人工造雪技术和相关决策模拟人工造雪对自然积雪的补充（如≥30cm 积雪便停止人工造雪）。同时，该模型采用随机天气发生器（Long Ashton Research Station-Weather generators，LARS-WG）将未来气候变化数据降尺度到每个气候站，生成每日所需的时间序列数据值。目前该领域研究主要采用 SkiSim 2.0 模型，已成功运用于欧洲、北美和冬奥会举办城市等。

由于 SkiSim 2.0 模型无法结合实时运营决策（如减少开放的雪道维持营业），可能会高估未来气候变化对室外滑雪场滑雪季节长度的影响（Rutty et al.，2017）。此外，该模型虽然包括人工造雪模块，但依旧主要关注气候变化对自然积雪的影响，未测度气候变化对人工造雪的影响，仅将其作为自然积雪的补充（若自然积雪厚度<30cm 便开始人工造雪）。因此，该模型并不完全适用于人工造雪依赖型的室外滑雪场。

（3）机器学习模型

随着机器学习模型的发展，部分学者开始使用该方法预测气候变化对滑雪场的影响，如 Deng 等（2023）使用的随机森林回归模型。与传统研究模型不同，随机森林回归模型是一种基于集成学习的机器学习方法，通过集成多个决策树的结果来进行预测，具有较强的非线性建模能力和抗噪声的优势。

Deng 等（2023）基于 2012～2013 年至 2018～2019 年雪季的相关数据，包

括滑雪场的位置、滑雪季长度和相关气候数据,并通过将数据分为20%的优化集和80%的训练集来建立预测模型。在训练和优化阶段,通过网格搜索法来确定随机森林模型的最佳参数,以提高模型的预测精度。模型中使用的决策树数量在80~96,通过十折交叉验证方法对模型的预测性能进行验证。基于分析预测结果与真实测试数据之间的统计指标(如决定系数 R^2、平均绝对误差 MAE 和均方根误差 RMSE),对随机森林模型的性能进行评估。研究结果表明,在未来气候变化背景下,滑雪场气候风险的空间分布呈现东部、中部、西南部、北部、西北部和东北部从高到低的趋势。

1.3.2 气候变化对室外滑雪场需求的影响

1.3.2.1 影响方式

气候变化对室外滑雪场滑雪需求的影响主要分为两个方面。一方面,气候因子(如风速/风力、温度、极端天气、能见度等)对滑雪者安全和滑雪体验造成直接影响(Andersen et al., 2004)。例如,风速较大时会严重影响滑雪者安全,降低滑雪体验,根据中国气象局制定的滑雪气象指数,风力小于2级最适宜滑雪运动,而风力大于5级将非常不适宜滑雪运动(中国气象局,2017)。同时,降雪会影响能见度,小雪对滑雪的影响较小,中到大雪会带来不安全因素,对滑雪影响较大。此外,气温也直接影响了雪质的软硬;气温升高增加了积雪的湿度,使得积雪松软;持续极寒天气将会导致雪质变硬,增加滑雪者摔倒概率。

另一方面,气候变化对室外滑雪场供给的影响(如积雪深度)将引起滑雪需求的变化(Shih et al., 2009)。若温度上升1℃,将导致缆车票销售减少6%(Demiroglu et al., 2015),而温度若上升2℃,将引起欧洲过夜滑雪者减少1010万人次(Damm et al., 2017),这种影响在暖冬事件中也得到了验证。根据安大略省滑雪协会的报告(Rutty et al., 2017),2011~2012年暖冬导致滑雪季节长度缩短、运营能力下降(如缆车运营数量和开放的雪道减少等),使得滑雪人次比十年平均值减少10%,其中小型滑雪场滑雪人次减少最多(20%),其次是中型滑雪场和大型滑雪场,分别减少14%和8%。

1.3.2.2 测度指标

(1) 滑雪者决策

气候变化背景下，滑雪者应对策略将直接影响滑雪需求变化。与其他滑雪产业利益相关者相比，滑雪者应对气候变化的措施更为灵活（Scott and Jones, 2006）。因此，了解滑雪者对气候变化的感知以及应对策略对于预测滑雪需求市场变化至关重要。

Iso-Ahola（1986）提出的休闲替代理论为理解气候变化下的滑雪者适应气候变化策略提供了一个有用的框架，包括空间替代（即改变目的地）、时间替代（即更改时间/日期进行滑雪活动）、活动替代（即放弃滑雪活动而选择其他休闲项目）。由表 1-4 可知，在大部分地区，空间替代和时间替代是主要应对策略，而活动替代在美国是重要的应对措施（三种应对策略可多选的情况下）。此外，这三种应对策略对滑雪需求市场影响不同。空间替代被认为对滑雪需求市场影响最小，虽然滑雪者的空间再分配将导致气候敏感性低/高的滑雪场游客增加/减少，但并没有改变该地区的滑雪总人次。而时间替代将导致滑雪需求集中，使得滑雪高峰期风险增加（如拥挤），且滑雪者滑雪天数也将减少（若滑雪频次保持不变/减少）。对滑雪需求市场影响最大的是活动替代策略，滑雪人数和滑雪天数减少将直接造成滑雪需求市场萎缩。研究表明，不同因素（如年龄、滑雪技能等）影响滑雪者选择策略。初级滑雪者更容易放弃滑雪活动，中/高级滑雪者更倾向于选择优质的滑雪旅游目的地（König, 1998；Rutty et al., 2015），而 50~64 岁的滑雪者则倾向于更改滑雪时间而不是选择其他的滑雪场（Rutty et al., 2015）。

表 1-4 滑雪者应对气候变化的策略

国家	来源文献	空间替代	时间替代	活动替代
澳大利亚	König（1998）	63%（其中 38% 将选择海外滑雪目的地）	31%	6%
	Pickering 等（2010）	26%（其中 16% 将选择海外滑雪目的地）	69%	5%
奥地利	Unbehaun 等（2008[1]）	68%	39%	25%
奥地利、法国、德国	Luthe（2009）	28%	64%	8%
加拿大	Rutty 等（2015[2]）	61%	36%	3%

续表

国家	来源文献	空间替代	时间替代	活动替代
瑞士	Behringer 等（2000）	49%	32%	4%
美国	Dawson 和 Scott（2010[1]）	39%	34%	46%

注：1-多项选择；2-假设滑雪场永久关闭。

（2）滑雪人次

滑雪人次的变化是预测气候变化对室外滑雪场滑雪需求影响的最重要、最直接的指标，测度方法主要为模型构建。由于影响滑雪旅游需求的因素众多，如何兼顾其他影响因素是构建模型精准评估气候变化对滑雪旅游需求影响的关键。

研究表明，气候条件（如气温、降雪量）、积雪状况、滑雪场条件（如交通可达性、设施设备）对滑雪旅游需求有直接影响（Klenosky et al.，1993；Siomkos et al.，2006），国家经济状况、青年人口规模、城市社会时尚、假期等也将对滑雪旅游需求产生影响（Kureha，2008）。因此，研究者利用回归模型定量评估气候变化对滑雪旅游需求影响时，采用的测度因素包括气候指标（如积雪深度、温度、降雪量）、虚拟变量（如假期、雪道条数）和其他变量（如国内生产总值、消费价格指数、住宿价格）、滑雪者数量（如过夜滑雪者、滑雪人次、缆车票销售数量）。Shih 等（2009）通过普通最小二乘法探寻气候与滑雪场缆车票销售数量之间的关系，研究表明温度和积雪深度对缆车票销售存在重要影响，若积雪深度每增加 1in，缆车票销售将增加 7%~9%。Demiroglu 等（2015）采用相同模型，以斯洛伐克为研究地，得出温度上升 1℃将导致缆车票销售减少 6% 的研究结论。自回归分布滞后模型（autoregressive distributed lag model，ADL）作为研究旅游需求的常见模型之一，也被应用到该领域的研究中（Falk，2010；Damm et al.，2017）。有研究表明温度对过夜滑雪人次存在影响，欧洲地区温度若上升 2℃将导致欧洲过夜滑雪人次减少 1010 万（Damm et al.，2017），而在奥地利地区过夜滑雪者对于积雪深度的初期弹性为 0.1，且对于高海拔滑雪场而言，过夜滑雪者数量与积雪深度变化无关（Falk，2010）。此外，奥地利国内滑雪者对气候的敏感度比其国外滑雪者更高，如 2006~2007 年暖冬使国内和国外滑雪者分别减少 5% 和 2%。

1.3.2.3 评估方法

(1) 回归模型

如表1-5所示,研究者利用回归模型定量评估气候变化对滑雪旅游需求影响时,采用的测度因素包括气候指标(如积雪深度、温度、降雪量)、虚拟变量(如假期、雪道条数)和其他变量(如国内生产总值、消费价格指数、住宿价格),主要模型类别有普通最小二乘法、自回归分布滞后模型、动态面板数据模型等。Shih等(2009)和Demiroglu等(2015)通过普通最小二乘法探测气候与滑雪场缆车票销售数量之间的关系,结果表明,温度和积雪深度对滑雪场缆车票销售存在重要影响。自回归分布滞后模型也被应用到该领域的研究中(Falk,2010;Damm et al.,2017)。为了提高模型预测精度,Falk(2011)以奥地利为研究区域,采用动态面板数据分析以扩大样本容量,得出气候因素(如积雪深度、云量或阳光)对过夜滑雪者数量影响较小的结论,其一个标准差的变化仅引起过夜滑雪者2%~3%的变化。

(2) 问卷调查

问卷调查作为社会科学研究的重要方法,本质上是数据获取的一种途径,用于调查人们的特征、行为和态度等(袁方和王汉生,2004)。为了探求气候变化背景下滑雪旅游需求变化,问卷调查方法已成功应用于加拿大、美国、欧洲阿尔卑斯山、澳大利亚和新西兰等国家或区域。为减少感知误差,用于测度滑雪者需求变化(空间替代、时间替代、空间替代)的问题涵盖对过去气候状况、现在气候状况和未来气候状况的感知。研究表明,滑雪者对于不同时期(过去、现在、未来)恶劣积雪状况的应对策略没有显著差异,然而,滑雪场是否营业将对滑雪者的应对策略选择造成较大影响(Rutty et al.,2015)。

表1-5 基于回归模型评估气候变化对滑雪需求影响的相关研究

区域	来源文献	研究时段	自变量			因变量	模型
			气候指标	虚拟变量	其他		
欧洲	Damm等(2017)	1971~2000年	每月拥有120mm及以上的雪水当量的天数	滑雪平季、复活节假期	国内生产总值、消费者物价调和指数	过夜滑雪者	自回归分布滞后模型

续表

区域	来源文献	研究时段	自变量 气候指标	自变量 虚拟变量	自变量 其他	因变量	模型
斯洛伐克	Demiroglu 等（2015）	2005~2010年	平均温度、积雪深度、能见度	—	—	缆车票销售数量	普通最小二乘法
美国密歇根	Shih 等（2009）	1985~2003年；1996~2004年	积雪深度、降雪量、最高/最低温度、风寒指数	周末、假期、雪道条数	汽油价格、消费价格指数	缆车票销售数量	普通最小二乘法
奥地利	Falk（2010）	1986~2005年	积雪深度	—	国内生产总值、住宿价格	过夜滑雪者	自回归分布滞后模型
奥地利	Falk（2011）	1986~2007年	积雪深度、平均温度、云量、日照	—	国内生产总值、住宿价格	过夜滑雪者	动态面板数据模型

1.3.3 研究评述

气候变化对室外滑雪场影响及应对策略研究是当前产业界和学术界关注的热点问题和重要前沿。从影响方式上看，气候变化对室外滑雪场自然积雪的作用机制已明确，人们逐渐意识到人工造雪也是气候变化影响室外滑雪场积雪状况的途径。从测度指标来看，多指标综合测度有助于从多角度识别气候变化对室外滑雪场的影响。同时，研究者通过不断细分滑雪场类型（如高/低海拔；大型/小型），进一步探讨气候变化对其可能造成的潜在影响。从评估方法来看，相关学科的方法被引进到该领域，符合其跨学科研究的特点。

虽然目前国外关于气候变化对滑雪旅游影响研究已较为成熟，但依旧存在理论或经验研究上的缺陷和不足，主要包括以下方面。

1）现有研究主要关注传统/成熟滑雪目的地，主要从自然积雪角度探讨气候变化对室外滑雪场的影响，缺乏气候变化对人工造雪影响的评估。与传统/成熟滑雪目的地的室外滑雪场相比，新兴滑雪目的地室外滑雪场依赖人工造雪程度较高。与世界著名滑雪城市/小镇的年降雪量相比（World Weather Online，2018），中国重要滑雪小镇亚布力的年降雪量约为1m，远低于法国霞慕尼（4.8m）、日本二世谷（3.1m）和加拿大魁北克（2.1m）。由于自然积雪资源不足，中国大部分室外滑雪场需要造雪机和压雪机（孙承华等，2016）。由于人工造雪依赖一定的温度和湿度，气候变化将通过影响人工造雪能力进一步影响室外滑雪场积雪状况。然而，现有研究尚未基于"自然积雪"和"人工造雪"来整合框架，系统剖析气候变化对人工造雪依赖型室外滑雪场的影响，造成现有研究基础还不够扎实，研究框架有待完善。

2）机理模型和时间类比法是评估气候变化对室外滑雪场影响的主要方法，但均存在局限性。具体而言，现有机理模型 SkiSim 2.0 基于传统/成熟滑雪目的地构建，主要关注气候变化对自然积雪的影响。虽然该模型包括人工造雪模块，但未测度气候变化对人工造雪的影响，仅将其作为自然积雪的补充（若自然积雪厚度<30cm 便开始人工造雪）。而时间类比法的主要不足之处在于暖冬气候与未来类似气候变化情景可能存在一定差异，且未来潜在风险与历史暖冬情况未必一致。研究结果表明，基于这两种研究方法得出的评估结果存在较大差异（Rutty et al.，2017；Scott et al.，2020）。现有研究模型还不够精准，有待优化。

3）缺乏潜在滑雪者在气候变化背景下需求变化的解读。目前，大部分成熟滑雪需求市场已趋近饱和，呈现增长缓慢或下降趋势（如阿尔卑斯地区、加拿大），因此在评估气候变化对滑雪需求影响时，仅需关注现实滑雪需求，而忽视潜在滑雪者。但是对于潜在滑雪需求市场巨大的新兴滑雪目的地来说，评估气候变化对其影响具有重要意义。

4）缺乏气候变化感知对滑雪决策影响的研究。气候变化增加了众多国家和地区的环境脆弱性，是21世纪人类必须面临的一大挑战，如何适应气候变化已成为当前社会普遍关注的话题。公众感知是理解人文响应行动的重要基础（Bord et al.，1998；Wardekker et al.，2009），它可为明晰滑雪者在气候变化背景下的决策提供新视角。相关研究表明，感知对气候变化背景下的旅游决策起着重要作用（Gössling et al.，2012）。然而，滑雪者的气候变化感知对其滑雪决策意向的影响并未得到阐述。同时，滑雪者气候变化感知的影响因素，以及不同类型滑雪者在气候变化背景下决策的主要影响因素亦有待解读。

与国外研究相比，中国关于气候变化与室外滑雪场的研究较少，尚处于初始阶段。滑雪运动作为强气候依赖性项目，明确气候变化对其室外滑雪场影响是一项重要课题（杨建明和万春燕，2010）。因此，应充分借鉴国外已有研究成果，开展气候变化背景下室外滑雪场"风险识别—影响评估—有效应对"研究，促进中国滑雪产业可持续发展。同时，应结合中国国情进行相应调整，构建符合中国实际的气候变化对室外滑雪场的研究框架和评估范式，这也是本书的出发点和落脚点。

1.4 研究设计与框架体系

1.4.1 问题提出

（1）气候变化对室外滑雪场造成严重威胁

全球气候变化已成为人类在 21 世纪面临的最复杂、最严峻的挑战之一。根据联合国政府间气候变化专门委员会第五次评估，与 1986~2005 年相比，预计 2016~2035 年全球平均地表温度将升高 0.3~0.7℃，2081~2100 年将升高 0.3~4.8℃（IPCC，2013）。在未来气候变暖的情景下，海平面持续上涨，极端事件将进一步增多，全球降水呈现"干者愈干，湿者愈湿"的趋势（秦大河和 Stocker，2014），对自然生态系统和人类社会经济发展构成严重威胁，如冻土融化、冰川退缩，生物多样性锐减，水资源问题凸显，沿海地区受海平面上升威胁加重，粮食生产不稳定，以及对人类健康、国民经济、政治、文化和外交等方面产生一定影响（秦大河，2008）。

滑雪场是开展滑雪运动的基础，由于室外滑雪场资源评估主要关注积雪和地形两大要素（表 1-6），而气候因子（如温度、降水、湿度等）对降雪量存在重要影响（McClung and Schaerer，2006），因此全球气候变化将对其构成严重威胁（Steiger，2012）。根据联合国政府间气候变化专门委员会的第五次评估报告，气候变化将导致部分地区降雪减少（IPCC，2013），自然积雪覆盖率降低（Elsasser and Burki，2002）。例如，20 世纪 80 年代末的连续暖冬导致阿尔卑斯山地区的滑雪场因缺乏充足的自然积雪而影响营业（Koenig and Abegg，1997）。为应对气候变化，室外滑雪场需不断增加人工造雪来维持运营（Rutty et al.，2017）。然而，由于人工造雪依赖一定的温度和湿度条件（Snowathome，2013），气候变化将通过影响人工造雪进一步影响室外滑雪场的积雪状况。

表1-6 室外滑雪场资源的评估标准（美国）

因素	评估标准（分值）			
滑雪季节长度/月	6 (6)	5 (5)	4 (4)	3 (3)
积雪深度/m	>1.22 (6)	0.91~1.22 (4)	0.61~0.91 (2)	0.3~0.61 (1)
干雪期占整个降雪期的比重[a]	3/4以上 (4)	1/2 (3)	1/4 (2)	无 (1)
海拔/m	>762.5 (6)	457.5~763 (4)	152.5~457.5 (2)	45.75~152.5 (1)
坡度	很好 (4)	好 (3)	一般 (2)	差 (1)
温度/℃	>6.7 (3)	-17.8~6.7 (2)	<-17.8 (1)	—
风力	微风 (4)	偶尔变动 (3)	偶尔偏大 (2)	易变 (1)

注：a-干雪指雪中不包含液态水分。
资料来源：韩杰和韩丁，2001。

未来随着气候变暖，各区域室外滑雪场滑雪季节长度将有不同程度的缩短，可滑雪面积也随之减少、人工造雪需求量相应增加（Scott et al., 2020），使部分滑雪场因收入减少和运营成本增加而被迫关闭。以北美为例，31%的室外滑雪场因气候变化正在消亡（Barber, 2015）。在如此严峻的形势和挑战下，气候变化对室外滑雪场的影响研究成为学术界和产业界关注的热点（Steiger et al., 2019）。

(2) 北京冬奥会契机下中国室外滑雪场需应对气候变化带来的挑战

2022年北京冬奥会的成功举办给中国滑雪产业带来了重大发展机遇，推动了滑雪运动的普及和提高，加快了滑雪场建设。习近平总书记指出"冰天雪地也是金山银山"，冰雪有望成为满足人民日益增长的美好生活需要的热产业。随着利好政策不断释放和滑雪需求增长，中国滑雪场数量快速增加（孙双明等，2019）。截至2019年底，中国共有739个室外滑雪场和31个室内滑雪场（伍斌和魏庆华，2020）。《体育强国建设纲要》明确指出要继续科学规划布局和建设一批室内外滑雪场，多样化地满足人民群众对美好生活的向往。

虽然目前中国滑雪场数量位居世界首位，但符合国际标准要求的高质量滑雪场不到10%（王世金等，2017）。研究表明，未来气候变化对低质量的室外滑雪场的负面影响更大（Scott et al., 2020）。此外，由于中国自然积雪资源相对较少（韩杰和韩丁，2001），使得室外滑雪场对人工造雪依赖程度较高（孙承华等，2016）。由于季风气候明显且大陆性气候强，与世界上同纬度的其他国家相比，中国冬季平均气温更低，降水更少（表1-7）。相关研究表明，降水是决定降雪的重要因素，且气温是影响降雨和降雪相互转化的关键性因子（Räisänen, 2008），因此冬季极低的降水量使得中国降雪量较少，导致自然积雪条件较差。从表1-8可知，世界顶级滑雪场的年降雪量大于9m，甚至可达11.7m。从表1-9可知，由于中国滑雪场的年降雪量数据缺乏，本书以滑雪场所在城市/镇的降雪量替代，将中国著名滑雪小镇亚布力的年降雪量与其他国家的滑雪城市/镇的年降雪量进行对比。与法国霞慕尼（4.8m）、日本二世谷（3.1m）和加拿大魁北克（2.1m）相比，中国亚布力的年降雪量仅为1m，自然积雪较为匮乏。

表1-7 世界5个不同城市的气候条件对比（1月）

项目	中国哈尔滨	日本稚内	法国里昂	加拿大蒙特利尔	美国波特兰
纬度	45°41′N	45°25′N	45°43′N	45°28′N	45°36′N
平均气温/℃	-19.7	-5.8	2.1	-9.6	3.6
平均降水量/mm	3.6	104	52	83	136
平均相对湿度/%	72	76	87	80	85

资料来源：杨森林等，1999。

表1-8 世界著名滑雪场年降雪量对比

滑雪场名称	所在国家	年降雪量/m
格兰德塔吉（Grand Targhee）	美国	11.7
惠斯勒（Whistler Blackcomb）	加拿大	11.6
斯阔谷（Squaw Valley）	美国	11.4
二世谷（Niseko）	日本	11.0
瓦尔特-施勒肯（Warth-Schrocken）	奥地利	10.5
大天空（Big Sky）	美国	10.1
班芙路易斯湖（Lake Louise/Banff）	加拿大	10.1
霞慕尼（Chamonix）	法国	9.6
布劳瓦尔德（Braunwald）	瑞士	9.0
达米尔斯（Damüls）	奥地利	9.0

资料来源：Unofficial Networks，2015。

表1-9 世界著名滑雪旅游城镇年降雪量对比

滑雪城市/镇	所在国家	年降雪量/m
沙莫尼蒙勃朗（Chamonix-Mont-Blanc）	法国	4.8
二世谷（Niseko）	日本	3.1
魁北克（Quebec）	加拿大	2.1
亚布力（Yabuli）	中国	1.0

资料来源：World Weather Online（https：//www.worldweatheronline.com/）。

高度依赖人工造雪是否会加剧中国室外滑雪场对气候变化的脆弱性和敏感性？气候变化对中国各区域室外滑雪场的影响有何不同？如何精准评估气候变化对中国室外滑雪场的影响？这些问题的回答将为未来气候变化背景下中国室外滑雪场的科学运营和滑雪产业的可持续发展提供重要理论支撑。

(3) 科学应对气候变化是践行冬奥可持续性计划的必由之路

奥林匹克运动作为一项全球性的社会文化活动，可持续思想贯穿其发展始终。国际奥委会相继发布《奥林匹克2020议程》和《国际奥委会可持续发展战略》，强调将可持续融入到奥运会申办、筹办、举办、赛后管理等一系列工作中，标志奥林匹克运动可持续发展步入深化改革阶段，与联合国《2030年可持续发展议程》高度契合（孙葆丽等，2020）。鉴于全球气候变化对冬奥会带来的负面影响，国际奥委会极其关注气候变化背景下奥运会可持续发展。例如，2018年平昌冬奥会暨残奥会组委会组织召开以"气候变化与冬奥会的可持续发展"为主题的国际研讨会，奥运会组织委员会表示希望通过此次国际研讨会，国际奥委会与国际竞技联盟能够贯彻实施全球变暖应对方案，进一步促进奥运会可持续发展。

2020年5月，国际奥委会、国际残奥委会和北京冬奥组委同步发布《北京2022年冬奥会和冬残奥会可持续性计划》，明确提出低碳冬奥应对气候变化、推动冰雪产业发展、赛后场馆持续利用等重要行动。因此，明晰中国室外滑雪场应对气候变化的策略，即是将"冰天雪地"持续转换为"金山银山"的关键，壮大冰雪经济、落实全民健身和推动体育强国建设的重要抓手，亦是践行奥运可持续理念、推进北京冬奥可持续计划、构建中国奥运遗产可持续利用的主要内容。

1.4.2 研究意义

(1) 实践价值

随着 2022 年北京冬奥会的成功举办，中国滑雪产业进入快速发展阶段，滑雪人次和滑雪场数量显著增加，受到政府部门的高度关注和重视。冰雪已不再是冷资源，有望成为满足人民日益增长的美好生活需要的热产业。在此背景下，后奥运时代如何实现滑雪产业的可持续发展尤为重要。

(2) 理论意义

目前气候变化与室外滑雪场的研究主要关注传统/成熟的滑雪目的地（如奥地利、加拿大、法国等），而忽视新兴滑雪目的地，如中国、东欧（Steiger et al., 2019）。由于新兴滑雪目的地具有其独特特征（如人工造雪依赖程度高、潜在需求市场大等），现有分析框架并不完全适用于新兴滑雪目的地。

针对此问题，本书构建基于新兴滑雪目的地的研究框架。首先，在明确气候变化对人工造雪影响的基础上，基于"自然积雪"和"人工造雪"整合框架，明晰气候变化对人工造雪依赖型室外滑雪场的影响机制，完善现有理论基础和分析框架；其次，将气候变化对人工造雪的作用机制引入现有评估模型，并结合研究区域气候条件明确现有评估模型的优化手段，拓展评估模型的适用范围；最后，通过构建"气候变化感知-滑雪决策"模型揭示气候感知对滑雪决策的影响机制，聚焦滑雪者和潜在滑雪者，厘清其在气候变化背景下决策的影响因素，为全面揭示气候变化背景下室外滑雪场滑雪需求变化提供一个新的视角。

1.4.3 关键科学问题

随着《21 世纪议程》和《联合国气候变化框架公约》的签署，可持续发展和气候变化成为重要议题。作为世界上最大的发展中国家，中国把应对气候变化视作自身可持续发展的内在要求和构建人类命运共同体的责任担当。

本书以中国室外滑雪场作为研究对象，将气候变化背景下中国室外滑雪场发展与可持续思想结合，从供给和需求视角关注如何精准评估气候变化对中国室外滑雪场的影响，旨在切实提升其可持续发展能力，服务于产业、城市、区域和国家可持续发展。在此目标下，本书拟解决的主要问题为气候变化对中国室外滑雪场供给和需求的影响，以及如何应对和适应气候变化实现可持续发展，包括以下三个方面具体内容。

(1) 如何科学评估气候变化对中国室外滑雪场供给的影响

气候变化研究是当今前沿科学之一，其中精准评估气候变化的影响是因地制宜应对未来气候变化、保障可持续发展的科学基础。虽然已有相关文献评估气候变化对西方室外滑雪场供给的影响，但由于中西方气候条件和人工造雪依赖程度不同等差异，基于西方滑雪目的地构建的评估模型并不完全适用于中国。因此，怎样系统构建适合中国国情的分析框架、探究如何改进/构建模型精准评估气候变化对中国室外滑雪场供给的影响就显得尤为重要。

(2) 如何明晰气候变化对中国室外滑雪场滑雪需求的影响

滑雪需求是推进未来滑雪产业持续和健康发展的重要基础。虽然已有研究评估气候变化对室外滑雪场滑雪需求的影响，但影响其滑雪决策的主要因素和机制尚不明晰。因此，气候变化背景下何种因素会对不同类型滑雪者决策造成影响？又能从何种视角切入探求气候变化对滑雪需求的影响机制？这些问题的探究对进一步明晰气候变化对滑雪需求的影响至关重要。

(3) 中国室外滑雪场如何应对气候变化实现可持续发展

可持续发展是社会生产力发展和科技进步的必然产物，契合国家和民众共同诉求，也是解决气候变化问题唯一有效的途径。因此，在中国室外滑雪场应对气候变化的研究中，以对策分析为导向，通过借鉴国外经验，系统思考如何构建中国室外滑雪场适应气候变化的策略、关注如何评估主要应对策略的效果、探索不同区域的分类应对策略，对于气候敏感产业加强气候变化适应能力、落实奥林匹克运动可持续性理念与实践具有一定参考价值。

1.4.4 研究内容

本书以中国室外滑雪场为研究对象，一方面科学评估气候变化对其供给和需求的潜在影响，另一方面提出其应对气候变化的有效策略。

从供给视角，基于历史观测气候数据（1981~2010年）及CMIP5全球气候模式模拟数据，通过改进的SkiSim 2.0模型，评估不同时期（2020s、2050s、2080s）和不同温室气体排放情景下（RCP4.5、RCP8.5）气候变化对人工造雪能力、人工造雪需求量和滑雪季节长度的影响，揭示中国室外滑雪场对气候变化的敏感程度。

从需求视角，聚焦滑雪者和潜在滑雪者，通过问卷调查和深度访谈方式探求滑雪者和潜在滑雪者对气候变化的感知程度、滑雪决策意向，明确气候变化背景下滑雪者和潜在滑雪者决策的主要影响因素及其差异，并探究气候变化对滑雪需求的影响机制。

从科学应对视角，基于"多方参与-效益优先-分类应对"思路，基于影响评估结果和各区域特点，提出中国室外滑雪场应对气候变化的策略。

基于以上研究思路，本书由以下六章构成。

第1章从现实需求和理论构建两方面破题，从气候变化的概念、事实和预测着手，基于研究背景论证研究的必要性和可行性，并对研究的意义和内容进行介绍；同时，对该领域研究进展进行系统梳理，分析气候变化对室外滑雪场供给和需求影响，一方面借鉴参考已有研究成果，为本书的测度指标、评估方法及应对措施选择提供依据；另一方面，分析目前该领域研究的不足，为本书的创新性指明方向。

第2章全面阐述中国滑雪旅游发展概况，包括发展阶段、发展现状和发展趋势三个方面。

第3章为中国室外滑雪场的气候变化分析。从历史观测和未来模拟两个视角，综合分析中国室外滑雪场气候因子的变化情况，如温度、降水和积雪深度等。

第4章为气候变化对中国室外滑雪场供给影响的模拟分析。通过改进的SkiSim 2.0模型，基于不同时期、不同温室气体排放情景分析气候变化对中国室外滑雪场人工造雪能力、人工造雪需求量和滑雪季节长度的潜在影响，以此揭示其在气候变化背景下的敏感程度。

第5章为气候变化对中国室外滑雪场滑雪需求的影响分析。通过问卷调查和深度访谈探究气候变化背景下中国滑雪者和潜在滑雪者的气候变化感知和决策意向，并通过多变量回归模型揭示影响其滑雪决策意向的因素。同时，基于结构方程模型，从感知视角揭示气候变化对其滑雪决策意向的影响机制。

第6章提出中国室外滑雪场应对气候变化的对策。首先，从政府、企业、居民和其他非营利性机构等不同主体出发，构建多方参与的应对格局，并构建室外滑雪场在气候变化背景下的效益优先决策机制；其次，从供给和需求视角，明确室外滑雪场应对和适应气候变化的主要措施，并评估人工造雪技术提升减缓气候变化对室外滑雪场影响的效果；最后，将气候变化背景下主要省份室外滑雪场划分为高风险、中风险、低风险类型，结合各个区域特点，确定分类应对策略。

1.4.5 技术路线

为使中国室外滑雪场更好应对气候变化，本书首先构建"自然积雪"和"人工造雪"的整合框架，结合中国国情改进 SkiSim 2.0 模型，利用气象站点观测数据（1981~2010年）和IPCC第5次评估报告的未来情景数据（RCP4.5、RCP8.5），评估气候变化对中国室外滑雪场人工造雪能力、人工造雪需求量和滑雪季节长度的潜在影响。其次，结合"现实需求"和"潜在需求"，构建气候变化感知-滑雪决策分析框架，通过问卷调查和深度访谈探求滑雪者/潜在滑雪者对气候变化的感知程度、滑雪决策意向，预测气候变化背景下的需求变化情况。再次，利用多变量回归模型和结构方程模型对数据进行分析，探究影响滑雪者和潜在滑雪者滑雪决策的主要因素和机制。最后，基于多方参与-效益优先-分类应对思路，提出中国室外滑雪场应对气候变化的策略。从政府、企业、居民和其他非营利性机构等不同主体出发，构建多方参与的应对格局；综合考虑成本-收益，构建室外滑雪者在气候变化背景下的效益优先决策机制；将气候变化背景下中国滑雪目的地划分为高风险、中风险、低风险区域，结合各个区域特点，确定分类应对的策略。

根据研究内容，本书的技术路线见图1-1。

1.4.6 可能的创新

(1) 区域拓展：开创性地构建适用于新兴滑雪目的地的分析框架和测度指标

目前已有研究主要关注传统/成熟的滑雪目的地（如奥地利、加拿大、法国、日本等），而新兴滑雪目的地（如中国、东欧）在相关研究中被忽视。比较而言，新兴滑雪目的地对人工造雪依赖程度较高，且滑雪需求处于快速增长的阶段，基于传统/成熟的滑雪目的地构建的分析框架并不完全适用于新兴滑雪目的地。

鉴于此，本书以新兴滑雪目的地的典型代表——中国作为研究对象，根据其特点构建分析框架和测度指标：一方面，基于新兴滑雪目的地人工造雪依赖程度

第1章 绪 论

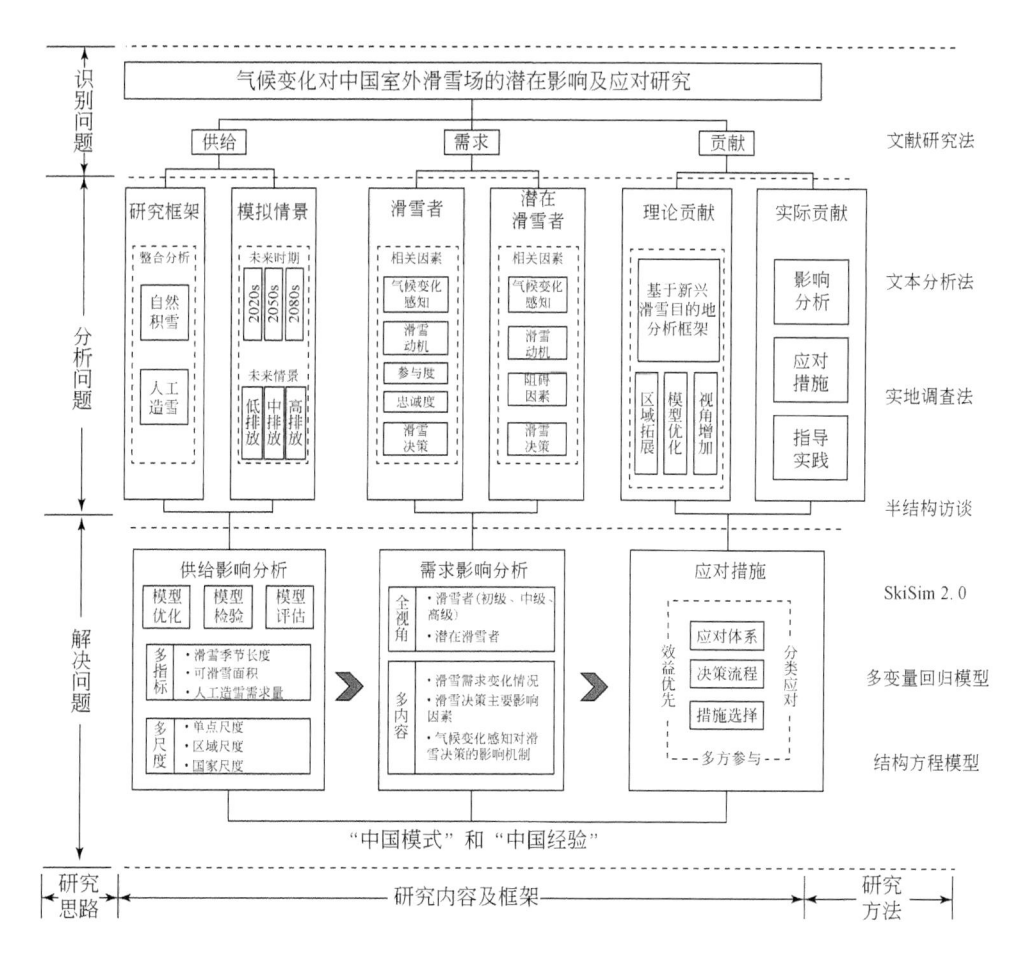

图 1-1 本书技术路线

较高的特点,且人工造雪依赖一定的气候条件,本书增加气候变化对室外滑雪场人工造雪能力影响的评估,整合自然积雪和人工造雪,更精准测度新兴滑雪目的地在气候变化背景下的敏感程度;另一方面,针对中国滑雪需求快速增长的情况,关注现实需求和潜在需求,全面评估气候变化对室外滑雪场滑雪需求的影响。这样既弥补了中国该领域研究的不足,又为其他新兴滑雪目的地开展相关研究提供了借鉴。

(2)方法优化:基于中国国情改进 SkiSim 2.0 模型

评估气候变化对室外滑雪场影响时,SkiSim 2.0 模型是国际上应用最为普遍的模型。根据中国自然气候条件以及滑雪运营条件及策略,本书对国际上应用最为普遍的 SkiSim 2.0 模型的主要参数进行改进（如积雪度日因子、固液态降水分离的临界气温值、滑雪场人工造雪量及人工造雪时期等），并以此评估气候变化对中国室外滑雪场滑雪季节长度、人工造雪需求量和人工造雪能力的影响。通过对模拟值与观测值进行回归分析，发现改进的 SkiSim 2.0 模型能够较好地模拟中国室外滑雪场的情况。这样，其他新兴滑雪目的地可应用该模型开展相关研究，以及对中国发展全新的评估模型也具有重要的借鉴意义。

(3) 视角增加：阐明滑雪者/潜在滑雪者气候变化感知对其滑雪决策的影响机制

行为地理学认为，感知环境是人类进行决策的主要依据。在气候变化背景下，公众的感知是适应行为产生的基础。研究表明，感知对滑雪者决策至关重要，然而其影响机制并未得到验证。因此，本书从微观层面入手，通过问卷调查和深度访谈，测度滑雪者/潜在滑雪者对气候变化的感知程度及滑雪决策意向，通过多变量回归模型和结构方程模型探究滑雪决策的影响因素和影响机制，为解读气候变化背景下的需求变化提供一个新的视角，为未来滑雪需求预测及滑雪场运营提供有益参考。

第 2 章　中国滑雪旅游发展情况

1996 年，中国滑雪场开始向大众开放，标志着滑雪旅游的开始。在 2001 年的"国际滑雪产业论坛"上，中国首次将滑雪提升到产业高度，从战略布局上引领滑雪旅游的发展。2022 年冬奥会的成功举办以及国家层面利好政策的持续推出，使中国滑雪旅游产业呈快速发展态势，滑雪场数量和年滑雪人次均跻身世界前列。本章从发展阶段、发展现状和未来发展趋势三方面分析中国滑雪旅游产业发展情况（方琰，2020，2021）。

2.1　发展阶段

虽然滑雪活动在中国起源较早，但中国滑雪旅游产业发展较晚，目前经历了萌芽阶段（1996 以前）、起步阶段（1996～2000 年）、初步发展阶段（2001～2010 年）、快速发展阶段（2011 年至今）四个时期。

2.1.1　萌芽阶段

中华人民共和国成立后，滑雪场基本由政府投资兴建，主要目的是为了训练运动员和举办赛事，一般不对旅游者开放。1959 年，国家体委、吉林省政府批准建设通化万峰滑雪场，是新中国第一座能举办全国性比赛的专业滑雪场，至今共承办过 18 次全国性滑雪比赛和 30 次省级滑雪比赛。吉林青山滑雪场承办了 1987 年第六届全国冬季运动会雪上赛事。1993 年，吉林北大湖滑雪场开始建设，曾举办了全国第 8 届、第 9 届冬季运动会雪上项目的比赛和第 6 届亚洲冬季运动会。总体而言，1996 年以前国内滑雪场数量较少，且不面向大众市场，仅有几家为运动员提供训练和比赛的场地，未进行市场化运作。

2.1.2　起步阶段

1996 年，亚布力风车山庄滑雪场和吉华滑雪场在第三届亚冬会举办后开始对普通公众开放，此后河北崇礼的老塞北雪场等陆续投入建设。该阶段最大的特征为滑雪运动逐步由运动竞技模式向市场模式转化，标志着滑雪旅游的开始。这一转变具有重要意义：一方面，开拓了全新的市场领域，创造了新的经济增长点；另一方面，为山地地区带来经济效益和社会效益，成为缩小地区间差距的重要途径。在 20 世纪末，中国滑雪旅游仍然非常有限，2000 年，中国有 50 个滑雪场，年滑雪仅为 30 万人次，滑雪场数量少、滑雪人群小、发展缓慢，但这一时期培育了国内第一批滑雪爱好者，为后期储备了滑雪产业的投资者和从业者。

2.1.3　初步发展阶段

2000~2010 年中国滑雪旅游实现初步发展，滑雪者人次由 2000 年的 30 万人次大幅增长到 2010 年的 630 万人次，滑雪场数量由 50 个增加到 2010 年的 270 个。在 2001 年的"国际滑雪产业论坛"上，中国首次将滑雪提升到产业高度，从战略布局上引领滑雪旅游的发展。虽然南方一些省份已建有滑雪场，但北京和河北由于市场需求大且积雪资源较好，仍然是主要的投资区域。例如，该阶段在北京郊区投资超过千万元的滑雪场达 13 家，在河北省张家口市崇礼创建了早期滑雪产业集群（如万龙、多乐美地滑雪场），这些滑雪场成为奠定中国成功申办 2022 年冬季奥运会的滑雪设施基础。该时期的滑雪旅游发展的重要特征为：第一，引入了人工造雪。萌芽和起步阶段的滑雪场皆为天然雪场，北京延庆石京龙滑雪场首次引入人工造雪技术，开启了国内滑雪场人工造雪的历史。第二，形成了滑雪产业聚集区。北京和河北张家口崇礼逐步取代东北地区，成为滑雪产业热点发展区域。第三，外资进入滑雪产业。意大利莱特纳集团进入河北，引入国内首条脱挂式滑雪缆车，建成崇礼多乐美地滑雪度假区；香港新濠集团收购了黑龙江亚布力风车山庄、吉林北大壶、长春莲花山、吉林莲花山以及北京莲花山 5 家滑雪场，并将亚布力风车山庄升级改造为亚布力阳光度假村。

2.1.4　快速发展阶段

2011年至北京申办冬奥会期间,国内滑雪场数量每年增速保持在15%以上。2024年,国内滑雪场数量已有719家,滑雪人次达2308万。为更好释放冰雪经济效应,各级政府出台一系列政策和措施推动滑雪旅游的发展,鼓励社会力量广泛参与冰雪运动,教育领域实施推动冰雪运动普及的措施,如冰雪运动进校园、打造冰雪特色学校等。该阶段滑雪旅游发展的主要特征为:第一,滑雪场逐步向滑雪度假区转型。大集团纷纷进入滑雪市场投资领域,如马来西亚云顶集团进驻崇礼、万达集团投资长白山、桥山集团收购北大壶、中诚信集团控股亚布力阳光度假村、万科集团投资吉林松花湖、瑞意集团太舞破土动工、富龙集团打造崇礼四季小镇。第二,滑雪产业集群效应凸显。以万龙、密苑云顶乐园、太舞、富龙、翠云山银河、多乐美地和长城岭7个大的滑雪场为基础,河北张家口崇礼形成了国内最大规模的滑雪产业集群。第三,室内滑雪场建设热潮迭起。室内滑雪场分布于哈尔滨、广州、无锡、昆明等地,同时旱雪及模拟滑雪场馆也在国内进入迅速复制阶段。

2.2　发展现状

2.2.1　滑雪场建设

20世纪80年代中国东北建立了第一个滑雪场,发展至2020年已有715个滑雪场(其中室内滑雪场36个),数量位列世界第一。1996~2020年中国滑雪场数量情况见图2-1(伍斌和魏庆华,2021)。2010~2014年,国内滑雪场数量每年增速保持在15%以上。2019年中国新增滑雪场28家,增长率为5.54%,同2017年(8.82%)和2018年(5.54%)的年增长率相比增速放缓,2020年滑雪总数减少至715家。

由于冰雪资源条件限制,中国滑雪场空间分布不均衡。黑龙江有94个滑雪场,远超位于第二位的河北(65)和新疆(65),而华南地区的(广西、广东)滑雪场数量不到1%(表2-1)。东北和新疆为中国积雪资源最为富集区域,且冰

| 气候变化对中国室外滑雪场的潜在影响及应对 |

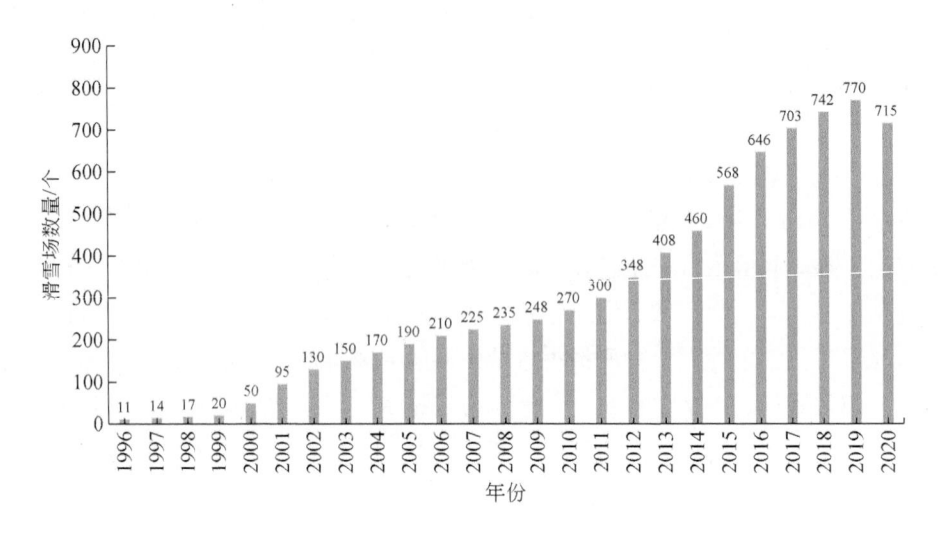

图 2-1　1996~2020 年中国滑雪场数量

表 2-1　2020 年中国各省份滑雪场数量

区域	省份	数量/个	占比/%	有架空索道/个	区域	省份	数量/个	占比/%	有架空索道/个
东北	黑龙江	94	13.15	40	西北	新疆	65	9.09	23
	吉林	40	5.59	40		甘肃	22	3.08	8
	辽宁	37	5.17	28		宁夏	13	1.82	1
华北	河北	65	9.09	51		青海	8	1.12	0
	北京	20	2.80	27		陕西	29	4.06	6
	山西	49	6.85	8	华中	河南	43	6.01	3
	内蒙古	39	5.45	17		湖南	9	1.26	1
	天津	11	1.54	1		湖北	19	2.66	2
华东	山东	63	8.81	6	西南	四川	13	1.82	4
	浙江	19	2.66	0		重庆	14	1.96	3
	江苏	18	2.52	0		贵州	10	1.40	2
	安徽	3	0.42	0		云南	4	0.56	3
	福建	1	0.14	0	华南	广西	3	0.42	0
	江西	2	0.28	0		广东	2	0.28	1

注：滑雪场数量包括室内和室外滑雪场；上海、西藏和海南无滑雪场；港澳台数据暂缺。

雪历史文化底蕴深厚，为其滑雪产业快速发展提供了重要的气候条件和资源基础。虽然华北区域积雪资源禀赋相对匮乏（张家口市及其以北区域除外），但发展成为中国滑雪产业聚集地区的主要因素在于北京冬奥会赛事引领和政府支持、离客源市场近等。

虽然中国已有约 700 家滑雪场，但符合国际标准的高质量滑雪场不到 10%，仅有 7.97% 的滑雪场在规模上满足竞技类滑雪赛事（王世金等，2017）。从缆车类型来看，全国只有 275 个滑雪场配备架空索道（表 2-1），且大部分位于黑龙江、吉林、辽宁、北京、河北和新疆，表明中国优良级滑雪场亦存在空间集聚、发展不均衡现象。此外，对于中高级滑雪者而言，国内滑雪旅游目的地吸引力远远低于海外滑雪旅游目的地，涉及的主要因素为滑雪场积雪质量、布局规划、基础设施和服务水平等。据统计，中国有 120 万的滑雪爱好者，其中超过 60 万人选择前往国外进行滑雪运动，如日本、瑞士、意大利和加拿大等。

2.2.2 滑雪市场需求

从 1996 年发展至今，中国滑雪旅游人次实现了质的飞跃。图 2-2 展示了中国 1996~2020 年的滑雪旅游人次（伍斌和魏庆华，2021）。截至 2019 年底，中国滑雪旅游人次为 2090 万，同比增长 6.09%。基于庞大的滑雪人次和市场规模，中国已被认为是全球主要滑雪市场之一，年滑雪人次已超过一些拥有成熟滑雪市

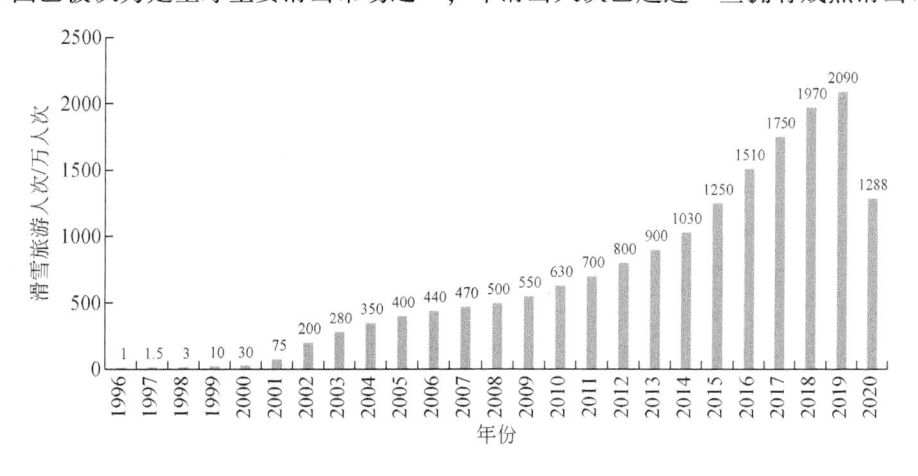

图 2-2 1996~2020 年中国滑雪旅游人次

场的国家，如加拿大（年滑雪人次约 1900 万）和德国（年滑雪人次约为 1400 万）（Vanat，2017）。受疫情影响，2020 全年滑雪人次降低至 1288 万。

从空间分布来看（表 2-2），滑雪人次与滑雪场空间分布呈现类似的格局特征，河北和吉林的滑雪场拥有最多的滑雪人次，分别占全国的 11.61% 和 10.27%，表明在一定程度上，滑雪场质量、数量和滑雪人次成正比。北京虽然只有 25 家滑雪场，但吸引了 189 万滑雪者，占全国的 8.9%，主要原因在于北京是重要的滑雪旅游客源地，被评为"最爱滑雪之城"（孙承华等，2016）。虽然随着技术进步，南方滑雪场数量逐渐增多，但依旧不是滑雪者优先选择的滑雪旅游目的地，滑雪人次仅占 3% 左右（如广西、广东）。

表 2-2 2019 年中国各省份滑雪人次（万）

区域	省份	滑雪人次/万人次	占比/%	区域	省份	滑雪人次/万人次	占比/%
东北	黑龙江	186	8.89	西北	新疆	122	5.83
	吉林	215	10.27		甘肃	60	2.87
	辽宁	67	3.20		宁夏	22	1.05
华北	河北	243	11.61		青海	15	0.72
	北京	189	9.03		陕西	74	3.54
	山西	95	4.54	华中	河南	96	4.59
	内蒙古	101	4.83		湖南	34	1.62
	天津	46	2.20		湖北	43	2.05
华东	山东	88	4.20	西南	四川	68	3.25
	浙江	111	5.30		重庆	35	1.67
	江苏	54	2.58		贵州	32	1.53
	安徽	12	0.57		云南	9	0.43
	福建	2	0.10	华南	广西	5	0.24
	江西	4	0.19		广东	65	3.10

注：港澳台数据暂缺；其他未列出省份数据为 0。

虽然中国年滑雪人次较多，但从滑雪者占总人口的比例来看，中国仍远低于其他国家（表 2-3）。欧洲滑雪参与率较高，均在 13% 以上，其中瑞士高达 37%。与中国邻近的日本，其滑雪活动参与率（9%）也远远高于中国（1%）。低参与率对中国滑雪旅游产业发展来说既是挑战也是机遇，表明潜在滑雪旅游市场巨大。相关研究表明，在中国非滑雪旅游人口中，96.01%对滑雪运动/冰雪风光感兴趣（孙东喜，2015），这符合中国滑雪人次逐年快速增长的事实及世界滑雪产业发展轨迹。国外滑雪旅游虽已进入成熟阶段，滑雪人次呈现饱和/略微下降趋势，但其在发展阶段，滑雪人次亦快速增长。以北美的 Aspen 滑雪旅游目的地为例，1968~1974年复合年增长率高达15.7%（Walsh and Davitt，1983）。

表2-3 主要国家滑雪活动参与率（滑雪者数量/总人口）

国家	滑雪人次	滑雪者数量	滑雪活动参与率
美国	57092127	13616748	4.3%
法国	56226000	8573709	13%
奥地利	53155600	2959793	36%
日本	34432389	11452777	9%
意大利	28100000	4918584	8%
瑞士	26538264	2958530	37%
加拿大	18700400	4307199	12.5%
德国	14922000	14606508	18%
捷克	8700000	2032584	20%
瑞典	8070800	1823885	20%
中国	20900000	13200000	1%

此外，中国滑雪者转化率不到1%，即不到1%的滑雪体验者会转换为滑雪爱好者，远远低于西方国家水平。据统计，2018年中国滑雪人数约为1320万，其中一次性体验者人数占比为75.38%，与2017年的75.2%基本持平（孙承华等，2017）。虽然冰雪运动文化薄弱是导致低转换率的一个原因，但首次滑雪体验不佳及惧怕滑雪安全事故是最直接和重要的因素，如滑雪场装备不良、雪道拥挤、缺乏滑雪教学等。根据《2017年中国滑雪产业发展报告》（孙承华等，2017），56%的初学者因过高的费用而不愿意聘请滑雪教练，且中国目前还没有足够多的合格的滑雪教练为所有初学者提供服务。如何让初滑者转化为滑雪爱好者、把一次性体验转变为持续消费，这是中国滑雪旅游市场持续发展的关键。

2.2.3 滑雪者人群画像

中国滑雪消费人口主要以中青年为主，集中在18~44岁和45~64岁两个年龄段，分别占60.2%和37.21%；从月收入来看，月收入在5000~9999元的人群占比最高，为37.31%，且1~9999元的人群占样本总体的74.37%（孙承华等，2018），表明中国滑雪旅游从小众运动逐步向大众化群体迈进。从性别结构看，男性与女性占比接近，分别为53.23%和46.77%。中国滑雪者参与滑雪消费以一次性体验为主，每次消费在500元以下的消费者占比最高（41.79%），其次为500~1000元，占比为28.86%，表明从滑雪体验者到滑雪爱好者/发烧友的转化率低。

从滑雪旅游客源地来看，中国滑雪人群呈现由北方向南方扩散的趋势（表2-4）。2017年排名前十的滑雪旅游客源城市中北方城市占七个，而上海的滑雪人数仅次于北京，成为中国第二大滑雪旅游客源地。2015~2016年雪季，南方跨省参与滑雪运动的人数达650万，市场规模约为159.8亿元（腾讯易观，2018），表明南方滑雪旅游需求旺盛，市场开发潜力大。到2021年，南方滑雪需求得到有效释放。2021年前十大客源城市中，南方城市共有9个，上海、杭州、北京位列前三。

表2-4 滑雪旅游客源城市前十名

2017年排名	城市	2021年排名	城市
1	北京	1	上海
2	上海	2	杭州
3	哈尔滨	3	北京
4	吉林	4	深圳
5	乌鲁木齐	5	广州
6	沈阳	6	南京
7	长春	7	苏州
8	大连	8	成都
9	广州	9	武汉
10	深圳	10	宁波

数据来源：孙承华等，2018；旅游消费者研究院，2021。

2.3 发展趋势

2.3.1 发展环境持续利好

2018年，中国人均国民总收入达9732美元，高于中等收入国家平均水平。国际经验表明，人均国民总收入若高于8500美元，公民的文化体育消费需求增长将会加快。同时，政策红利将继续助推滑雪旅游产业健康快速发展。《冰雪运动发展规划（2016—2025年）》提出中国冰雪产业重点发展目标：到2025年直接参加冰雪运动的人数超过5000万，并带动3亿人参与冰雪运动；到2020年中国冰雪产业总规模达到6000亿元，到2025年中国冰雪产业总规模达到10000亿元。

为全面支持中国滑雪旅游产业更快更好地发展，国家相关部门颁布了一系列政策，各省市纷纷响应号召，政策内容涵盖了滑雪旅游全产业链，如滑雪场地建设（《全国冰雪场地设施建设规划（2016—2022年）》）、滑雪需求刺激（《群众冬季运动推广普及计划（2016—2025年）》），以及装备产业发展（《黑龙江冰雪装备产业发展规划》（2017—2020））等。随着北京冬奥会的推进，2019年中共中央办公厅、国务院办公厅印发《关于以2022年北京冬奥会为契机大力发展冰雪运动的意见》，强调要进行体制创新、推进备战工作、普及冰雪运动、发展冰雪产业，努力实现中国冰雪运动跨越式发展。同时，国务院相继发布《关于进一步激发文化和旅游消费潜力的意见》《关于促进全民健身和体育消费推动体育产业高质量发展的意见》，为滑雪旅游产业进一步转型升级保驾护航。基于中国潜在滑雪需求市场大、政府推动力强等优势可以判断，未来十年中国滑雪旅游产业将继续蓬勃发展。

2.3.2 冬奥效应不断释放

冬奥会直接影响滑雪旅游产业的发展，这种影响具有持续性和融合性等特征。具体而言，冬奥会的筹备及举办使得冰雪外围产业以及相关产业实现联动发展，涵盖基础设施建设、区域环境治理、旅游、相关用品制造等。政府会对相关建设项目进行规划、审批和投资，同时吸引大量民间资本涌入，依托冬奥会实现区域产业联动，从场地经营、装备器材的研发与销售、赛事举办和培训服务等核心领域，衍生到相关的上下游产业，构建完整的滑雪旅游产业链。

中国滑雪旅游产业起步晚、发展基础薄弱且水平较低，2022年北京冬奥会对促进滑雪旅游产业快速发展起到至关重要的作用。通过2022年北京冬奥会的成功举办和相关资源的整合与开发，滑雪旅游产业链不断完善，带动滑雪场升级，推进设备国产化进程；推动相关企业创新，实现滑雪装备品牌化；引爆滑雪旅游项目投资热潮，完善赛事产业链；加快滑雪安全问题的解决等。2022年北京冬奥会后首个雪季消费大热，全国滑雪场门票预订量同比上一年增长86%，冰雪运动相关品类成交金额同比增长135%，其中，冰雪器材成交金额同比增长107%，冰雪运动服装成交金额同比增长99%，冰雪运动护具成交金额同比增长41%[①]。

2.3.3 运营管理日趋成熟

发挥规模经济优势，实行集团化、规模化经营，是近年来全球滑雪旅游产业发展的一个明显趋势。以美国的范尔度假村（Vail Resort）集团为例，其于2015年和2016年分别收购澳大利亚滑雪度假村佩里舍（Perisher）和加拿大不列颠哥伦比亚的惠斯勒黑梳山（Whistler Blackcomb）。2019年8月，范尔度假村集团宣布已开始与匹克度假村（Peak Resorts）公司签订收购协议。

随着国内滑雪旅游的井喷式发展，竞争日益白热化，大量滑雪场将出现生存发展问题，开发企业也将冷静思考如何保持滑雪度假区的吸引力和提升滑雪者滑雪体验，从而适应滑雪旅游产业由粗放式向精细化转变的趋势。目前，国内部分企业已踏上收购及规模化发展之路。2015年，上海豫园旅游商城收购日本北海道的滑雪度假村——星野TOMAMU；2016年7月，万科松花湖与桥山北大壶合作成立万山雪业，由控股方万科在票务经营、营销推广、客服体系等方面统一管理；2019年1月，中国民生投资集团收购加拿大松鸡山（Grouse Mountain）度假村。同时，部分滑雪场学习国外度假型滑雪场的成功经营模式，开展四季经营及

[①] 新华网. 冬奥带动冰雪盛宴 这些消费领域迎"新春". http://www.xinhuanet.com/finance/2022-02/05/c_1128316688.htm[2022-02-05].

开发特色活动，如越野山地自行车、高尔夫、热气球、攀岩、丛林真人 CS 等。可见，消费升级必将促进滑雪旅游产业在供给侧进行结构性改革，高品质滑雪旅游将成为未来发展主流。

2.3.4 科技赋能产业发展

随着全球新一代信息技术革命和新产业革命融合对接，以新技术、新产业、新业态、新模式为核心的"四新经济"将助推中国经济发展方式转变和能级提升。中国滑雪旅游产业作为快速发展的新兴产业类别，虽然存在群众参与面不广、产业基础薄弱等问题，但后发优势明显。

滑雪旅游产业与科技的深度融合，是顺应时代发展的历史必然。一方面，科技进步深刻影响着滑雪旅游产业的发展，主要表现在对生产方式、管理运营、消费模式的改变等；另一方面，滑雪旅游产业需要科技赋能，推动产业转型升级及培育新的产业形态。随着 5G、互联网+、物联网、VR 和 AR 等现代科技在滑雪旅游产业应用，滑雪旅游产业将在内容、形式、方式和手段等方面实现创新，通过滑雪旅游产业融合、体验智慧化、管理科技化、运营网络化的"智慧模式"助推产业转型升级。

第 3 章　中国室外滑雪场气候变化分析与检验

气候条件是影响中国室外滑雪场空间分布和质量的关键因素（Fang et al., 2021, 2023）。为增强对中国室外滑雪场气象环境的基本认识，本章通过计算全年、冬季（12月至次年2月）、滑雪季（11月至次年4月）气温、降水、积雪深度的平均值、标准差和变化趋势，并判断气象要素是否有趋势性变化，更加全面明晰中国室外滑雪场的气候变化规律。

3.1　研究方法与数据来源

3.1.1　研究方法

气候系统是非线性的，在其变化过程中具有不连续性。因此，需要使用非线性理论和方法分析、认识气候系统变化过程，如应用突变理论和突变检测等方法。气候突变是普遍存在于气候系统中的一种重要现象，是指气候从一种稳定态（或稳定持续的变化趋势）跳跃式地转变到另一种稳定态（或稳定持续的变化趋势）的过程，它表现为气候在时空上从一种统计特征到另一种统计特征的急剧变化。

判断气象要素是否有趋势性的突变现象，是气候变化及其响应研究中的重要问题。本章采用气象水文领域趋势检验的主要方法——MK（Mann-Kendall）（Mann, 1945；Kendall, 1975）趋势检验对与室外滑雪场相匹配气象站的气温、降水和积雪深度时空趋势变化情况进行分析。MK趋势检验是非参数检验，不需要待检序列服从某一概率分布。气象水文数据大多是偏态且不服从同一分布，因而该检验方法在水文统计领域应用较广（章诞武等，2013）。具体公式如下：

设一平稳序列为 X_t（$t = 1, 2, 3, \cdots, n$，n 为序列长度），S 统计量定义为

$$S = \sum_{i=1}^{n-1} \sum_{j=i+1}^{n} \mathrm{sgn}(x_j - x_i) \qquad (3\text{-}1)$$

其中：

$$\mathrm{sgn}(\theta) = \begin{cases} 1 & (\theta > 0) \\ 0 & (\theta = 0) \\ -1 & (\theta < 0) \end{cases}$$

式中，sgn 是符号函数，负值表示下降趋势，正值表示上升趋势，零值代表无变化；x_i 和 x_j 是 i 年和 j 年的气象数据（$j>i$）；n 是时间序列的长度；θ 为 x_j 和 x_i 的差值（即 x_j-x_i）；S 是 MK 检验统计量。

标准化的检验统计量 Z_{MK} 可以用下式计算：

$$Z_{\mathrm{MK}} = \begin{cases} \dfrac{S-1}{\sqrt{\mathrm{var}(S)}} \\ 0 \\ \dfrac{S+1}{\sqrt{\mathrm{var}(S)}} \end{cases} \qquad (3\text{-}2)$$

采用双侧检验，在 0.05 显著水平下，如果 $|Z_{\mathrm{MK}}|>1.96$，拒绝无趋势的原假设，即认为在序列 X_t 中存在增大或减小的趋势；否则接受序列 X_t 无趋势的假设。

3.1.2 数据来源

关于中国室外滑雪场气候变化分析与检验的分析内容，主要涉及的数据包括室外滑雪场数据、气象观测数据、逐日积雪深度数据和 CMIP5 数据。

3.1.2.1 室外滑雪场数据

2019 年中国已建有 770 个滑雪场，但绝大多数属于粗放型、体验型的初级雪场，只适合初级滑雪者。在日趋激烈的滑雪旅游产业竞争中，由于投资及自然资源的因素，小型滑雪场更易被淘汰。同时，室内滑雪场受气候变化影响较小。因此，本章基于室外滑雪场运载能力（索道类型及数量）和邻近气象站点数据的连续性和完整性，最终选取中国质量较高的室外滑雪场进行研究（表 3-1），侧重测度气候变化对室外滑雪场的中长期影响，具体地理位置见图 3-1。

表 3-1 研究选取的室外滑雪场情况

区域	省份	选取的室外滑雪场数量/个
华北	北京	5
	山西	3
	天津	3
	内蒙古	7
	河北	9
东北	黑龙江	27
	吉林	9
	辽宁	11
西北	新疆	15
	宁夏	2
	青海	2
	甘肃	3
	陕西	4
华东	山东	9
华中	河南	7
总计		116

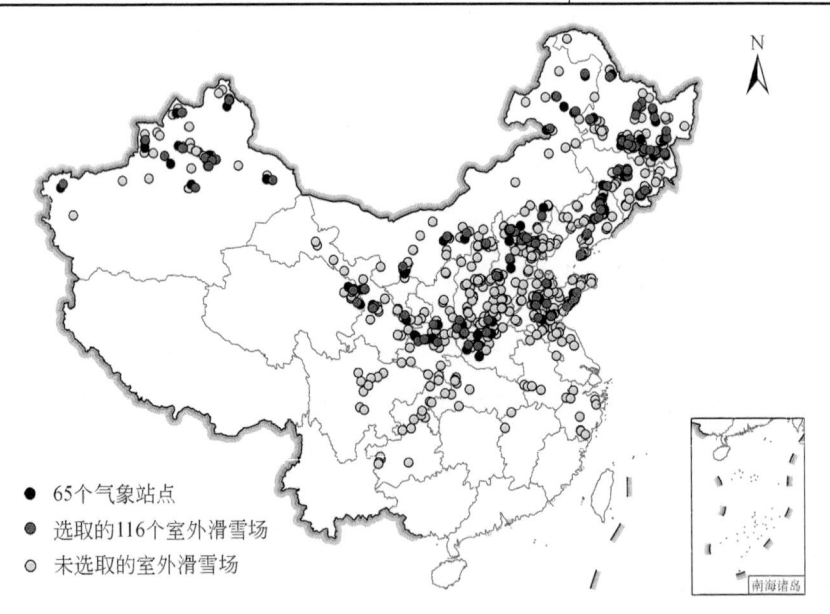

图 3-1 研究选取的室外滑雪场及与其匹配的气象站点

研究选取的室外滑雪场数据于 2019 年 10 月 11 日通过地图网站获取，结合搜索引擎和《中国滑雪场大全》进行信息核对，包括滑雪场名称、地址和架空索道情况等。

需要说明的是，本研究的模拟预测主要基于现有室外滑雪场展开，未考虑未来新增滑雪场的情况，主要原因在于：室外滑雪场的建设对自然环境要求较高，中国滑雪场建设已经经历了快速扩张阶段，自然条件优越的适宜场地已基本开发完毕，因此未来新增高质量室外滑雪场可能性较小。从全球滑雪产业的发展规律来看，欧洲、北美、日本等滑雪产业成熟地区的发展轨迹表明，室外滑雪场建设在经历快速增长后，最终趋于稳定/小幅度减少。

3.1.2.2 气象观测数据

本章从中国气象信息中心获取全国 824 个地面气象观测站 1981~2010 年的日值气象观测数据，通过空间匹配将站点气象数据赋予室外滑雪场，实现样地数据与气象数据相结合。本章所选取的日值气象观测数据为日最高气温、日最低气温和日降水量，具体格式见表3-2。

表 3-2　日气候标准值数据格式

变量	含义	数据单位
Max_temperature	日最高温度	0.1℃
Min_temperature	日最低温度	0.1℃
Precipitation	20 时至次日 20 时降水量	0.1mm

根据邻近原则，与 116 个室外滑雪场匹配的气象站点为 65 个（图 3-1），由于这种空间匹配是一对多的匹配关系，即一个站点被赋予多个不同的滑雪场。虽然这在一定程度上将削弱本章后期的数据分析效果，但也是目前研究能实现的最好的数据结合方式。

3.1.2.3 逐日积雪深度数据

由于中国气象信息中心未公开逐日观测的积雪深度数据，本章逐日积雪深度数据来源于中国雪深长时间序列数据集（1979~2016 年），由寒区旱区科学数据中心提供（车涛，2019）。该数据集提供中国范围逐日积雪厚度分布数据，时间为1979年1月1日到2016年12月31日，其空间分辨率为25km。该数据集通过美国国家冰雪数据中心（the National Snow and Ice Data Center）处理的SMMR（1979~1987年）、SSM/I（1987~2007年）和SSMI/S（2008~2016年）逐日被动微波亮温数据反演得到。为提高亮温数据在时间上的一致性，对不同传感器的亮温进行交叉定标，并利用Che（2008）在Chang算法基础上针对中国地区进行修正的算法进行雪深反演。

本章利用ArcGIS将积雪深度数据的原始ASCII源文件转化成栅格数据，并统一转换为Albers投影，通过与室外滑雪场匹配的气象站点的经纬度获取1981~2010年逐日积雪深度。

3.1.2.4 CMIP5 数据

在联合国政府间气候变化专门委员会（IPCC）第五次评估报告的国际耦合模式比较计划第五阶段（CMIP5）中，共有50多个气候模式参与了历史与未来全球气候变化的数值模拟试验。与CMIP1~4阶段的评估相比，CMIP5通过新设置若干模式试验，用于解决之前评估过程中突显的主要科学问题，以提高未来气候变化预测精度。

本章选取了不同国家提供的15个气候模式的试验结果进行评估和分析，包括CNRM-CM5、CSIRO-Mk3-6-0、CanESM2、GFDL-CM3、GISS-E2-H、GISS-E2-R、HadGEM2-AO、IPSL-CM5A-LR、MIROC-ESM-CHEM、MIROC-ESM、MIROC5、MPI-ESM-LR、MPI-ESM-MR、MRI-CGCM3、NorESM1-M。表3-3为15个气候模式试验的基本信息，详细信息见http://cmip-pcmdi.llnl.gov/cmip5/。所有数据从Earth System Grid Federation网站下载（https://esgf-node.llnl.gov/projects/cmip5/），包含1981~2010年历史气候模拟（historical）和2020s（2011~2040年），2050s（2041~2070年），2080s（2071~2100年）未来气候变化预估数据。鉴于各模式的分辨率不同，本章通过随机天气发生器（LARS-WG）（Racsko et al., 1991; Semenov and Barrow, 1997）将15个模式的数据统一插值到观测站点上。

表3-3 15个CMIP5耦合模式及其模拟试验的基本信息

名称	研究机构	国家	格点	分辨率
CNRM-CM5	国家气象研究中心及欧洲高级培训与科学计算研究中心	法国	256×128	1.39°×1.406°

续表

名称	研究机构	国家	格点	分辨率
CSIRO-Mk3-6-0	澳大利亚联邦科学与工业研究院海洋大气研究所，昆士兰气候变化中心	澳大利亚	192×96	1.86°×1.875°
CanESM2	加拿大气候模拟与分析中心	加拿大	128×64	2.784°×2.8125°
GFDL-CM3	美国国家海洋和大气管理局	美国	144×90	2.0°×2.5°
GISS-E2-H	美国国家航空航天局	美国	144×90	2.0°×2.5°
GISS-E2-R	戈达德空间研究中心	美国	144×90	2.0°×2.5°
HadGEM2-AO	哈德利中心	英国	192×145	1.241°×1.875°
IPSL-CM5A-LR	法国皮埃尔西蒙拉普拉斯学院	法国	96×96	1.895°×3.75°
MIROC-ESM-CHEM	前沿全球变化研究中心	日本	128×64	2.790°×2.8125°
MIROC-ESM	日本国家环境研究所	日本	128×64	2.790°×2.8125°
MIROC5	东京大学气候系统研究中心	日本	128×256	1.4°×1.4°
MPI-ESM-LR	德国马克斯普朗克气象研究所	德国	192×96	1.86°×1.875°
MPI-ESM-MR	德国马克斯普朗克气象研究所	德国	192×96	1.86°×1.875°
MRI-CGCM3	日本气象研究所	日本	320×160	1.12°×1.125°
NorESM1-M	挪威气候中心	挪威	144×96	1.895°×2.5°

未来气候变化预估数据涵盖四种典型浓度路径，每个类别强度范围见表3-4。本章选取两个典型浓度路径（RCP4.5、RCP8.5）测度气候变化对中国室外滑雪场的影响。需要指出的是，通过模拟发现中国室外滑雪场在低排放情景下（RCP2.6）所受的影响甚微，因此未将 RCP2.6 情景纳入分析（Fang et al., 2021）。

表3-4 典型浓度路径（RCP）的特征

名称	辐射强迫	路径形式	CO_2浓度/($\times 10^{-6}$)
RCP8.5	2100年后接近8.5W/m²	持续上涨	936
RCP6.0	2100年后稳定在6.0W/m²	没有超过目标水平达到稳定	670
RCP4.5	2100年后稳定在4.5W/m²	没有超过目标水平达到稳定	538
RCP2.6	中期达到3W/m²，至2100年为2.6W/m²	先上升后下降并稳定	421

RCP4.5情景。该情景为中等强度排放情景，在2100年辐射强迫稳定在4.5W/m² (Thomson et al., 2011)。基于全球变化评估模式模拟，该情景采用低端排放基准和中等减缓措施，将与全球经济框架相适应的长期温室气体和短期物质排放相结合，并考虑土地利用和陆面变化。

RCP8.5情景。该情景假定人口最多、能源改善较小、技术革新缓慢等，导致未来能源需求高及温室气体排放量大，同时缺少应对气候变化的政策，是最高的温室气体排放情景（Riahi et al., 2011）。与过去的情景相比，主要通过建立大气污染预估的空间分布图、加强土地利用和陆面变化的预估等实现改进。

3.2 中国室外滑雪场历史气象因子变化分析

3.2.1 气温

3.2.1.1 变化趋势

根据前述与中国室外滑雪匹配的气象站的日均温数据（1981~2010年），计算中国室外滑雪场的全年、冬季和滑雪季气温的平均值、标准差和变化趋势。根据表3-5，气象站点的年均温的变化范围是-3.65~15.62℃，站点间最大相差19.27℃。同时，冬季和滑雪季均温的站点间温差较大，其中冬季均温的变化范围是-22.60~3.80℃，站点间最大相差26.40℃；滑雪季均温的变化范围是-14.62~7.86℃，站点间最大相差22.48℃。83%站点的30年平均冬季气温在0℃以下，而滑雪季仅有60%站点的平均气温低于0℃。站点的年际波动程度存在较大差异。气象站点的标准差反映气温的多年波动情况，站点平均冬季均温的标准差为1.7℃，高于年均温和滑雪季均温的标准差，说明中国滑雪场的冬季气温的年际波动更大。

表3-5 全年、冬季和滑雪季气温的平均值、标准差和变化趋势（1981~2010年）

站台编号	站台名称	平均值/℃			标准差/℃			变化趋势/（℃/a）		
		全年	冬季	滑雪季	全年	冬季	滑雪季	全年	冬季	滑雪季
50442	大兴安岭	0.19	-18.86	-12.14	0.78	4.27	2.72	-0.08	0.01	-0.04

续表

站台编号	站台名称	平均值/℃ 全年	平均值/℃ 冬季	平均值/℃ 滑雪季	标准差/℃ 全年	标准差/℃ 冬季	标准差/℃ 滑雪季	变化趋势/(℃/a) 全年	变化趋势/(℃/a) 冬季	变化趋势/(℃/a) 滑雪季
50 468	黑河	1.23	−18.48	−11.44	0.76	4.42	2.83	−0.07	0.03	−0.03
50 632	博克图	0.18	−16.89	−11.05	0.68	4.09	2.53	−0.09	−0.01	−0.09
50 639	扎兰屯	4.13	−13.09	−7.13	0.71	4.12	2.56	−0.13	−0.02	−0.10
50 727	阿尔山	−2.06	−20.93	−14.21	0.83	4.47	2.88	−0.01	0.04	−0.03
50 742	富裕	3.52	−16.61	−9.20	0.73	1.87	1.28	−0.13	−0.01	−0.09
50 774	伊春	1.93	−18.23	−10.73	0.59	1.49	1.12	−0.03	0.02	−0.02
50 788	富锦	3.58	−16.26	−9.05	0.67	1.53	1.22	−0.13	−0.01	−0.08
50 873	佳木斯	4.10	−15.24	−8.14	0.70	1.62	1.28	−0.10	−0.01	−0.08
50 953	哈尔滨	4.91	−14.61	−7.30	0.91	2.00	1.43	−0.02	0.02	−0.04
50 963	通河	3.18	−17.28	−9.56	0.69	1.67	1.25	−0.05	0	−0.05
50 968	尚志	3.71	−15.98	−8.60	0.80	1.86	1.35	−0.06	0.01	−0.06
50 978	鸡西	4.83	−13.14	−6.65	0.62	1.58	1.18	−0.05	0.01	−0.05
51 076	阿勒泰	4.99	−13.04	−6.44	0.94	2.08	1.55	−0.06	−0.03	−0.08
51 133	塔城	8.20	−7.74	−2.00	0.90	1.88	1.37	−0.03	0	−0.03
51 346	乌苏	8.83	−11.30	−3.30	0.79	1.70	1.17	0.05	0	−0.01
51 365	蔡家湖	6.84	−15.37	−6.17	0.80	1.77	1.11	0.08	0.02	0.01
51 431	伊宁	10.01	−5.34	0.90	0.84	2.03	1.35	0.04	0.04	0.04
51 463	乌鲁木齐	7.99	−9.09	−2.90	1.20	3.57	1.98	0.05	0.03	0.03
51 542	巴音布鲁克	−3.65	−22.60	−14.62	1.26	2.58	2.18	0.14	0.04	0.04
51 567	焉耆	9.28	−7.05	−0.48	0.60	1.20	0.84	0.05	0.04	0.04
51 705	乌恰	8.11	−5.01	−0.03	0.70	1.57	1.18	0.13	0.06	0.10
52 101	巴里塘	3.18	−13.58	−7.11	1.12	1.94	1.49	0.22	0.12	0.16
52 765	门源	2.19	−9.46	−5.10	0.76	1.27	1.04	0.09	0.05	0.07
52 787	乌鞘岭	1.00	−9.33	−5.96	0.64	1.08	0.88	0.06	0.05	0.06
52 876	民和	9.16	−2.98	1.64	0.70	1.12	0.86	0.08	0.05	0.04
52 895	靖远	10.18	−3.28	1.87	0.60	0.97	0.71	0.04	0.03	0.02
53 446	包头	8.38	−7.66	−1.92	1.84	1.44	1.06	0.05	0.05	0.02
53 463	呼和浩特	7.61	−8.04	−2.36	0.83	1.52	1.17	0.08	0.05	0.04
53 487	大同	7.68	−7.70	−2.14	0.76	1.47	1.11	0.08	0.05	0.04

续表

站台编号	站台名称	平均值/℃ 全年	平均值/℃ 冬季	平均值/℃ 滑雪季	标准差/℃ 全年	标准差/℃ 冬季	标准差/℃ 滑雪季	变化趋势/(℃/a) 全年	变化趋势/(℃/a) 冬季	变化趋势/(℃/a) 滑雪季
53 614	银 川	9.93	−4.45	0.95	0.77	1.32	0.99	0.07	0.05	0.05
53 898	安 阳	14.56	1.48	6.09	0.53	1.10	0.68	0	−0.01	−0.02
53 915	平 凉	9.93	−1.69	2.55	0.70	1.14	0.87	0.09	0.05	0.06
53 942	洛 川	10.40	−1.90	2.63	0.70	1.17	0.91	0.09	0.05	0.06
53 959	运 城	14.80	1.68	6.58	1.06	1.07	1.77	0.05	0.17	0.31
53 986	新 乡	14.92	2.34	6.75	0.57	1.03	0.74	0.05	0.04	0.03
54 094	牡丹江	5.25	−13.24	−6.42	0.67	1.68	1.18	−0.03	0.01	−0.04
54 096	绥芬河	3.45	−13.38	−7.37	0.61	1.52	1.09	−0.03	0.02	−0.02
54 157	四 平	7.38	−10.09	−3.71	0.75	1.78	1.26	−0.03	−0.01	−0.04
54 161	长 春	6.40	−11.62	−5.07	0.77	1.88	1.34	−0.02	0.01	−0.04
54 218	赤 峰	8.58	−7.53	−2.00	1.36	1.50	0.97	−0.02	−0.01	−0.04
54 254	开 原	7.63	−10.09	−3.49	0.71	1.84	1.22	0.02	0	−0.01
54 284	东 岗	4.09	−12.55	−6.53	0.59	1.50	1.07	0.01	0.01	0.01
54 285	松 江	3.71	−14.07	−7.42	0.65	1.56	1.08	0.07	0.03	0.02
54 308	丰 宁	7.65	−7.83	−2.32	0.63	1.35	1.04	0.01	0	−0.02
54 339	鞍 山	10.44	−5.39	0.26	0.73	1.63	1.09	0.03	0.02	0
54 346	本 溪	8.48	−8.12	−2.04	0.68	1.66	1.11	0.04	0.01	0
54 351	章 党	7.48	−9.82	−3.40	0.62	1.71	1.15	0.02	0	−0.01
54 405	怀 来	10.56	−4.39	0.94	0.68	1.38	1.05	0.02	−0.01	−0.02
54 429	遵 化	11.80	−3.05	2.27	0.74	1.38	1.02	0.07	0.04	0.03
54 476	熊 岳	10.38	−5.75	0.14	3.39	1.50	2.06	0.04	0	0.01
54 511	北 京	13.13	−0.95	4.00	0.54	1.17	0.86	0.01	0.01	−0.02
54 602	保 定	13.83	−0.22	4.79	0.57	1.23	0.87	0.03	0.01	−0.01
54 662	大 连	11.58	−1.51	2.81	0.62	1.25	0.86	0	−0.01	−0.01
54 725	惠民县	13.40	−0.39	4.49	0.62	1.16	0.84	0.05	0.02	0.01
54 823	济 南	15.19	1.90	6.69	0.48	1.11	0.70	0.04	0	0
54 826	泰 山	6.27	−5.89	−1.82	0.93	1.18	0.83	0.03	0.01	−0.01
54 836	沂 源	12.95	−0.26	4.42	0.59	1.19	0.84	0.07	0.02	0.02
54 936	莒 县	13.11	0.25	4.66	0.66	1.13	0.87	0.07	0.03	0.03

续表

站台编号	站台名称	平均值/℃ 全年	平均值/℃ 冬季	平均值/℃ 滑雪季	标准差/℃ 全年	标准差/℃ 冬季	标准差/℃ 滑雪季	变化趋势/(℃/a) 全年	变化趋势/(℃/a) 冬季	变化趋势/(℃/a) 滑雪季
57 034	武 功	14.09	2.16	6.32	0.62	0.93	0.72	0.05	0.03	0.03
57 051	三门峡	14.67	2.22	6.72	0.63	1.03	0.78	0.05	0.02	0.03
57 071	孟 津	14.62	2.43	6.74	0.58	1.15	0.81	0.06	0.03	0.04
57 077	栾 川	13.10	2.25	6.08	0.61	1.05	0.77	0.06	0.03	0.04
57 083	郑 州	15.28	2.75	7.39	1.06	1.21	1.87	0.06	0.04	0.05
57 178	南 阳	15.62	3.80	7.86	0.60	1.00	0.74	0.06	0.04	0.04

注：冬季为12月至次年2月，滑雪季为11月至次年4月。

整体而言，气温呈略微上升趋势。全年、冬季和滑雪季节平均气温呈增加趋势的站点所占比例分别为82%、69%和49%，表明滑雪季气温变化趋势差异较大，气候变化对滑雪场的影响可能呈现显著的区域差异。

3.2.1.2 变化幅度

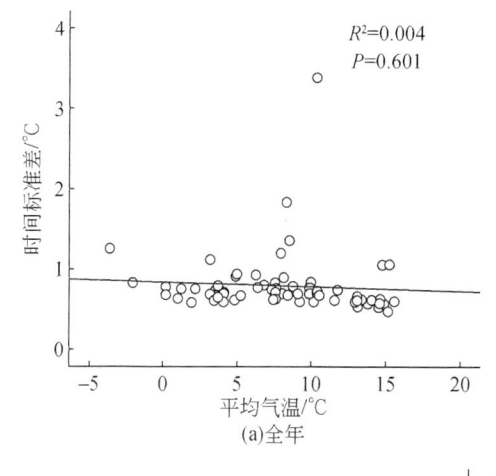

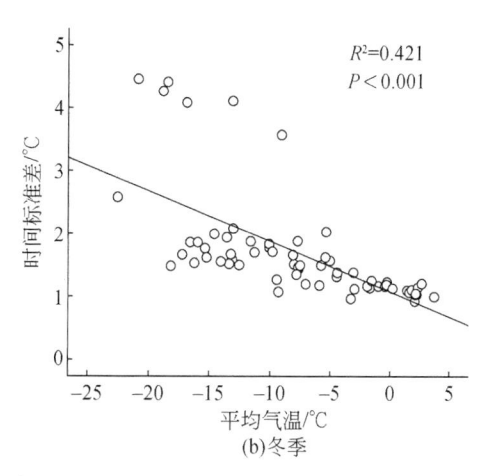

图3-2展示了站点全年、冬季及滑雪季的平均气温和其时间标准差的回归分析。年平均气温和其时间标准差不存在显著的线性相关关系（未通过显著性检验），而冬季和滑雪季的平均气温与其时间标准差均存在显著的线性相关关系，线性回归系数通过0.001的显著性t检验。从线性拟合值来看，冬季平均气温的线性拟合值（0.421）略高于滑雪季（0.371）。同时，寒冷站点的气温波动幅度比温暖站点更大。

(a) 全年

(b) 冬季

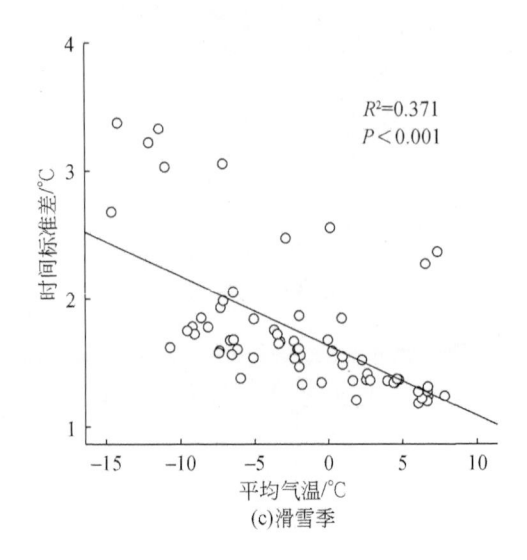

图 3-2 中国主要室外滑雪场平均气温与时间标准差的回归分析

3.2.1.3 变化趋势检验

为判断65个站点的气温是否有趋势性变化,采用 MK 趋势检验方法对其变化趋势进行判断,趋势检验的显著性水平取值为 $\alpha=0.05$,各个站点的气温变化趋势判断及 Z_{MK} 值见表3-6。

表 3-6 气温的趋势检验（1981~2010 年）

站点编号	站点名称	全年 趋势	全年 Z_{MK}	冬季 趋势	冬季 Z_{MK}	滑雪季 趋势	滑雪季 Z_{MK}
50 442	大兴安岭	1	2.426380216	0	1.177508	0	1.427282
50 468	黑河	1	2.355016092	0	1.248872	0	1.320236
50 632	博克图	0	1.24887217	0	0.428185	0	0.642277
50 639	扎兰屯	0	1.855467224	0	0.214092	0	0.642277
50 727	阿尔山	1	2.640472589	0	1.141826	0	1.248872
50 742	富裕	0	1.926831348	0	0.392503	0	0.642277
50 774	伊春	0	1.07046186	0	0.356821	0	0.107046
50 788	富锦	0	-0.321138558	0	-0.92773	0	-0.74932
50 873	佳木斯	0	1.712738976	0	0.249774	0	0

续表

站点编号	站点名称	全年 趋势	全年 Z_{MK}	冬季 趋势	冬季 Z_{MK}	滑雪季 趋势	滑雪季 Z_{MK}
50 953	哈尔滨	1	3.675252387	0	1.784103	1	1.962513
50 963	通河	1	2.105241658	0	0.428185	0	0.570913
50 968	尚志	1	2.925929085	0	1.248872	0	1.320236
50 978	鸡西	0	1.534328666	0	0.535231	0	0.285456
51 076	阿勒泰	0	1.213190108	0	−0.57091	0	0.392503
51 133	塔城	1	2.818882899	0	−0.07136	0	1.498647
51 346	乌苏	1	2.31933403	0	−0.03568	0	1.605693
51 365	蔡家湖	1	3.140021457	0	−0.10705	0	1.677057
51 431	伊宁	1	4.210483317	0	1.534329	1	3.175704
51 463	乌鲁木齐	1	3.532524139	0	0.6958	1	3.175704
51 542	巴音布鲁克	1	3.211385581	1	2.176606	1	2.640473
51 567	焉耆	1	3.925026821	0	0.785005	1	3.104339
51 705	乌恰	1	3.817980635	1	2.890247	1	3.568206
52 101	巴里塘	1	4.852760433	1	1.998195	1	3.960709
52 765	门源	1	5.031170743	1	3.247068	1	3.782299
52 787	乌鞘岭	1	4.210483317	1	2.640473	1	3.032975
52 876	民和	1	4.602985999	1	3.068657	1	3.354114
52 895	靖远	1	4.246165379	1	2.604791	1	2.997293
53 446	包头	1	3.960708883	0	1.819785	1	2.533426
53 463	呼和浩特	1	3.960708883	1	2.105242	1	2.854565
53 487	大同	1	3.746616511	1	2.24797	1	2.497744
53 614	银川	1	4.567303937	1	2.604791	1	3.532524
53 898	安阳	0	−0.17841031	0	0.499549	0	0.17841
53 915	平凉	1	5.066852805	1	2.961611	1	4.31753
53 942	洛川	1	4.531621875	1	3.496842	1	4.174801
53 959	运城	1	3.889344759	1	2.711837	1	4.174801
53 986	新乡	1	4.067755069	1	2.747519	1	3.568206
54 094	牡丹江	1	2.390698154	0	0.927734	0	1.070462
54 096	绥芬河	1	2.711836713	0	1.498647	0	1.427282
54 157	四平	1	2.033877534	0	0.892052	0	1.03478
54 161	长春	1	2.854564961	0	1.106144	0	1.427282

续表

站点编号	站点名称	全年 趋势	全年 Z_{MK}	冬季 趋势	冬季 Z_{MK}	滑雪季 趋势	滑雪季 Z_{MK}
54 218	赤 峰	0	1.42728248	0	0.642277	0	0.677959
54 254	开 原	1	2.426380216	0	1.177508	0	1.355918
54 284	东 岗	1	1.998195472	0	1.21319	0	0.785005
54 285	松 江	1	3.354113829	1	2.569108	1	2.390698
54 308	丰 宁	1	2.854564961	1	2.033878	1	2.105242
54 339	鞍 山	1	3.603888263	0	1.677057	1	2.176606
54 346	本 溪	1	2.747518775	0	1.498647	0	1.605693
54 351	章 党	1	2.069559596	0	0.713641	0	0.713641
54 405	怀 来	1	3.068657333	0	1.926831	1	2.283652
54 429	遵 化	1	4.745714247	1	3.603888	1	3.782299
54 476	熊 岳	1	1.96251341	0	1.070462	0	1.605693
54 511	北 京	1	3.140021457	0	1.784103	0	1.534329
54 602	保 定	1	3.782298573	1	2.42638	1	2.390698
54 662	大 连	1	2.355016092	0	1.320236	0	1.784103
54 725	惠民县	1	3.996390945	1	3.068657	1	3.28275
54 823	济 南	0	0.499548868	0	1.570011	0	1.141826
54 826	泰 山	1	2.818882899	1	2.283652	1	2.783201
54 836	沂 源	1	4.174801255	1	3.175704	1	3.782299
54 936	莒 县	1	4.174801255	1	3.782299	1	4.139119
57 034	武 功	1	3.389795891	1	2.533426	1	3.28275
57 051	三门峡	1	3.675252387	1	2.747519	1	4.388894
57 071	孟 津	1	3.354113829	1	2.355016	1	3.746617
57 077	栾 川	1	4.174801255	1	3.032975	1	4.246165
57 083	郑 州	1	3.925026821	1	3.175704	1	3.853663
57 178	南 阳	1	3.925026821	1	2.390698	1	3.63957

注:"趋势"值含义：1 表示显著上升；0 表示不显著。

从表 3-7 可知，83.08% 气象站点的年均温显著上升，且不存在气温显著下降的站点。同时，冬季和滑雪季均温呈显著上升趋势的站点数量明显减少，分别占 43.08% 和 53.85%。研究结果表明（图 3-3），滑雪季气温显著上升及变化不显著的站点数量接近，变化不显著的站点主要位于东北地区和新疆北部。

表 3-7　中国主要室外滑雪场气温变化趋势检验结果　（单位:%）

气象因子	显著上升/增加			不显著			显著下降/减少		
	全年	冬季	滑雪季	全年	冬季	滑雪季	全年	冬季	滑雪季
气温	83.08	43.08	53.85	16.92	56.92	46.15	0	0	0

图 3-3　中国主要室外滑雪场气温趋势检验结果

3.2.2　降水

3.2.2.1　变化趋势

根据前述与中国室外滑雪所匹配的气象站的降水数据（1981~2010年），计算中国室外滑雪场的全年、冬季和滑雪季降水量的平均值、标准差和变化趋势，具体计算结果见表3-8。气象站点的降水量为86.77~1047.37mm，年降水量小于200mm的气象站点占8%，年降水量在200~400mm的站点占20%，而年降水量高于400mm的站点占72%。从降水量在年内的分布来看，冬季和滑雪季的降水量很少，分别占全年降水量的4%和15%。主要原因为中国雨热同期的气候特征，降水期主要集中在夏季。由于滑雪季降水量较低，导致中国降雪量较少，因此滑雪场对人工造雪的依赖程度较高。年降水量的标准差为 2.68 ~ 24.66mm，平均值是 9.81mm；冬季降水量的标准差为 1.09 ~ 12.51mm，平均值是 4.64mm；滑雪季降水量的标准差在 1.82 ~ 10.89mm，平均值是 5.45mm，冬季和滑雪季的标准差接近，小于全年降水量的变率。从变化趋势来看，降水量在不同站点呈现增长/减少趋势，且大部分站点上降水量变化较小。

表 3-8 全年、冬季和滑雪季降水量的平均值、标准差和变化趋势（1981 ~ 2010 年）

站台编号	站台名称	平均值/mm 全年	平均值/mm 冬季	平均值/mm 滑雪季	标准差/mm 全年	标准差/mm 冬季	标准差/mm 滑雪季	变化趋势/(mm/a) 全年	变化趋势/(mm/a) 冬季	变化趋势/(mm/a) 滑雪季
50 442	大兴安岭	545.29	22.30	63.45	9.02	12.51	8.37	3.41	0.94	1.74
50 468	黑河	533.90	21.86	69.94	9.27	10.67	9.12	5.45	0.85	1.80
50 632	博克图	475.59	14.66	44.03	9.11	8.28	5.79	-3.65	0.61	1.35
50 639	扎兰屯	503.14	12.52	45.79	13.38	7.47	6.17	3.89	1.02	2.44
50 727	阿尔山	444.12	24.14	67.70	7.73	4.93	4.82	-4.49	-0.11	0.58
50 742	富裕	449.97	9.93	42.97	10.05	1.50	3.50	-6.55	0.57	0.50
50 774	伊春	628.30	23.31	75.30	10.71	3.49	3.92	-1.56	1.48	3.15
50 788	富锦	514.08	23.48	76.69	9.35	4.43	4.75	-1.65	1.49	1.24
50 873	佳木斯	544.77	23.24	73.12	9.73	5.66	5.07	2.03	2.26	3.72
50 953	哈尔滨	539.76	16.38	61.55	8.49	2.95	4.16	-1.02	1.07	3.10
50 963	通河	577.15	16.34	64.18	9.85	3.08	3.59	-4.50	1.57	2.70
50 968	尚志	658.63	24.66	88.61	11.26	3.63	4.67	-7.52	1.74	4.43
50 978	鸡西	544.06	21.03	67.67	8.70	4.41	4.51	-8.86	1.04	1.57
51 076	阿勒泰	214.75	49.81	100.19	4.78	9.64	7.07	4.60	4.05	5.83
51 133	塔城	292.98	64.32	147.34	6.16	10.86	9.31	7.79	5.15	8.06
51 346	乌苏	187.72	24.73	68.55	4.73	5.00	6.05	7.20	2.29	5.50
51 365	蔡家湖	157.04	23.92	60.61	3.09	3.04	3.65	3.47	1.00	2.07
51 431	伊宁	300.59	64.32	152.44	7.30	7.61	9.48	6.15	2.28	4.40
51 463	乌鲁木齐	301.17	40.90	115.32	5.62	5.30	6.10	1.28	1.18	1.81
51 542	巴音布鲁克	284.75	13.07	35.52	4.40	2.47	2.56	3.03	0.58	1.45
51 567	焉耆	86.77	5.44	12.75	2.68	1.85	1.82	-1.69	0.03	0.59
51 705	乌恰	191.65	12.37	45.34	6.29	2.82	4.37	5.16	0.30	0.45
52 101	巴里塘	232.98	11.28	41.14	3.76	2.31	2.65	0.43	0.84	-0.12
52 765	门源	533.14	8.56	64.40	5.92	1.60	2.39	-2.56	-0.06	-1.44

续表

站台编号	站台名称	平均值/mm 全年	平均值/mm 冬季	平均值/mm 滑雪季	标准差/mm 全年	标准差/mm 冬季	标准差/mm 滑雪季	变化趋势/(mm/a) 全年	变化趋势/(mm/a) 冬季	变化趋势/(mm/a) 滑雪季
52 787	乌鞘岭	409.54	9.71	44.28	4.79	1.33	2.32	-3.04	0.02	-1.02
52 876	民 和	340.31	5.75	38.44	5.00	1.44	2.81	1.16	-0.11	-1.08
52 895	靖 远	225.71	4.99	23.91	4.87	1.23	2.10	-0.11	0.02	-0.19
53 446	包 头	306.48	7.97	30.92	6.49	1.58	2.57	-0.79	0.02	-0.57
53 463	呼和浩特	398.18	10.07	40.31	9.06	2.13	4.10	0.45	0.10	-0.59
53 487	大 同	371.36	6.70	42.64	5.95	1.28	3.95	0.33	0.13	1.03
53 614	银 川	184.60	4.69	22.20	4.08	1.37	2.60	3.55	0.29	-0.09
53 898	安 阳	553.13	18.71	73.85	12.02	5.12	6.74	4.51	0.41	0.63
53 915	平 凉	483.04	12.53	62.23	9.34	2.14	4.13	-0.08	0.00	-0.15
53 942	洛 川	594.04	23.17	96.95	9.57	4.90	6.07	0.72	0.16	-0.72
53 959	运 城	519.73	16.17	85.27	10.13	4.14	6.92	1.81	-0.23	-0.83
53 986	新 乡	555.76	17.54	78.24	12.28	4.47	6.76	6.69	0.09	-0.21
54 094	牡丹江	563.56	20.97	75.03	6.29	4.53	4.69	-1.56	1.24	2.33
54 096	绥芬河	577.27	27.54	90.84	8.44	6.09	5.34	3.38	1.14	3.00
54 157	四 平	605.94	18.27	79.18	10.00	3.96	4.65	6.83	0.83	1.38
54 161	长 春	578.55	14.78	65.74	10.35	3.17	4.64	11.38	1.00	2.95
54 218	赤 峰	371.36	5.43	33.61	8.04	1.29	3.50	8.67	0.15	0.03
54 254	开 原	674.40	20.07	90.09	13.90	5.11	6.27	17.43	1.52	2.87
54 284	东 岗	827.35	40.34	149.62	11.21	5.73	6.75	10.76	0.54	2.24
54 285	松 江	680.30	27.49	104.25	8.45	4.05	4.89	1.13	0.30	1.79
54 308	丰 宁	448.48	5.80	37.21	7.52	1.49	3.34	4.69	0.15	0.14
54 339	鞍 山	723.42	29.86	111.75	13.74	6.13	8.20	10.57	1.48	5.61
54 346	本 溪	791.82	30.80	125.62	14.39	6.06	7.94	12.67	0.99	5.21
54 351	章 党	788.02	29.63	118.73	14.14	6.15	7.52	16.30	1.70	5.03
54 405	怀 来	369.76	5.57	35.90	6.06	1.09	2.76	8.88	0.18	0.99
54 429	遵 化	657.92	10.10	54.35	14.90	2.26	5.28	1.51	-0.45	-0.45
54 476	熊 岳	584.44	18.43	78.89	11.81	3.34	4.65	11.27	0.18	2.26
54 511	北 京	533.65	9.31	53.70	11.84	2.32	4.71	4.30	0.29	0.98
54 602	保 定	497.91	8.71	51.12	14.84	2.75	5.10	2.42	0.38	1.02
54 662	大 连	581.98	23.47	84.89	13.93	5.14	5.77	8.19	0.03	0.56
54 725	惠民县	548.96	16.71	64.18	13.05	4.88	5.52	14.92	0.26	0.60

续表

站台编号	站台名称	平均值/mm 全年	平均值/mm 冬季	平均值/mm 滑雪季	标准差/mm 全年	标准差/mm 冬季	标准差/mm 滑雪季	变化趋势/（mm/a） 全年	变化趋势/（mm/a） 冬季	变化趋势/（mm/a） 滑雪季
54 823	济南	694.91	22.52	83.15	14.94	4.69	6.68	14.50	0.20	0.49
54 826	泰山	1047.37	41.98	136.41	24.66	8.84	10.89	10.07	0.16	0.86
54 836	沂源	690.91	25.01	85.25	14.88	4.76	6.46	4.77	0.20	0.56
54 936	莒县	740.95	33.99	109.39	16.97	5.86	7.91	10.32	0.53	1.40
57 034	武功	586.56	21.69	103.34	13.52	5.21	5.78	0.06	0.19	-0.39
57 051	三门峡	551.56	17.95	87.53	10.85	4.88	6.22	0.58	-0.29	-1.06
57 071	孟津	596.46	29.72	107.52	12.40	8.13	8.64	3.61	-0.07	0.17
57 077	栾川	850.08	34.03	153.34	12.83	8.52	7.48	11.07	-1.04	-0.23
57 083	郑州	642.65	32.09	112.11	12.74	8.77	8.63	4.22	-0.11	0.29
57 178	南阳	795.40	42.58	150.85	16.06	9.85	8.89	12.00	-1.38	-1.50

注：冬季为12月至次年2月，滑雪季为11月至次年4月。

3.2.2.2 变化幅度

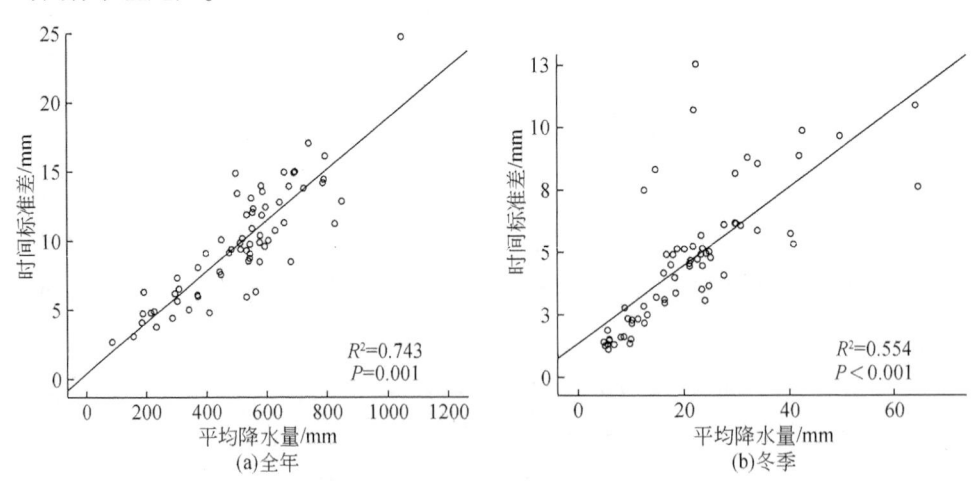

站点全年、冬季及滑雪季的平均降水量与其时间标准差的回归分析见图3-4。结果显示，降水量与其时间标准差均存在线性关系，且线性回归系数都通过了0.001的显著性水平 t 检验。具体而言，全年平均降水量的线性拟合优度值 R^2（0.743）高于滑雪季（0.653）和冬季（0.554），表明降水量越多的时期，其时间标准差也较大。此外，降水量与时间标准差成正比，即降水量越多的站点，其时间标准差越大。

(a)全年

(b)冬季

(c)滑雪季

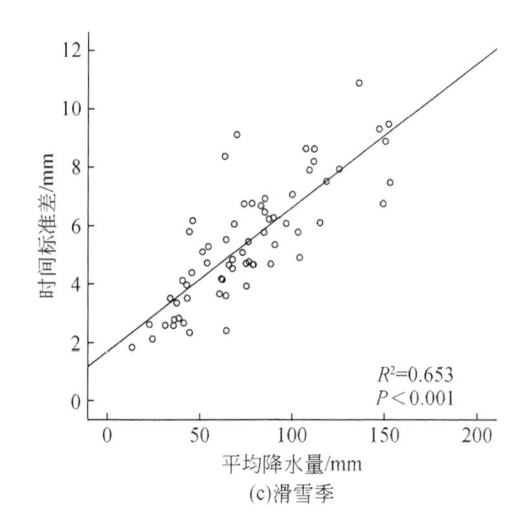

图 3-4　中国主要室外滑雪场平均降水量与时间标准差的回归分析

3.2.2.3　变化趋势检验

为判断 65 个站点的降水是否有趋势性变化，采用 MK 趋势检验方法对其变化趋势进行判断，趋势检验的显著性水平取值为 $\alpha=0.05$，各个站点的降水量变化趋势判断及 Z_{MK} 值见表 3-9。

表 3-9　降水量的趋势检验（1981～2010 年）

站点编号	站点名称	全年 趋势	全年 Z_{MK}	冬季 趋势	冬季 Z_{MK}	滑雪季 趋势	滑雪季 Z_{MK}
50 442	大兴安岭	0	0.035682	1	2.23012888	0	1.445123511
50 468	黑　河	0	0.820687	1	3.60388826	1	2.247969906
50 632	博克图	−1	−2.06956	0	1.64137485	1	2.783200837
50 639	扎兰屯	0	−0.3925	1	3.87150373	1	2.426380216
50 727	阿尔山	−1	−2.89025	0	−0.4995489	0	1.320236294
50 742	富　裕	0	−1.85547	1	2.89024702	0	1.213190108
50 774	伊　春	0	−0.82069	0	1.7841031	1	2.49774434
50 788	富　锦	0	−1.81979	0	1.28455423	1	1.284554232
50 873	佳木斯	0	−0.46387	0	1.87330826	1	2.854564961
50 953	哈尔滨	0	−1.71274	0	0.53523093	1	2.105241658
50 963	通　河	−1	−1.96251	0	1.10614392	0	1.677056914

续表

站点编号	站点名称	全年 趋势	全年 Z_{MK}	冬季 趋势	冬季 Z_{MK}	滑雪季 趋势	滑雪季 Z_{MK}
50 968	尚 志	−1	−2.28365	0	0.99909774	0	0.820687426
50 978	鸡 西	0	−1.24887	0	0.90989258	0	0.749323302
51 076	阿勒泰	0	1.355918	1	2.24796991	1	3.032975271
51 133	塔 城	0	0.820687	1	2.46206228	1	2.283651968
51 346	乌 苏	0	1.141826	1	2.85456496	1	2.390698154
51 365	蔡家湖	0	1.284554	1	2.35501609	1	2.925929085
51 431	伊 宁	0	1.784103	0	1.32023629	0	1.141825984
51 463	乌鲁木齐	0	0.820687	1	2.74751877	0	1.712738976
51 542	巴音布鲁克	1	2.604791	0	0.99909774	0	1.034779798
51 567	焉 耆	0	−0.57091	0	0.7493233	0	1.641374852
51 705	乌 恰	0	1.3916	0	0.39250268	0	−0.785005364
52 101	巴里塘	0	1.106144	1	2.44422125	0	0.981256705
52 765	门 源	0	−0.28546	0	0.49954887	0	−0.606595054
52 787	乌鞘岭	0	−0.96342	0	0.73148227	0	−0.517389899
52 876	民 和	0	0.606595	0	−0.6779592	0	−0.071364124
52 895	靖 远	0	−0.9991	0	1.4986466	0	0.249774434
53 446	包 头	0	0.071364	0	0.98125671	0	0.499548868
53 463	呼和浩特	0	−0.3925	0	1.35591836	0	0.856369488
53 487	大 同	0	−0.3925	0	0.46386681	0	0.570912992
53 614	银 川	0	0.677959	0	0.03568206	0	−0.285456496
53 898	安 阳	0	0.214092	0	0.96341567	0	1.141825984
53 915	平 凉	0	−0.67796	0	0.57091299	0	−1.391600418
53 942	洛 川	0	−0.24977	1	1.99819547	0	−0.214092372
53 959	运 城	0	−1.57001	0	1.23103114	0	−0.89205155
53 986	新 乡	0	0.820687	0	0.67795918	0	0.499548868
54 094	牡丹江	0	−1.46296	0	1.32023629	0	1.891149286
54 096	绥芬河	0	0.535231	0	0.76716433	0	1.42728248
54 157	四 平	0	−1.3916	0	0.55307196	0	−0.749323302
54 161	长 春	0	−0.35682	0	1.71273898	0	1.088302891
54 218	赤 峰	0	−0.64228	0	0.41034371	0	0.35682062
54 254	开 原	0	0	1	2.39069815	0	0.428184744

续表

站点编号	站点名称	全年 趋势	全年 Z_{MK}	冬季 趋势	冬季 Z_{MK}	滑雪季 趋势	滑雪季 Z_{MK}
54 284	东 岗	0	0	0	1.0347798	0	1.748421038
54 285	松 江	0	−0.53523	0	1.42728248	0	0.999097736
54 308	丰 宁	0	−0.24977	0	0	0	0.553071961
54 339	鞍 山	0	−0.21409	1	2.40853919	1	2.247969906
54 346	本 溪	0	−0.42818	0	1.89114929	1	2.212287844
54 351	章 党	0	0.321139	0	1.89114929	0	1.712738976
54 405	怀 来	0	0.428185	0	1.10614392	0	1.177508046
54 429	遵 化	0	−0.9991	0	−0.1605693	0	−0.249774434
54 476	熊 岳	0	−0.85637	0	−0.0892052	0	0.89205155
54 511	北 京	0	−1.49865	0	1.64137485	0	1.106143922
54 602	保 定	0	−0.07136	0	1.12398495	0	0.927733612
54 662	大 连	0	1.141826	0	−0.3389796	0	1.177508046
54 725	惠民县	0	0.749323	0	1.32023629	0	0.285456496
54 823	济 南	1	1.998195	0	0.53523093	0	−0.035682062
54 826	泰 山	0	0.428185	0	−0.0713641	0	−0.428184744
54 836	沂 源	0	1.106144	0	0.55307196	0	0.856369488
54 936	莒 县	1	2.06956	0	1.24887217	0	0.35682062
57 034	武 功	0	0	0	0.96341567	0	−0.820687426
57 051	三门峡	0	−1.71274	0	0.7493233	0	−1.213190108
57 071	孟 津	0	−0.46387	0	1.60569279	0	0.927733612
57 077	栾 川	0	0.820687	0	0.10704619	0	0.428184744
57 083	郑 州	0	0.642277	0	0.92773361	0	0.785005364
57 178	南 阳	0	0.642277	0	−0.0713641	0	0.677959178

注:"趋势"值含义:1 表示显著增加;0 表示不显著;−1 表示显著减少。

从降水量变化来看(表 3-10),80% 以上的气象站点在全年、冬季、滑雪季的变化趋势均不显著。降水量呈现显著增加趋势的站点数量在冬季和滑雪季的比例小幅度上升(分别占 20% 和 18.46%),仅有 6.15% 站点在全年呈显著减少趋势。为进一步解读滑雪季降水量变化,图 3-5 展示了降水量趋势检验的站点空间分布。研究结果表明,降水量的变化趋势主要为不显著,显著增加的站点主要位于东北和新疆北部。通过气温和降水量趋势检验结果对比可知,降水量呈显著增加的站点，其气温变化趋势不显著；而气温显著上升的站点，其降水量变化主要表现为不显著。

表 3-10 中国主要室外滑雪场降水量变化趋势检验结果　（单位:%）

气象因子	显著上升/增加			不显著			显著下降/减少		
	全年	冬季	滑雪季	全年	冬季	滑雪季	全年	冬季	滑雪季
降水量	4.62	20	18.46	89.23	80	81.54	6.15	0	0

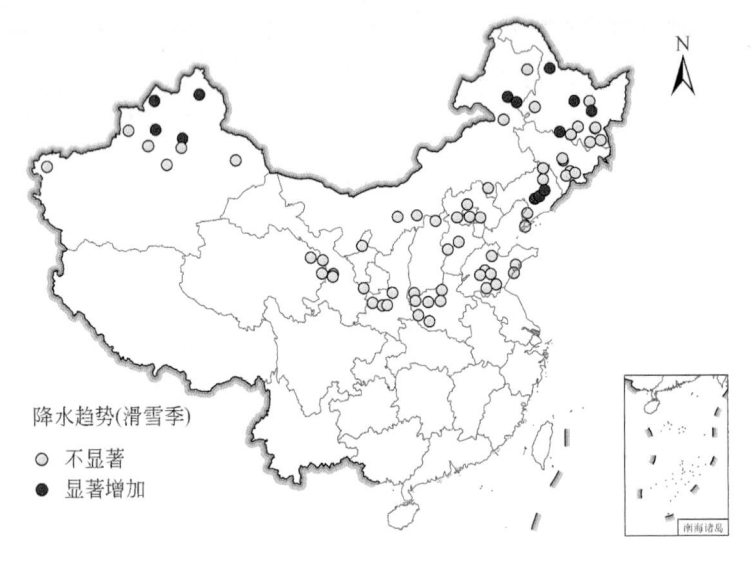

图 3-5 中国主要室外滑雪场滑雪季降水量趋势检验结果

3.2.3 积雪深度

3.2.3.1 变化趋势

根据前述与中国室外滑雪所匹配的气象站的积雪深度数据（1981~2010年），计算中国室外滑雪场的全年、冬季和滑雪季积雪深度的平均值、标准差和变化趋势，具体计算结果见表3-11。气象站点冬季积雪深度为0.02~18.72cm，站点间最大相差18.7cm；气象站点滑雪季积雪深度为0.01~13.49cm，站点间差异略小，为13.48cm。从积雪深度的标准差来看，全年、冬季和滑雪季的标准差的平均值分别为2.28cm、1.8cm和2.32cm，表明积雪深度在滑雪季的变率最大。从变化趋势来看，积雪深度在不同站点呈现增长/减少趋势，且大部分站点上积雪深度变化较小。

表3-11 全年、冬季和滑雪季积雪深度的平均值、标准差和变化趋势（1981~2010年）

站台编号	站台名称	平均值/cm			标准差/cm			变化趋势/（cm/a）		
		全年	冬季	滑雪季	全年	冬季	滑雪季	全年	冬季	滑雪季
50 442	大兴安岭	6.76	17.84	13.49	8.85	4.98	8.14	-0.07	-0.28	-0.15
50 468	黑河	6.91	18.72	13.79	9.43	5.90	9.12	0.02	0.02	0.05
50 632	博克图	5.15	13.62	10.25	6.61	3.83	5.94	-0.01	-0.04	-0.01
50 639	扎兰屯	2.26	6.93	4.51	3.16	1.94	3.14	0.08	0.18	0.15
50 727	阿尔山	6.78	16.83	13.48	8.87	5.79	8.23	-0.24	-0.57	-0.47
50 742	富裕	1.01	3.26	2.02	1.72	1.88	1.97	0.09	0.27	0.19
50 774	伊春	4.04	11.24	8.08	5.76	4.24	5.80	-0.07	-0.21	-0.14
50 788	富锦	2.47	7.06	4.94	3.69	3.15	3.88	0.22	0.52	0.43
50 873	佳木斯	2.28	6.84	4.56	3.40	2.81	3.56	0.03	0.05	0.05
50 953	哈尔滨	1.43	4.65	2.87	2.36	2.40	2.65	0.10	0.23	0.19
50 963	通河	2.96	8.74	5.92	4.54	4.09	4.86	0.02	0.05	0.04
50 968	尚志	3.59	10.82	7.18	5.50	5.01	5.89	0.04	0.13	0.08
50 978	鸡西	3.36	9.83	6.73	5.01	4.31	5.25	-0.02	-0.01	-0.03
51 076	阿勒泰	4.76	12.16	9.49	7.16	5.91	7.60	-0.08	-0.38	-0.15
51 133	塔城	2.82	8.15	5.65	4.34	3.84	4.65	0.09	0.21	0.17
51 346	乌苏	2.81	8.38	5.61	4.42	4.17	4.82	0.02	0.02	0.05
51 365	蔡家湖	3.28	10.30	6.57	5.39	5.57	6.04	0.05	0.03	0.09
51 431	伊宁	3.73	11.47	7.46	6.06	6.25	6.76	0.07	0.27	0.15
51 463	乌鲁木齐	2.18	6.87	4.36	3.28	2.69	3.47	0.04	0.08	0.08
51 542	巴音布鲁克	6.35	15.38	12.45	7.34	3.85	5.75	-0.01	-0.09	-0.02
51 567	焉耆	0.20	0.72	0.39	0.35	0.35	0.41	0	0	0
51 705	乌恰	0.56	1.87	1.11	0.86	0.70	0.93	0	0.02	0.01
52 101	巴里塘	1.79	5.04	3.55	2.40	1.66	2.30	-0.06	-0.14	-0.11
52 765	门源	1.77	4.63	3.45	1.92	0.27	1.30	0.01	-0.01	0.01
52 787	乌鞘岭	1.86	5.34	3.70	2.26	0.51	1.87	-0.01	-0.05	-0.01
52 876	民和	0.21	0.75	0.42	0.33	0.18	0.35	0	-0.02	-0.01

续表

站台编号	站台名称	平均值/cm 全年	平均值/cm 冬季	平均值/cm 滑雪季	标准差/cm 全年	标准差/cm 冬季	标准差/cm 滑雪季	变化趋势/(cm/a) 全年	变化趋势/(cm/a) 冬季	变化趋势/(cm/a) 滑雪季
52 895	靖 远	0.07	0.25	0.13	0.12	0.10	0.14	0	0	0
53 446	包 头	0.01	0.04	0.02	0.02	0.02	0.02	0	0	0
53 463	呼和浩特	0.24	0.94	0.48	0.45	0.40	0.54	−0.01	−0.05	−0.02
53 487	大 同	0.19	0.61	0.37	0.28	0.22	0.29	0	0.01	0
53 614	银 川	0.01	0.03	0.01	0.02	0.03	0.02	0	0	0
53 898	安 阳	0.03	0.12	0.07	0.07	0.08	0.08	0	0	0
53 915	平 凉	0.14	0.49	0.27	0.24	0.25	0.28	0	0	0
53 942	洛 川	0.09	0.32	0.17	0.15	0.14	0.18	0	0	0
53 959	运 城	0.03	0.11	0.06	0.05	0.02	0.06	0	−0.01	0
53 986	新 乡	0.01	0.05	0.03	0.03	0.03	0.03	0	0	0
54 094	牡丹江	2.16	6.49	4.33	3.33	3.02	3.57	−0.05	−0.09	−0.09
54 096	绥芬河	3.36	9.81	6.72	5.02	4.26	5.28	0.09	0.30	0.18
54 157	四 平	0.77	2.86	1.53	1.39	1.33	1.64	0.03	0.10	0.06
54 161	长 春	1.28	4.56	2.57	2.22	2.18	2.57	0.06	0.16	0.13
54 218	赤 峰	0.07	0.20	0.14	0.09	0.05	0.08	0	0	0
54 254	开 原	0.91	3.29	1.83	1.62	1.66	1.90	−0.04	−0.16	−0.08
54 284	东 岗	4.37	12.50	8.74	6.55	5.82	6.90	−0.08	−0.22	−0.16
54 285	松 江	2.90	8.53	5.81	4.41	4.04	4.69	0	0.02	0
54 308	丰 宁	0.30	1.04	0.61	0.45	0.19	0.47	0	−0.02	−0.01
54 339	鞍 山	0.75	2.64	1.50	1.30	1.33	1.51	−0.10	−0.34	−0.20
54 346	本 溪	0.85	3.04	1.69	1.50	1.55	1.76	−0.10	−0.37	−0.20
54 351	章 党	1.57	5.39	3.14	2.73	2.90	3.15	−0.14	−0.47	−0.28
54 405	怀 来	0.13	0.43	0.26	0.19	0.12	0.20	0.01	0.03	0.01
54 429	遵 化	0.05	0.21	0.11	0.11	0.12	0.13	0	0	0
54 476	熊 岳	0	0.02	0.01	0.01	0.01	0.01	0	0	0
54 511	北 京	0.02	0.07	0.04	0.05	0.08	0.07	0	0	0
54 602	保 定	0.05	0.17	0.09	0.10	0.14	0.13	0	0	0
54 662	大 连	0	0	0	0	0	0	0	0	0
54 725	惠民县	0.02	0.08	0.04	0.05	0.07	0.06	0	0	0
54 823	济 南	0.01	0.04	0.02	0.02	0.02	0.02	0	0	0
54 826	泰 山	0.01	0.04	0.02	0.02	0.02	0.02	0	0	0

续表

站台编号	站台名称	平均值/cm 全年	平均值/cm 冬季	平均值/cm 滑雪季	标准差/cm 全年	标准差/cm 冬季	标准差/cm 滑雪季	变化趋势/（cm/a）全年	变化趋势/（cm/a）冬季	变化趋势/（cm/a）滑雪季
54 836	沂源	0.03	0.11	0.06	0.06	0.06	0.07	0	−0.01	0
54 936	莒县	0.02	0.06	0.03	0.03	0.02	0.03	0	0	0
57 034	武功	0.04	0.14	0.08	0.07	0.06	0.08	0	0	0
57 051	三门峡	0.04	0.16	0.08	0.07	0.04	0.08	0	0	0
57 071	孟津	0.03	0.10	0.05	0.05	0.07	0.07	0	−0.01	0
57 077	栾川	0.01	0.03	0.02	0.02	0.02	0.02	0	−0.01	−0.01
57 083	郑州	0.03	0.13	0.07	0.07	0.12	0.11	0	0	0
57 178	南阳	0.01	0.03	0.01	0.02	0.03	0.02	0	0	0

注：冬季为12月至次年2月，滑雪季为11月至次年4月。

3.2.3.2 变化幅度

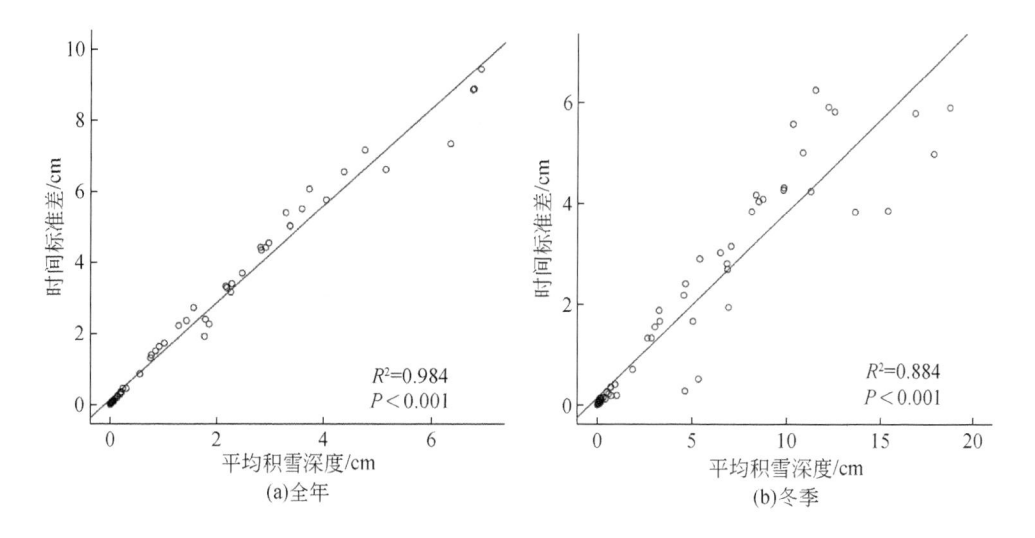

站点全年、冬季及滑雪季的平均积雪深度和其时间标准差的回归分析见图3-6。结果显示，不同时期的积雪深度与时间标准差均存在线性关系，且线性回归系数都通过了0.001的显著性水平 t 检验。具体而言，全年平均积雪深度的线性拟合优度值 R^2（0.984）高于滑雪季（0.940）和冬季（0.884）。此外，积雪深度与时间标准差成正比，即积雪深度越大的站点，其时间标准差越大。

(a) 全年

(b) 冬季

(c)滑雪季

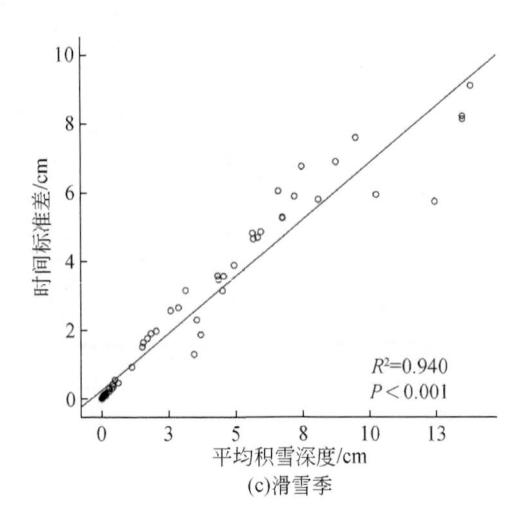

图3-6　中国主要室外滑雪场平均积雪深度与时间标准差的回归分析

3.2.3.3　变化趋势检验

为判断65个站点的积雪深度是否有趋势性变化，采用MK趋势检验方法对其变化趋势进行判断，趋势检验的显著性水平取值为$\alpha=0.05$，各个站点的积雪深度变化趋势判断及Z_{MK}值见表3-12。

表3-12　积雪深度的趋势检验（1981~2010年）

站点编号	站点名称	全年 趋势	Z_{MK}	冬季 趋势	Z_{MK}	滑雪季 趋势	Z_{MK}
50 442	大兴安岭	0	0.035682	1	2.23012888	0	1.445123511
50 468	黑　河	0	0.820687	1	3.60388826	1	2.247969906
50 632	博克图	−1	−2.06956	0	1.64137485	1	2.783200837
50 639	扎兰屯	0	−0.3925	1	3.87150373	1	2.426380216
50 727	阿尔山	−1	−2.89025	0	−0.4995489	0	1.320236294
50 742	富　裕	0	−1.85547	1	2.89024702	0	1.213190108
50 774	伊　春	0	−0.82069	0	1.7841031	1	2.49774434
50 788	富　锦	0	−1.81979	0	1.28455423	0	1.284554232
50 873	佳木斯	0	−0.46387	0	1.87330826	1	2.854564961
50 953	哈尔滨	0	−1.71274	0	0.53523093	1	2.105241658

续表

站点编号	站点名称	全年 趋势	全年 Z_{MK}	冬季 趋势	冬季 Z_{MK}	滑雪季 趋势	滑雪季 Z_{MK}
50 963	通 河	−1	−1.96251	0	1.10614392	0	1.677056914
50 968	尚 志	−1	−2.28365	0	0.99909774	0	0.820687426
50 978	鸡 西	0	−1.24887	0	0.90989258	0	0.749323302
51 076	阿勒泰	0	1.355918	1	2.24796991	1	3.032975271
51 133	塔 城	0	0.820687	1	2.46206228	1	2.283651968
51 346	乌 苏	0	1.141826	1	2.85456496	1	2.390698154
51 365	蔡家湖	0	1.284554	1	2.35501609	1	2.925929085
51 431	伊 宁	0	1.784103	0	1.32023629	0	1.141825984
51 463	乌鲁木齐	0	0.820687	1	2.74751877	0	1.712738976
51 542	巴音布鲁克	1	2.604791	0	0.99909774	0	1.034779798
51 567	焉 耆	0	−0.57091	0	0.7493233	0	1.641374852
51 705	乌 恰	0	1.3916	0	0.39250268	0	−0.785005364
52 101	巴里塘	0	1.106144	1	2.44422125	0	0.981256705
52 765	门 源	0	−0.28546	0	0.49954887	0	−0.606595054
52 787	乌鞘岭	0	−0.96342	0	0.73148227	0	−0.517389899
52 876	民 和	0	0.606595	0	−0.6779592	0	−0.071364124
52 895	靖 远	0	−0.9991	0	1.4986466	0	0.249774434
53 446	包 头	0	0.071364	0	0.98125671	0	0.499548868
53 463	呼和浩特	0	−0.3925	0	1.35591836	0	0.856369488
53 487	大 同	0	−0.3925	0	0.46386681	0	0.570912992
53 614	银 川	0	0.677959	0	0.03568206	0	−0.285456496
53 898	安 阳	0	0.214092	0	0.96341567	0	1.141825984
53 915	平 凉	0	−0.67796	0	0.57091299	0	−1.391600418
53 942	洛 川	0	−0.24977	1	1.99819547	0	−0.214092372
53 959	运 城	0	−1.57001	0	1.23103114	0	−0.89205155
53 986	新 乡	0	0.820687	0	0.67795918	0	0.499548868
54 094	牡丹江	0	−1.46296	0	1.32023629	0	1.891149286
54 096	绥芬河	0	0.535231	0	0.76716433	0	1.42728248
54 157	四 平	0	−1.3916	0	0.55307196	0	−0.749323302
54 161	长 春	0	−0.35682	0	1.71273898	0	1.088302891
54 218	赤 峰	0	−0.64228	0	0.41034371	0	0.35682062

续表

站点编号	站点名称	全年 趋势	全年 Z_{MK}	冬季 趋势	冬季 Z_{MK}	滑雪季 趋势	滑雪季 Z_{MK}
54 254	开原	0	0	1	2.39069815	0	0.428184744
54 284	东岗	0	0	0	1.0347798	0	1.748421038
54 285	松江	0	−0.53523	0	1.42728248	0	0.999097736
54 308	丰宁	0	−0.24977	0	0	0	0.553071961
54 339	鞍山	0	−0.21409	1	2.40853919	1	2.247969906
54 346	本溪	0	−0.42818	0	1.89114929	1	2.212287844
54 351	章党	0	0.321139	0	1.89114929	0	1.712738976
54 405	怀来	0	0.428185	0	1.10614392	0	1.177508046
54 429	遵化	0	−0.9991	0	−0.1605693	0	−0.249774743
54 476	熊岳	0	−0.85637	0	−0.0892052	0	0.89205155
54 511	北京	0	−1.49865	0	1.64137485	0	1.106143922
54 602	保定	0	−0.07136	0	1.12398495	0	0.927733612
54 662	大连	0	1.141826	0	−0.3389796	0	1.177508046
54 725	惠民县	0	0.749323	0	1.32023629	0	0.285456496
54 823	济南	1	1.998195	0	0.53523093	0	−0.035682062
54 826	泰山	0	0.428185	0	−0.0713641	0	−0.428184744
54 836	沂源	0	1.106144	0	0.55307196	0	0.856369488
54 936	莒县	1	2.06956	0	1.24887217	0	0.35682062
57 034	武功	0	0	0	0.96341567	0	−0.820687426
57 051	三门峡	0	−1.71274	0	0.7493233	0	−1.213190108
57 071	孟津	0	−0.46387	0	1.60569279	0	0.927733612
57 077	栾川	0	0.820687	0	0.10704619	0	0.428184744
57 083	郑州	0	0.642277	0	0.92773361	0	0.785005364
57 178	南阳	0	0.642277	0	−0.0713641	0	0.677959178

注:"趋势"值含义:1表示显著增加;0表示不显著;−1表示显著减少。

虽然78%以上的气象站点在全年、冬季、滑雪季的积雪深度变化趋势均不显著,但是呈现显著下降趋势的站点比例在16%以上(表3-13)。为进一步解读滑雪季期间积雪深度变化,图3-7展示了积雪深度趋势检验的站点空间分布。从积雪深度变化趋势检验结果来看,大部分站点的变化趋势并不显著,其中积雪深度显著下降的站点主要位于内蒙古和山东。

表 3-13 中国主要室外滑雪场积雪深度变化趋势检验结果　　（单位:%）

气象因子	显著上升/增加			不显著			显著下降/减少		
	全年	冬季	滑雪季	全年	冬季	滑雪季	全年	冬季	滑雪季
积雪深度	4.62	1.54	4.62	78.46	80	78.46	16.92	18.46	16.92

图 3-7　中国主要室外滑雪场滑雪季积雪深度的趋势检验结果

3.3　中国室外滑雪场气象因子未来变化分析

3.3.1　气温

3.3.1.1　变化趋势

根据 CMIP5 的 15 个气象模型的模拟预测值，计算 65 个站点在不同时期（2020s、2050s、2080s）和不同温室气体排放情景下（RCP4.5、RCP8.5）全年、冬季、滑雪季气温变化趋势。由表 3-14 可知，所有气象站点的平均气温在未来均呈现上升趋势。在 RCP4.5 情景下，2020s 年均温上升 1~1.3℃，2050s 年均温上升2~2.5℃，2080s年均温上升2.5~3.1℃。在高排放情景下（RCP8.5），2020s年均温上升1.1~1.5℃，2050s年均温上升2.9~3.4℃，2080s年均温上升4.7~5.8℃。在相同时期和温室气体排放情景下，各站点的年均温上升变化差异不大，最大相差均小于1℃（2080s的RCP8.5高排放情景除外）。此外，所有站点全年、冬季和滑雪季的气温上升趋势较为一致。从滑雪季气温变化来看，在RCP4.5情景下，2020s年均温上升1~1.4℃，2050s年均温上升1.9~2.6℃，2080s年均温上升2.5~3.1℃。在RCP8.5情景下，2020s年均温上升1.1~1.5℃，2050s年均温上升2.8~3.5℃，2080s年均温上升4.6~5.8℃。

表3-14 未来气温变化趋势　　　　　　　　　　（单位：℃）

站点编号	站点名称	RCP4.5 2020s A	B	C	2050s A	B	C	2080s A	B	C	RCP8.5 2020s A	B	C	2050s A	B	C	2080s A	B	C
50 442	大兴安岭	1.1	1.2	1.1	2.2	2.2	2.1	2.8	2.9	2.8	1.3	1.4	1.3	3.1	3.1	3.1	5.3	5.8	5.5
50 468	黑 河	1.2	1.3	1.2	2.3	2.4	2.3	2.9	3.1	3.0	1.3	1.4	1.3	3.3	3.2	3.2	5.4	6.0	5.7
50 632	博克图	1.1	1.2	1.1	2.2	2.3	2.2	2.8	3.0	2.9	1.3	1.3	1.3	3.2	3.1	3.1	5.3	5.7	5.5
50 639	扎兰屯	1.0	1.1	1.0	2.2	2.3	2.2	2.8	3.0	2.9	1.2	1.3	1.2	3.3	3.2	3.2	5.3	5.7	5.5
50 727	阿尔山	1.1	1.2	1.1	2.2	2.3	2.3	3.1	3.1	2.9	1.3	1.3	1.3	3.2	3.2	3.2	5.4	5.8	5.6
50 742	富 裕	1.1	1.3	1.2	2.3	2.4	2.3	3.0	3.1	2.9	1.3	1.4	1.3	3.3	3.3	3.3	5.4	5.9	5.6
50 774	伊 春	1.1	1.3	1.2	2.3	2.4	2.3	3.0	3.1	2.9	1.3	1.4	1.3	3.3	3.3	3.3	5.4	5.9	5.6
50 788	富 锦	1.2	1.3	1.2	2.3	2.4	2.4	2.9	3.2	3.1	1.3	1.4	1.3	3.3	3.4	3.3	5.4	6.0	5.7
50 873	佳木斯	1.1	1.2	1.1	2.2	2.3	2.2	2.9	3.0	2.9	1.2	1.3	1.2	3.2	3.2	3.2	5.3	5.9	5.6
50 953	哈尔滨	1.1	1.4	1.2	2.2	2.4	2.3	2.9	3.2	3.0	1.3	1.3	1.3	3.2	3.4	3.3	5.4	6.1	5.7
50 963	通 河	1.1	1.2	1.1	2.2	2.3	2.2	2.9	3.0	2.9	1.2	1.3	1.2	3.2	3.3	3.3	5.3	5.9	5.6
50 968	尚 志	1.1	1.2	1.1	2.2	2.3	2.3	2.8	3.0	2.9	1.3	1.3	1.3	3.2	3.3	3.2	5.3	6.0	5.6
50 978	鸡 西	1.1	1.2	1.1	2.2	2.3	2.2	2.9	3.0	2.9	1.2	1.3	1.2	3.2	3.3	3.3	5.3	5.9	5.6
51 076	阿勒泰	1.3	1.3	1.3	2.5	2.4	2.4	3.1	3.1	3.1	1.5	1.5	1.4	3.3	3.3	3.4	5.8	5.8	5.9
51 133	塔 城	1.3	1.4	1.4	2.5	2.7	2.6	3.1	3.1	3.1	1.5	1.6	1.5	3.7	3.5	3.5	5.7	6.3	6.0
51 346	乌 苏	1.2	1.2	1.2	2.4	2.3	2.2	2.9	3.0	2.9	1.4	1.4	1.4	3.3	3.2	3.2	5.5	5.5	5.4
51 365	蔡家湖	1.3	1.3	1.3	2.4	2.3	2.3	3.0	3.2	3.0	1.4	1.4	1.4	3.3	3.3	3.3	5.6	5.8	5.5
51 431	伊 宁	1.2	1.2	1.2	2.3	2.2	2.2	2.9	2.9	2.8	1.3	1.3	1.3	3.2	3.1	3.1	5.4	5.3	5.2
51 463	乌鲁木齐	1.3	1.3	1.3	2.3	2.3	2.3	2.9	3.1	2.9	1.4	1.4	1.4	3.3	3.3	3.3	5.5	5.6	5.4
51 542	巴音布鲁克	1.2	1.2	1.2	2.3	2.2	2.2	2.9	2.8	2.7	1.3	1.3	1.3	3.2	3.1	3.1	5.4	5.2	5.1

续表

站点编号	站点名称	RCP4.5 2020s A	B	C	2050s A	B	C	2080s A	B	C	RCP8.5 2020s A	B	C	2050s A	B	C	2080s A	B	C
51 567	焉耆	1.2	1.3	1.2	2.3	2.3	2.2	2.9	3.0	2.8	1.3	1.4	1.3	3.2	3.3	3.1	5.5	5.5	5.3
51 705	乌恰	1.2	1.2	1.2	2.4	2.3	2.3	3.0	3.0	3.0	1.3	1.4	1.3	3.3	3.3	3.3	5.6	5.4	5.5
52 101	巴里塘	1.3	1.3	1.3	2.5	2.4	2.4	3.1	3.2	3.0	1.4	1.4	1.4	3.4	3.4	3.4	5.8	6.1	5.8
52 765	门源	1.1	1.2	1.2	2.1	2.2	2.2	2.7	2.7	2.8	1.2	1.2	1.2	3.0	3.1	3.1	5.1	5.3	5.3
52 787	乌鞘岭	1.2	1.2	1.2	2.2	2.2	2.2	2.8	2.8	2.8	1.2	1.3	1.2	3.1	3.1	3.1	5.2	5.3	5.2
52 876	民和	1.2	1.2	1.2	2.2	2.3	2.2	2.8	2.9	2.9	1.2	1.2	1.2	3.1	3.2	3.2	5.2	5.4	5.3
52 895	靖远	1.2	1.2	1.2	2.3	2.2	2.2	2.8	2.9	2.8	1.2	1.3	1.2	3.0	3.2	3.0	5.1	5.3	5.1
53 446	包头	1.2	1.3	1.2	2.3	2.2	2.2	2.8	3.0	2.8	1.3	1.5	1.3	3.2	3.1	3.1	5.2	5.6	5.3
53 463	呼和浩特	1.2	1.3	1.2	2.2	2.2	2.2	2.8	3.0	2.9	1.3	1.5	1.4	3.1	3.2	3.1	5.2	5.6	5.3
53 487	大同	1.2	1.2	1.2	2.2	2.2	2.1	2.7	3.0	2.8	1.3	1.5	1.3	3.1	3.2	3.1	5.1	5.5	5.2
53 614	银川	1.2	1.3	1.2	2.3	2.2	2.1	2.8	2.9	2.7	1.2	1.3	1.2	3.1	3.1	3.0	5.2	5.3	5.1
53 898	安阳	1.0	1.2	1.1	2.1	2.1	2.0	2.6	2.8	2.6	1.2	1.4	1.2	2.9	3.0	2.9	4.8	5.1	4.8
53 915	平凉	1.1	1.2	1.2	2.2	2.2	2.1	2.6	2.8	2.7	1.2	1.3	1.2	2.9	3.1	2.9	4.9	5.1	4.8
53 942	洛川	1.1	1.2	1.1	2.2	2.2	2.1	2.6	2.8	2.7	1.2	1.3	1.2	2.9	3.1	2.9	4.9	5.1	4.8
53 959	运城	1.1	1.3	1.2	2.1	2.2	2.0	2.6	2.8	2.6	1.2	1.3	1.2	2.9	3.0	2.9	4.8	5.0	4.8
53 986	新乡	1.0	1.2	1.1	2.0	2.1	2.0	2.6	2.8	2.6	1.2	1.4	1.2	2.9	3.0	2.8	4.8	5.0	4.8
54 094	牡丹江	1.1	1.3	1.2	2.2	2.3	2.2	2.8	3.1	2.9	1.3	1.4	1.3	3.1	3.3	3.2	5.3	5.9	5.6
54 096	绥芬河	1.1	1.3	1.2	2.2	2.3	2.3	2.9	3.2	2.9	1.3	1.4	1.3	3.3	3.3	3.3	5.3	5.8	5.5
54 157	四平	1.1	1.4	1.2	2.2	2.4	2.3	2.8	3.3	3.0	1.3	1.5	1.4	3.3	3.4	3.2	5.3	6.1	5.6
54 161	长春	1.1	1.4	1.2	2.2	2.4	2.3	2.9	3.3	3.1	1.3	1.5	1.4	3.4	3.3	3.3	5.3	6.1	5.7
54 218	赤峰	1.1	1.2	1.1	2.2	2.2	2.2	2.8	3.0	2.8	1.3	1.5	1.3	3.2	3.3	3.1	5.2	5.6	5.3
54 254	开原	1.1	1.4	1.2	2.2	2.4	2.3	2.8	3.3	3.0	1.3	1.5	1.4	3.3	3.4	3.2	5.2	6.0	5.5
54 284	东岗	1.1	1.3	1.2	2.2	2.3	2.2	2.8	3.1	3.0	1.3	1.4	1.3	3.1	3.3	3.2	5.2	5.8	5.5
54 285	松江	1.1	1.3	1.2	2.2	2.3	2.2	2.8	3.1	3.0	1.3	1.4	1.3	3.1	3.3	3.2	5.2	5.8	5.5
54 308	丰宁	1.1	1.2	1.1	2.2	2.1	2.1	2.7	2.9	2.8	1.3	1.4	1.3	3.1	3.2	3.0	5.1	5.5	5.2
54 339	鞍山	1.1	1.4	1.2	2.2	2.4	2.2	2.8	3.3	2.9	1.3	1.5	1.3	3.1	3.4	3.2	5.2	5.9	5.4
54 346	本溪	1.1	1.4	1.2	2.2	2.4	2.3	2.8	3.3	3.0	1.3	1.5	1.3	3.2	3.4	3.2	5.2	6.0	5.5
54 351	章党	1.1	1.4	1.2	2.2	2.4	2.3	2.8	3.3	3.0	1.3	1.5	1.3	3.2	3.4	3.2	5.2	6.0	5.5
54 405	怀来	1.1	1.2	1.1	2.1	2.2	2.1	2.7	2.9	2.8	1.2	1.4	1.3	3.0	3.1	3.0	5.1	5.5	5.2
54 429	遵化	1.1	1.2	1.1	2.1	2.2	2.1	2.8	3.0	2.8	1.2	1.4	1.3	3.0	3.1	3.0	5.1	5.5	5.2

续表

站点编号	站点名称	RCP4.5 2020s A	B	C	2050s A	B	C	2080s A	B	C	RCP8.5 2020s A	B	C	2050s A	B	C	2080s A	B	C
54476	熊岳	1.1	1.3	1.1	2.2	2.3	2.2	2.8	3.1	2.8	1.2	1.4	1.3	3.0	3.2	3.1	5.0	5.7	5.2
54511	北京	1.1	1.2	1.1	2.1	2.2	2.1	2.7	3.0	2.8	1.2	1.4	1.3	3.0	3.1	3.0	5.1	5.4	5.1
54602	保定	1.1	1.2	1.1	2.1	2.2	2.1	2.7	3.0	2.7	1.2	1.4	1.3	3.0	3.1	3.0	5.0	5.4	5.1
54662	大连	1.0	1.2	1.1	2.1	2.1	2.1	2.6	2.8	2.7	1.1	1.3	1.2	2.9	3.0	2.9	4.8	5.1	4.8
54725	惠民县	1.1	1.2	1.1	2.2	2.2	2.2	2.7	2.9	2.7	1.2	1.4	1.2	3.0	3.1	3.0	5.0	5.3	5.0
54823	济南	1.0	1.2	1.1	2.1	2.1	2.1	2.7	2.9	2.7	1.2	1.3	1.2	3.0	3.0	2.9	4.9	5.2	4.9
54826	泰山	1.0	1.2	1.1	2.1	2.1	2.0	2.7	2.8	2.6	1.2	1.3	1.2	2.9	3.0	2.9	4.9	5.1	4.9
54836	沂源	1.0	1.2	1.1	2.1	2.1	2.1	2.7	2.8	2.6	1.2	1.3	1.2	2.9	3.0	2.9	4.9	5.1	4.8
54936	莒县	1.0	1.1	1.1	2.1	2.0	2.0	2.6	2.7	2.6	1.1	1.2	1.2	2.9	2.9	2.8	4.7	4.9	4.7
57034	武功	1.0	1.2	1.1	2.1	2.0	2.0	2.6	2.6	2.4	1.2	1.2	1.1	2.8	2.9	2.8	4.8	4.8	4.6
57051	三门峡	1.0	1.2	1.1	2.1	2.1	2.0	2.6	2.8	2.5	1.2	1.3	1.2	2.9	2.9	2.8	4.8	5.0	4.7
57071	孟津	1.0	1.2	1.1	2.1	2.1	2.0	2.6	2.7	2.6	1.2	1.3	1.2	2.9	2.9	2.8	4.8	4.9	4.7
57077	栾川	1.0	1.1	1.1	2.0	2.1	2.0	2.6	2.6	2.5	1.1	1.3	1.2	2.9	2.9	2.8	4.7	4.9	4.6
57083	郑州	1.0	1.2	1.1	2.1	2.0	2.0	2.6	2.7	2.5	1.1	1.3	1.2	2.9	2.9	2.8	4.8	4.9	4.7
57178	南阳	1.0	1.1	1.0	2.0	2.0	1.9	2.5	2.6	2.5	1.1	1.2	1.1	2.9	2.9	2.8	4.7	4.8	4.6

注：A 为全年；B 为冬季（12月至次年2月）；C 为滑雪季（11月至次年4月）。

3.3.1.2 变化分类

根据未来气温变化模拟值，采用 ArcGIS 的自然断点法，识别与中国室外滑雪场相匹配的 65 个气象站点的滑雪季（11月至次年4月）气温变化的相对情况。根据图 3-8 可知，在 RCP4.5 情景下，2020s 和 2050s 温度上升明显的站点主要位于新疆北部和黑龙江东北部，而 2080s 温度上升快的站点迅速增加，涵盖东北三省和新疆北部。在 RCP8.5 情景下的 2020s、2050s 和 2080s，温度上升快的站点主要位于东北和新疆北部。在所有时期（2020s、2050s、2080s）和温室气体排放情景下（RCP4.5、RCP8.5），气温上升慢的站点分布较为一致，主要位于山东、河南、陕西。

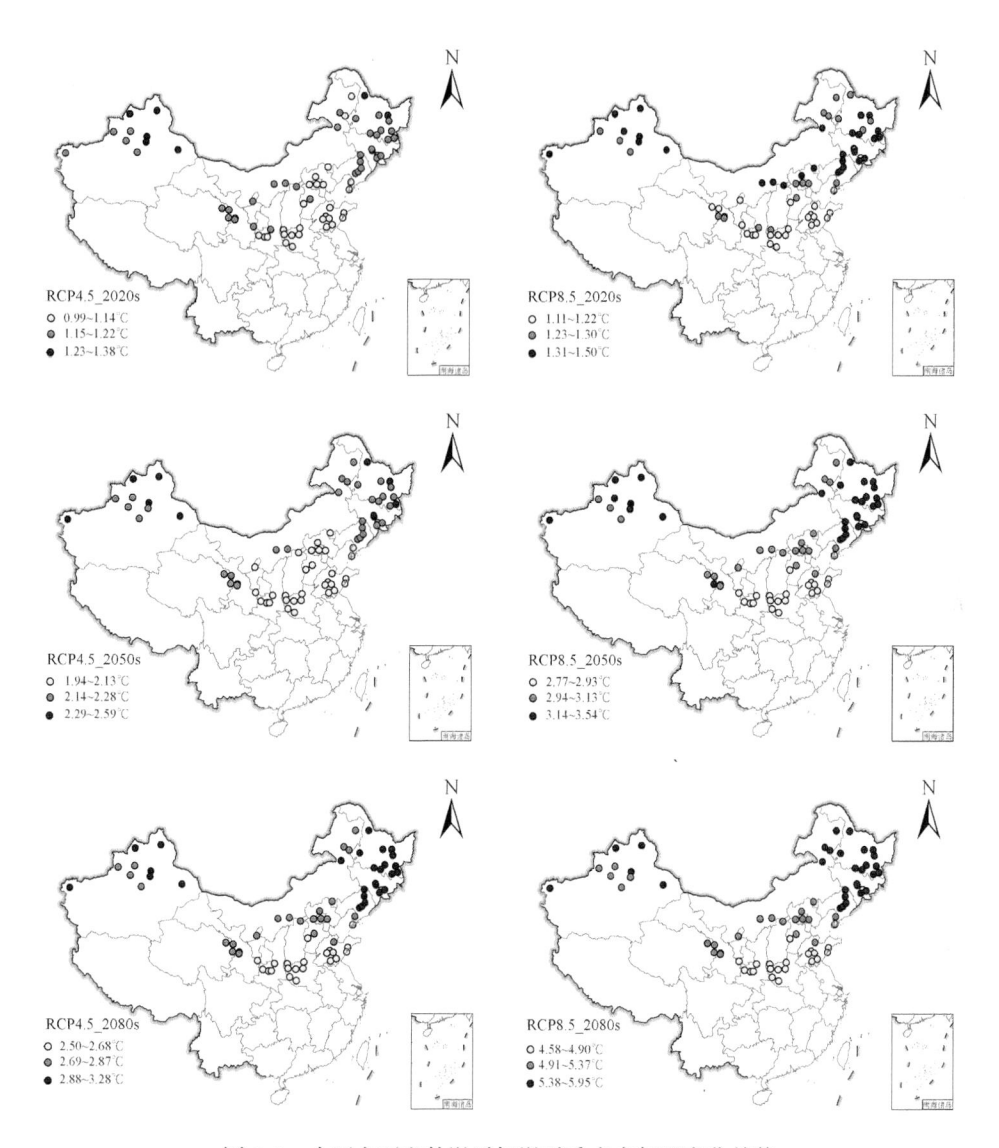

图 3-8　中国主要室外滑雪场滑雪季未来气温变化趋势

3.3.2　降水

3.3.2.1　变化趋势

根据国际耦合模式比较计划第五阶段（CMIP5）的 15 个气象模型的模拟预

测值，计算65个站点在不同时期（2020s、2050s、2080s）和温室气体排放情景下（RCP4.5、RCP8.5）全年、冬季、滑雪季降水变化趋势。根据表3-15可知，98%的气象站点全年、冬季和滑雪季的降水量在未来3个时期均呈增长趋势。在RCP4.5情景下，2020s全年降水量的增加1.5%~9.6%，2050s增加6.9%~16.8%，2080s增加8%~21.7%。在高排放情景下（RCP8.5），2020s全年降水量增加1.4%~9.4%，2050s增加8.9%~20.8%，2080s增加11.1%~35.7%。表明在相同时期和温室气体排放情景下，各站点的降水量变化差异较大，最大相差高达24.6%。从不同时期来看，各站点冬季降水量增加最多，其次为滑雪季，而全年降水量增加最少。从滑雪季降水量变化来看，在RCP4.5情景下，2020s全年降水量增加-0.1%~11.3%，2050s增加11.6%~25.4%，2080s增加12.5%~28.6%。在RCP8.5情景下，2020s全年降水量增加3%~10.1%，2050s增加11.9%~30.7%，2080s增加19.6%~52.5%。

表3-15　未来降水变化趋势　　　　　　　　　　（单位:%）

站点编号	站点名称	RCP4.5 2020s A	B	C	2050s A	B	C	2080s A	B	C	RCP8.5 2020s A	B	C	2050s A	B	C	2080s A	B	C
50442	大兴安岭	7.0	10.3	8.9	12.4	13.9	16.1	14.3	17.6	18.8	7.0	7.6	9.2	14.6	21.8	21.0	27.4	41.7	38.1
50468	黑河	6.2	7.4	8.3	12.5	13.2	15.9	13.5	16.4	17.3	6.8	7.6	9.2	14.3	21.1	20.1	26.0	38.9	35.7
50632	博克图	6.1	10.1	7.0	12.1	14.4	15.8	21.7	22.5	5.8	7.0	8.4	13.9	24.3	20.8	27.3	45.8	39.4
50639	扎兰屯	5.6	9.9	7.1	12.2	14.4	15.6	15.1	21.0	22.0	5.5	6.2	8.4	13.2	23.5	20.4	27.7	46.5	40.1
50727	阿尔山	5.7	10.4	7.6	12.4	14.0	15.7	16.5	22.3	23.8	5.9	6.8	8.6	13.4	23.5	20.6	26.8	44.0	39.4
50742	富裕	5.8	9.0	6.8	12.9	14.4	16.9	15.7	19.9	21.4	5.7	5.9	8.5	14.4	23.5	20.8	29.1	47.0	41.1
50774	伊春	4.5	5.6	5.2	11.3	11.2	14.2	12.9	16.7	17.6	5.5	7.6	5.2	19.6	18.2	24.3	36.1	32.3
50788	富锦	4.9	5.6	5.6	11.4	12.2	14.0	14.4	15.1	5.2	6.4	8.2	12.2	17.8	16.7	20.4	28.9	26.6
50873	佳木斯	4.4	5.6	5.2	12.1	12.4	15.6	16.0	4.9	4.8	7.2	11.9	16.1	21.2	30.6	27.7
50953	哈尔滨	5.1	7.4	6.6	13.3	13.6	17.2	14.7	17.1	20.1	5.8	6.8	8.8	13.2	21.6	19.5	25.9	40.3	35.1
50963	通河	4.5	6.5	5.4	12.1	12.4	17.6	17.6	7.7	12.5	8.3	17.1	22.5	34.2	29.8
50968	尚志	4.8	7.1	6.4	12.1	14.6	16.1	17.6	16.0	18.8	5.5	6.7	8.3	13.1	19.9	18.8	23.6	36.7	31.9
50978	鸡西	4.1	5.1	4.3	12.1	14.3	12.1	15.2	4.7	5.4	6.4	11.3	15.2	14.5	19.2	26.9	24.0
51076	阿勒泰	6.5	10.4	8.7	11.0	15.2	14.7	14.0	18.2	18.8	6.1	9.3	8.5	13.2	23.8	20.5	19.3	34.7	30.5
51133	塔城	9.1	11.7	11.3	15.1	17.2	14.5	20.0	20.8	7.6	9.7	9.5	14.2	22.6	21.4	19.7	35.8	31.9
51346	乌苏	7.6	9.4	9.6	10.7	17.5	17.6	13.4	21.3	22.2	2.8	8.6	11.8	10.1	14.9	28.1	23.5	21.8	43.5	38.4

续表

站点编号	站点名称	RCP4.5									RCP8.5								
		2020s			2050s			2080s			2020s			2050s			2080s		
		A	B	C	A	B	C	A	B	C	A	B	C	A	B	C	A	B	C
51365	蔡家湖	7.5	7.8	7.8	12.3	15.9	17.2	15.3	17.0	20.5	7.8	9.1	8.2	15.9	23.9	21.5	23.9	38.1	35.7
51431	伊宁	6.1	7.7	7.9	9.5	15.8	15.6	11.0	19.2	18.9	7.1	9.6	8.3	11.5	24.0	20.5	17.5	38.5	33.1
51463	乌鲁木齐	7.3	8.9	7.7	12.5	16.4	16.1	16.0	18.0	20.8	7.3	8.8	7.5	16.5	24.3	21.8	25.3	40.0	36.1
51542	巴音布鲁克	6.5	9.5	8.3	10.3	16.6	15.1	14.1	20.9	20.9	7.2	9.8	8.4	14.1	25.7	21.6	22.4	40.7	35.3
51567	焉耆	8.1	11.8	8.8	11.6	17.7	15.9	17.2	22.9	23.2	8.6	10.1	8.8	16.4	24.9	23.0	25.6	42.9	36.9
51705	乌恰	4.3	9.0	6.9	6.9	13.6	12.7	8.0	17.6	16.2	5.6	8.3	7.8	8.9	20.6	17.9	11.1	28.5	25.1
52101	巴里塘	9.6	4.9	6.8	14.2	8.3	13.0	21.3	12.1	19.4	9.4	5.7	6.5	19.0	16.4	19.1	26.1	26.0	27.8
52765	门源	4.5	7.0	6.7	12.0	16.8	16.7	16.0	22.3	21.0	6.9	9.9	9.6	15.8	23.8	22.2	23.9	34.0	33.7
52787	乌鞘岭	4.2	6.4	6.1	12.2	16.0	17.1	16.9	22.7	22.4	6.2	8.3	8.6	16.3	24.4	23.5	25.2	37.1	36.5
52876	民和	4.4	7.3	6.3	12.3	17.6	17.1	17.0	25.1	23.3	6.2	9.1	8.8	16.0	24.3	23.5	24.8	37.8	37.1
52895	靖远	3.6	6.3	5.2	12.4	17.7	17.9	17.9	26.5	25.2	4.8	6.6	7.3	16.0	25.8	25.0	25.9	42.5	40.4
53446	包头	3.8	5.5	5.7	12.4	16.5	18.3	19.2	18.7	21.8	4.7	3.5	6.6	18.7	22.3	23.7	30.1	37.3	36.5
53463	呼和浩特	3.6	6.9	6.2	12.1	17.9	18.8	18.3	19.2	18.0	4.3	6.5	6.5	18.0	23.1	22.9	31.2	40.5	36.7
53487	大同	3.5	7.9	6.2	13.9	20.2	19.1	17.9	21.6	22.7	3.8	4.1	6.5	17.6	26.0	23.8	29.6	48.0	40.0
53614	银川	3.5	2.9	4.4	14.9	17.1	19.2	21.7	25.3	27.5	5.7	6.7	8.1	20.0	22.3	20.5	32.9	44.4	44.9
53898	安阳	2.7	3.3	1.9	12.1	19.8	18.4	17.5	25.5	23.6	3.3	1.1	4.1	15.3	27.6	23.4	25.5	50.1	39.5
53915	平凉	1.8	3.7	2.6	10.1	17.0	16.0	16.3	27.2	23.3	2.6	3.4	4.6	12.9	24.6	21.9	21.9	41.5	35.4
53942	洛川	1.7	3.2	1.9	9.4	17.0	15.5	16.2	25.9	22.9	2.1	1.2	3.5	13.4	24.1	21.6	22.4	44.2	36.1
53959	运城	2.1	3.8	2.1	9.4	17.5	15.9	24.1	22.2	2.0	1.1	3.9	15.3	24.2	21.5	22.5	42.5	34.9
53986	新乡	2.6	4.1	1.9	10.5	18.5	16.6	17.0	25.8	23.0	3.2	1.3	3.9	14.5	25.8	21.8	23.8	45.9	36.5
54094	牡丹江	4.3	6.7	5.4	11.5	14.5	15.2	17.6	16.7	5.3	6.9	7.6	12.3	18.6	16.6	21.2	33.6	28.5
54096	绥芬河	3.6	4.0	3.1	9.9	10.2	11.3	16.1	10.9	10.5	12.5	3.9	4.9	5.1	10.0	11.5	11.9	16.8	19.6	19.6
54157	四平	5.4	10.3	7.3	15.2	20.6	19.3	18.2	26.1	25.9	6.4	8.9	9.1	15.2	26.0	26.6	28.5	46.1	37.3
54161	长春	5.2	9.5	7.0	14.5	18.5	19.7	15.0	21.0	21.0	6.0	8.6	8.9	14.9	26.3	22.5	25.9	44.8	36.4
54218	赤峰	6.0	10.9	8.7	15.7	22.0	20.8	16.1	23.0	22.3	5.5	6.8	8.2	17.2	28.2	24.4	30.1	50.2	40.3
54254	开原	5.6	10.3	8.0	14.7	21.1	20.5	15.5	24.3	22.4	6.1	8.5	9.4	15.8	28.7	24.6	26.8	46.1	37.6
54284	东岗	4.5	7.7	6.0	11.7	17.0	16.1	12.5	17.1	4.9	7.0	6.1	12.1	21.3	18.5	21.5	35.7	29.2
54285	松江	4.3	6.7	5.4	11.0	15.2	14.9	11.5	15.0	15.4	4.8	5.9	6.7	11.6	19.1	16.8	20.3	31.3	26.8
54308	丰宁	5.2	9.4	7.4	15.6	21.6	21.1	17.0	22.5	22.8	4.7	4.5	7.0	16.2	27.1	23.9	30.7	50.8	40.6
54339	鞍山	5.6	9.9	8.2	15.3	22.7	21.2	16.7	27.0	23.8	6.4	8.0	9.7	16.6	28.7	25.4	27.7	46.8	37.8

| 81 | 第3章 | 中国室外滑雪场气候变化分析与检验

续表

站点编号	站点名称	RCP4.5 2020s A	B	C	2050s A	B	C	2080s A	B	C	RCP8.5 2020s A	B	C	2050s A	B	C	2080s A	B	C
54346	本溪	5.5	10.0	8.2	14.9	22.1	20.8	16.2	26.6	23.4	6.4	8.3	9.7	16.1	28.3	25.0	27.0	46.1	37.4
54351	章党	5.4	10.0	8.0	14.6	21.3	20.3	15.6	25.3	22.6	6.3	8.5	9.5	15.5	27.8	24.4	26.5	45.3	36.8
54405	怀来	4.8	9.6	7.2	16.0	23.0	22.1	18.6	25.1	25.0	4.6	4.1	7.2	18.6	28.9	25.3	32.4	55.2	44.0
54429	遵化	5.2	9.0	7.5	16.8	24.6	23.1	18.8	26.1	25.8	5.2	3.7	7.8	19.1	31.3	27.2	32.7	57.1	44.9
54476	熊岳	4.9	7.5	6.2	14.8	21.4	20.0	16.3	24.8	22.5	5.7	5.2	8.5	15.9	25.1	23.1	26.4	39.8	33.8
54511	北京	4.6	9.4	6.9	17.4	27.1	25.4	20.5	29.8	28.5	5.7	5.3	8.7	20.5	35.7	30.1	35.7	68.2	51.9
54602	保定	3.3	7.3	5.2	16.4	26.3	24.7	20.1	29.1	28.3	5.0	3.8	7.6	20.2	36.3	30.7	34.8	67.9	52.5
54662	大连	3.1	2.6	2.6	12.5	16.4	14.5	17.5	18.9	5.1	2.4	7.8	13.7	20.0	19.4	21.4	26.2	26.2	
54725	惠民县	2.0	2.2	2.7	13.5	20.4	21.4	17.7	27.8	26.3	4.8	3.1	8.3	16.6	30.0	26.9	27.8	52.9	43.6
54823	济南	1.8	0.7	1.0	11.9	19.0	18.7	16.5	26.2	24.0	4.1	2.3	6.8	14.7	27.0	23.6	24.8	47.9	38.9
54826	泰山	1.8	0.7	0.8	11.5	18.6	18.0	16.2	26.0	23.3	4.1	2.5	6.7	14.2	26.2	22.6	24.1	46.4	37.4
54836	沂源	1.7	0.0	0.6	10.8	17.1	16.6	15.2	25.0	23.3	4.2	2.7	7.0	13.4	24.5	21.2	22.7	42.3	34.7
54936	莒县	1.7	−0.1	−0.1	9.5	15.4	14.1	14.2	23.1	20.0	4.1	2.5	6.1	12.4	21.4	18.5	20.6	37.0	30.8
57034	武功	1.5	3.7	1.9	7.6	15.3	13.2	13.7	24.2	20.3	1.4	2.0	3.7	10.4	20.1	18.0	17.4	34.5	28.9
57051	三门峡	1.9	3.6	1.7	8.6	15.3	14.3	14.7	22.2	20.5	1.8	0.4	2.9	12.4	21.8	19.3	20.2	37.6	31.3
57071	孟津	2.1	3.8	1.5	9.2	16.6	15.0	15.3	23.1	20.9	2.1	0.9	3.1	13.1	22.8	19.8	21.0	39.5	32.3
57077	栾川	2.0	3.9	1.5	8.2	16.5	13.9	13.4	21.6	18.9	1.5	1.4	3.4	11.0	20.7	17.0	17.2	31.4	26.6
57083	郑州	2.3	3.9	1.3	9.3	17.0	14.9	15.7	24.3	21.2	2.6	2.1	3.7	13.0	23.1	19.5	20.7	39.9	32.1
57178	南阳	2.5	4.1	1.2	8.4	16.8	13.6	13.5	22.0	18.6	1.6	2.7	3.7	10.9	19.9	16.0	16.3	29.6	24.8

注：A 为全年；B 为冬季（12月至次年2月）；C 为滑雪季（11月至次年4月）。

3.3.2.2 变化分类

根据未来降水变化模拟值，采用 ArcGIS 的自然断点法，识别与中国室外滑雪场相匹配的65个气象站点的滑雪季（11月至次年4月）降水变化趋势。根据图3-9可知，在2020s，降水增加多的站点主要位于辽宁、河北和新疆，而河南和陕西的降水增加较少；在2050s和2080s，辽宁、河北和北京的降水增加明显，而河南和陕西的降水依旧增加较少。

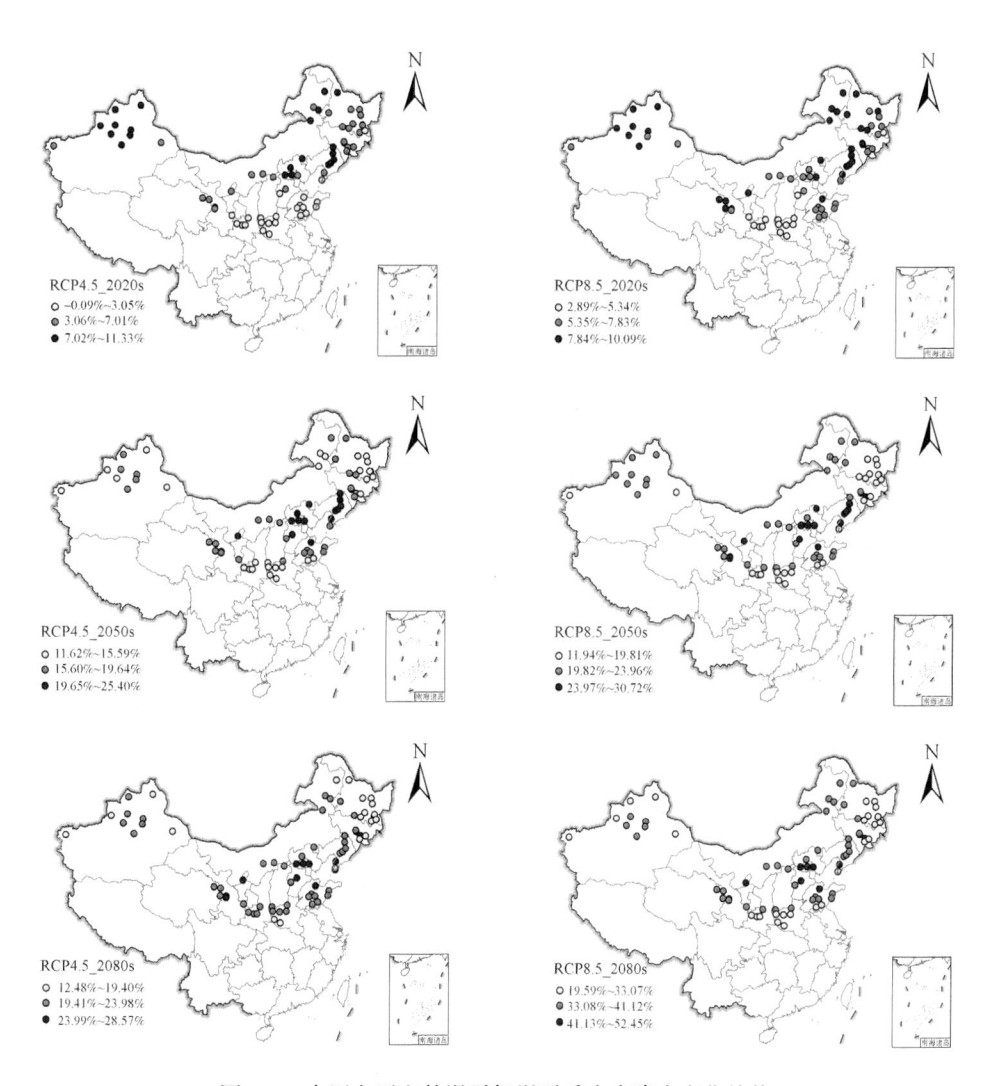

图 3-9 中国主要室外滑雪场滑雪季未来降水变化趋势

3.4 本章小结

本章采用 MK 趋势检验对 1981~2010 年与中国主要室外滑雪场相匹配的 65 个气象站的气象因子、CMIP5 的 15 个气象模型的模拟预测值进行时空趋势变化情况分析，主要结论如下。

3.4.1　历史气象因子变化趋势

1981～2010年，中国不同区域室外滑雪场的温度变化较为明显：83.08%气象站点的年均温显著上升，且不存在气温显著下降的站点；同时，冬季和滑雪季均温呈显著上升趋势的站点数量明显减少，分别占43.08%和53.85%。从降水量来看，80%以上的气象站点在全年、冬季、滑雪季的变化趋势均不显著；降水量呈现显著增加趋势的站点数量在冬季和滑雪季的比例小幅度上升（分别占20%和18.46%），仅有6.15%站点在全年呈现显著减少趋势。虽然78%以上的气象站点在全年、冬季、滑雪季的积雪深度变化趋势均不显著，但是呈显著下降趋势的站点比例在16%以上。

从具体区域上看，滑雪季气温上升显著及不显著的滑雪场数量接近，气温上升不显著的滑雪场主要位于东北和新疆北部，气温上升显著的滑雪场主要位于华北、华东、华中、西北和新疆南部。然而，降水量的变化趋势主要为不显著，而显著增加的站点主要位于东北和新疆北部。通过气温和降水量趋势检验结果对比可知，降水量呈显著增加的站点，其气温变化趋势为显著；而气温显著上升的站点，其降水量变化主要为不显著。从积雪深度变化趋势检验结果来看，大部分站点的变化趋势并不显著，积雪深度显著增加的站点主要位于陕西，而呈显著下降趋势的站点主要在内蒙古和山东。

3.4.2　未来气象因子变化趋势

所有滑雪场的平均气温在未来3个时期均呈上升趋势，且年均温上升变化差异不大。从滑雪季气温变化来看，在RCP4.5情景下，2020s年均温上升1～1.4℃，2050s上升1.9～2.6℃，2080s上升2.5～3.1℃。在RCP8.5情景下，2020s年均温上升1.1～1.5℃，2050s上升2.8～3.5℃，2080s上升4.6～5.8℃。同时，大部分（98%）滑雪场的降水量在未来均呈增长趋势。从滑雪季降水量变化来看，在RCP4.5情景下，2020s全年降水量增加-0.1%～11.3%，2050s增加11.6%～25.4%，2080s增加12.5%～28.6%。在RCP8.5情景下，2020s全年降水量增加3%～10.1%，2050s增加11.9%～30.7%，2080s增加19.6%～52.5%。

从具体区域来看，在RCP4.5情景下，2020s和2050s温度上升明显的站点主要位于新疆北部和黑龙江东北部,而 2080s 温度上升快的滑雪场迅速增加,涵盖东北三省和新疆北部。在 RCP8.5 情景下的 2020s、2050s 和 2080s,温度上升快的滑雪场主要位于东北和新疆北部。在所有时期(2020s、2050s、2080s)和温室气体排放情景下(RCP4.5、RCP8.5),气温上升慢的滑雪场分布较为一致,主要位于山东、河南和陕西。同时,在 2020s,降水增加多的站点主要位于辽宁、河北和新疆,而河南和陕西的降水增加较少;在 2050s 和 2080s,辽宁、河北和北京的降水增加明显,而河南和陕西的降水依旧增加较少。

第4章 气候变化对中国室外滑雪场供给的潜在影响

本章采用改进的SkiSim 2.0模型,基于现有的、提升的人工造雪技术,从不同尺度分析气候变化对中国滑雪场滑雪季节长度、人工造雪能力、人工造雪需求量的影响,明确未来不同时期(2020s、2050s、2080s)和不同温室气体排放情景下(RCP4.5、RCP8.5)中国滑雪场对气候变化的敏感度(Fang et al., 2021)。此外,将分析结果与国内外相关研究成果进行比较。需要指出的是,对于2080s这种长时期的预测,其评估结果仅作为一种参考。此外,本研究在模拟预测过程中未将人口增长、经济发展等宏观因素对滑雪场供给的动态影响纳入考量,这是后续研究重要的改进方法。

4.1 研究方法与数据来源

4.1.1 研究方法

4.1.1.1 SkiSim 2.0模型介绍

SkiSim 1.0模型最初由Scott等(2003)基于安大略省滑雪市场构建,包括自然积雪、人工造雪模块和运营条件。Steiger(2010)以欧洲阿尔卑斯山地区为研究区域,通过改进人工造雪规则进一步发展了该模型(SkiSim 2.0)。目前,SkiSim 2.0模型已经成功运用于奥地利、意大利、美国、德国、瑞士和加拿大等国家以及欧洲阿尔卑斯、北美、冬奥会举办地等(Steiger, 2010, 2012; Steiger and Abegg, 2013; Scott et al., 2020)。

SkiSim 2.0模型主要计算雪水当量,该变量是指当积雪完全融化后所得到的水形成水层的垂直深度。自然积雪模块中每日雪水当量(SWE_{pack})的计算公式如下：

$$\text{SWE}_{\text{pack}} = \text{SWE}_{\text{pack}(d-1)} + \text{SWE}_s - M \tag{4-1}$$

式中，$\text{SWE}_{\text{pack}(d-1)}$ 是前一天的雪水当量；SWE_s 是新降雪的雪水当量；M 为实际积雪融化量。

$$\text{SWE}_s = p \cdot \frac{T_{c,\max} - T_{\text{mean}}}{T_{c,\max} - T_{c,\min}} \tag{4-2}$$

式中，p 为降水量；$T_{c,\max}$、$T_{c,\min}$ 为降雪和降水形式转换的临界温度阈值（$T_{c,\max} > T_{c,\min}$），这2个参数通过气候站点的降雪数据进行校准；T_{mean} 为平均气温。如果 $T_{\text{mean}} < T_{c,\min}$，则降水量（$p$）将100%为降雪；如果 $T_{\text{mean}} > T_{c,\max}$，则100%为降雨；若平均温度介于两个临界值之间，降雨/降雪量则通过线性插值计算。

积雪融化量是影响积雪的重要指标，由于雪层温度和平均气温之间存在温度差异，这会导致积雪融化延迟。因此，计算积雪融化量时，需区分可能的融化量和实际的积雪融化量。实际积雪融化量的计算公式如下：

$$M = \text{ddf} \times T_{\text{mean}} - \frac{\text{SWE} \times T_{\text{pack}}}{160} \tag{4-3}$$

式中，T_{mean} 为平均气温；ddf 为度日因子；T_{pack} 是雪层温度；SWE 为雪水当量。其中，度日因子（ddf）反映了单位正积温产生的冰雪消融量。由于积雪融化量将随着积雪质量及入射辐射变化而变化，因此该模型使用变动的度日因子。度日因子的取值范围（最大值和最小值）通过积雪天数（SWE≥5mm）的方差进行校准。

在人工造雪模块中，SkiSim 2.0 通过技术限制（温度阈值和容量）和雪层密度来模拟雪道维护，从而明确人工造雪的相关决策。人工造雪时期根据实际运营情况确定，其他时期人工造雪模块设置为不运行。人工造雪所需温度满足时便可进行造雪，在积雪深度达30cm后便停止造雪。该规则代表"基础造雪"，目标是为了有足够的积雪深度保证滑雪场按时营业。在"基础造雪"完成后，开始进行"改善造雪"，确保滑雪场的持续营业，直到滑雪季结束。具体而言，每小时造雪量通过在 $T_{\min}$ 和 $T_{\max}$ 之间线性插值计算。人工造雪的雪水当量（SWE_{sm}）计算公式如下：

$$\text{SWE}_{\text{sm}} = \frac{T_{\min} - T_{\text{crit}}}{(T_{\min} - T_{\max})/24} \cdot \frac{\text{SM}_{\text{cap}}}{24} \tag{4-4}$$

式中，$T_{\max}$、$T_{\min}$ 分别为最低和最高气温；T_{crit} 为人工造雪所需满足的气温；SM_{cap} 为人工造雪量。

4.1.1.2 SkiSim 2.0 模型改进

为使该模型适用于中国，本书对其主要参数进行调整优化。在自然积雪模块中，本章首先对度日因子进行调整修正。度日因子反映了单位正积温产生的冰雪消融量（崔玉环等，2010），其空间变化特征对于精准评估气候变化对中国滑雪场影响有重要作用。根据中国滑雪场的空间分布特征和相关文献资料（表4-1），度日因子参数设定为 4~8mm/（℃·d）。

表4-1 中国区域的度日因子

度日因子/ [mm/（℃·d）]	区域	参考文献
1.4~6.9	中国东北（洮儿河流域）	尹雄锐等，2011
3.1	乌鲁木齐河源1号冰川	刘时银等，1996
3.4	天山（琼台兰冰川）	张勇等，2006
5.9	横断山	
8.5	唐古拉山（冬克玛底冰川）	谯程骏等，2010
5.3	扎当冰川	吴倩如等，2010
1.7	河西走廊内陆流域（石羊河）	
4.0	河西走廊内陆河流域（黑河）	
2.4	河西走廊内陆河流域（北大河）	高鑫等，2011
3.4	河西走廊内陆河流域（疏勒河）	
4.1	河西走廊内陆河流域（党河）	

同时，基于相关文献确定中国固液态降水分离的临界气温值（表4-2），并通过每个站点的积雪深度进行校准，最终将降水形态的临界气温值设定为1℃和3℃。若温度低于1℃，降水将100%为降雪；若温度高于3℃，降水则100%为降雨；若温度为1~3℃，降水量转换为降雨和降雪的比例则通过线性插值计算。

表4-2 中国固液态降水分离的临界气温值

气温/℃	区域	参考文献
1.9~6	中国	韩春坛等，2010
1~7.8	中国	Chen et al.，2014
0~2	长江源区	刘俊峰等，2006
0~3	三江源区	冯曦等，2013

续表

气温/℃	区域	参考文献
0（1000hPa）	北京	张琳娜等，2013
-4（850hPa）	北京	
1.86~5.7	天山	张雪婷等，2017

在人工造雪模块中，依据相关文献和对滑雪场运营者和管理者的访谈信息设定相关参数（方琰等，2020）（表4-3）。

表4-3 中国室外滑雪场的相关参数设置

参数	设置	资料来源
滑雪所需的积雪深度（包括自然降雪和人工造雪）	30cm	访谈；Abegg 和 Elsasser，1996；Scott 等，2003
人工造雪时期	11月1日至次年4月1日	访谈；网络资料①
人工造雪所需温度	-5℃（现有）/-2℃（提高）	访谈；Snowathome，2013
人工造雪量	10cm/d	访谈；Steiger，2010

注：①本书所选取的116个室外滑雪场的滑雪季节长度。

1）滑雪所需的积雪深度设置为30cm。研究结果表明，积雪厚度至少达到30cm才能保证滑雪者的安全（Abegg and Elsasser，1996；Scott et al.，2003）。通过对中国不同区域和类型的滑雪场运营者和管理者进行深度访谈，也证实了30cm这个标准。

2）人工造雪时期设定为11月1日至次年4月1日。通过对中国不同区域和类型的滑雪场运营者和管理者进行深度访谈得知，中国滑雪场对人工造雪的依赖程度高，人工造雪在滑雪场试营业前便开始，主要在11月初期。同时，根据积雪厚度和温度情况（是否适合人工造雪），在整个滑雪季随时增补人工造雪。通过网络搜集本章116个室外滑雪场的滑雪节长度（试营业和停止营业公告），确定了中国滑雪场的人工造雪时期为11月1日至次年4月1日。需要指出的是，中国大部分滑雪场在3月中下旬停止营业，但部分较为优质的滑雪场可持续到4月。因此，结合所选滑雪场的滑雪季长度，将人工造雪期设定为11月1日至次年4月1日，以涵盖所研究滑雪场的完整运营周期。

3）人工造雪所需温度设定为-5℃（现有人工造雪技术）和-2℃（未来可能提升的人工造雪技术）。目前，中国滑雪场主要依赖进口造雪机。例如，2016年中国所有滑雪场的造雪机总数约为 4000 台，其中进口造雪机数量约为 3500 台，国产造雪机数量仅为 500 台。基于此，本章参照现有国外人工造雪设备所需温度，并通过对滑雪场经营者和管理者的深度访谈，验证及调整该参数的设定，最终将中国人工造雪所需温度设定在-5℃（现有人工造雪技术）和-2℃（未来可能提升的人工造雪技术）。

4）人工造雪量为 10cm/d。通过对中国滑雪场经营者/管理者进行访谈得知，根据造雪机的说明书，每台造雪机理想造雪量约 2.6cm/h，但这个造雪量仅在-10℃左右能够实现。通过借鉴相关文献，基于本章设定的人工造雪所需温度、每台造雪机每小时人工造雪量和适合人工造雪时间，将人工造雪能力设定为 10cm/d。

4.1.1.3 模拟效果评定

通过改进的 SkiSim 2.0 模型得到模拟结果（116 个室外滑雪场的滑雪季节长度基准线），并与其实际滑雪季节长度进行对比，利用决定系数 R^2 [式（4-5）]评定模型模拟输出效果。

$$R^2 = \left[\frac{\sum_{i=1}^{n}(M_i - \bar{M})(M_i - P_i)}{\sqrt{\sum_{i=1}^{n}(M_i - \bar{M})^2}\sqrt{\sum_{i=1}^{n}(P_i - \bar{P})^2}} \right]^2 \quad (4-5)$$

式中，n 为滑雪场数量（个数）；M_i 是第 i 次观测值；$\bar{M}$ 为平均观测值；P_i 为第 i 次模拟值；$\bar{P}$ 为平均模拟值。

对模拟值与观测值进行回归分析表明（图 4-1），二者具有较好的一致性，相关系数 $R^2 = 0.643$（$P<0.001$），表明改进的 SkiSim 2.0 模型能够较好地模拟中国滑雪场供给情况。存在细微误差的原因主要在于以下两个原因。

1）积雪深度来源于遥感数据（积雪深度的观测数据无法获取），而遥感资料和台站观测资料存在一定差异。以青藏高原地区为例，雪深在 2~5cm 和 8cm 时，遥感资料反演精度在 65% 左右；雪深在 6~7cm 时，反演精度在 70% 左右，雪深在 9~10cm 时，反演精度最高，达到 74%；当雪深≤1cm 和≥11cm 时，反演精度最低，仅有 26%（王芝兰等，2013）。

2）模型无法结合滑雪场的某些经营决策。例如，在积雪状况不佳的情况下，滑雪场经营者仍可通过减少开放雪道的数量进行营业，因此该模型可能会高估气候变化对可滑雪天数的影响（Rutty et al., 2017）。

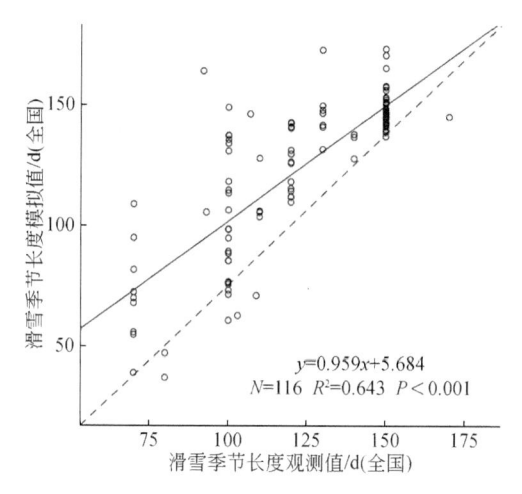

图 4-1　中国主要室外滑雪场滑雪季节长度观测值和模拟值比较

需要指出的是，北京滑雪场的模拟基准线低于实际滑雪季节长度，而其他区域的模拟值与实际滑雪季节长度接近。为不影响模型的整体拟合度，不再对模型参数进行调整修改。

4.1.2　数据来源

该部分涉及的主要研究数据包括滑雪场数据、气象观测数据、逐日积雪深度数据和 CMIP5 数据，数据情况在第 3 章已有介绍，详情见 3.1 节。

为了更好地将气象站点的数据与滑雪场气候状况匹配，每个滑雪场的气象数据根据其海拔高度做了相应调整（即海拔每增加 100m，气温降低 0.6℃，降水增加 3%），通过 SkiSim 2.0 模型完成。

4.2　影响评估

4.2.1　未来人工造雪的时空变化

4.2.1.1　人工造雪能力

人工造雪能力是根据室外滑雪场雪道海拔高度分布模拟的人工造雪量加权平

均值，代表特定人工造雪技术条件下整个滑雪场人工造雪量的平均水平。在未来气候变化背景下，中国不同省份人工造雪能力将受到不同程度的影响。基于现有人工造雪技术（图4-2），西北和东北地区的人工造雪能力将得到不同程度的提升，其中黑龙江、吉林、青海、新疆的人工造雪能力将大幅提高；而甘肃、辽宁、内蒙古、宁夏呈小幅度增加，位于华北区域的河北，其人工造雪能力也呈现小幅度增加趋势。

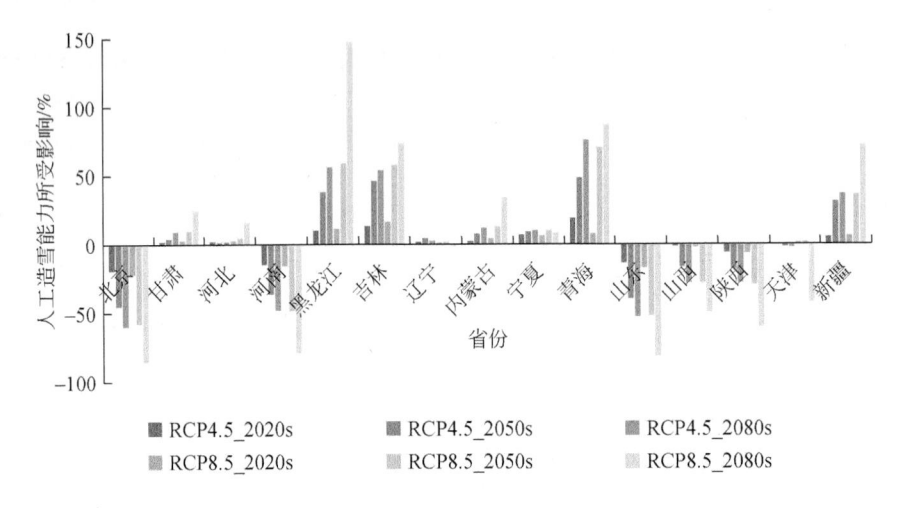

图4-2 气候变化对中国主要省份室外滑雪场人工造雪能力的影响

然而，气候变化对北京、河南、山东、山西和陕西的人工造雪能力造成严重的负面影响，其人工造雪能力大幅下降。相比而言，天津的人工造雪能力在2080s的RCP8.5排放情景下出现大幅度下降，但在2020s和2050s的RCP4.5和RCP8.5排放情景下，人工造雪能力减小幅度较少。不同区域人工造雪能力对于气候变化产生不同响应的结果，主要原因在于适宜人工造雪的时间的变化，即基于现有人工造雪技术，未来全球气候变暖将使西北和东北等区域适宜人工造雪的时间延长，而华东和华中等区域适宜人工造雪的时间减少。

根据人工造雪能力排名可知，气候变化可能改变中国人工造雪能力的竞争格局（表4-4）。具体而言，气候变化一方面降低华东、华中、华北区域的人工造雪能力（内蒙古除外），另一方面提升西北和东北的人工造雪能力。在此双重影响作用之下，华东、华中、华北等具有的人工造雪优势地位逐渐丧失，被东北和西北等区域取代。基于现有人工造雪技术，目前气候条件下天津和北京的人工造雪能力分别位于第一和第五位，但其在2080s时期的RCP8.5排放情景下将分别跌至第十和第十五位；然而，人工造雪能力位于第十和十一位的青海和吉林，在相同时期和温室气体排放情景下分别升至第一位和第四位。

表4-4 气候变化背景下中国主要省份人工造雪能力排名

省份	基准线	RCP4.5 2020s	RCP4.5 2050s	RCP4.5 2080s	RCP8.5 2020s	RCP8.5 2050s	RCP8.5 2080s
北京	5	7	14	15	7	15	15
甘肃	8	5	4	5	5	5	2
河北	12	12	11	11	12	10	9
河南	7	9	12	13	8	13	13
黑龙江	15	15	15	12	15	12	7
吉林	11	11	7	6	10	6	4
辽宁	4	4	3	4	4	4	5
内蒙古	13	13	10	9	13	9	8
宁夏	3	1	1	1	1	1	3
青海	10	10	5	2	11	3	1
山东	6	8	13	14	9	14	14
山西	2	3	6	7	3	7	11
陕西	9	6	9	10	6	11	12
天津	1	2	2	3	2	2	10
新疆	14	14	8	8	14	8	6

4.2.1.2 人工造雪需求量

在气候变化背景下，人工造雪需求量需增加，以最大限度地降低气候变化对滑雪季节长度的影响。图4-3展现中国主要省份为维持12月15日至次年4月1日的持续营业所需的人工造雪量。总体而言，西北和东北的滑雪场人工造雪需求量小，而位于华东、华中、华北的滑雪场人工造雪需求量较大（河北和内蒙古除外）。其中，黑龙江人工造雪需求量最少，而北京所需的人工造雪量最多。

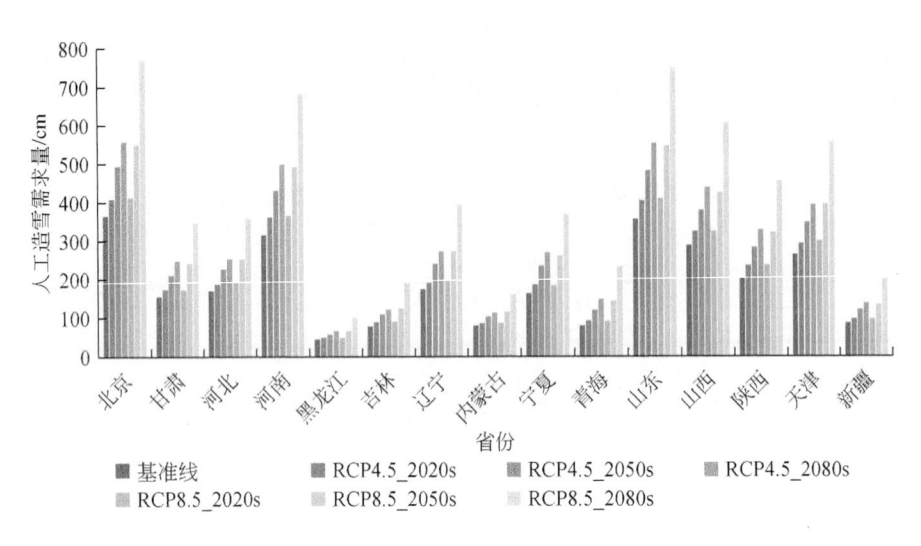

| 气候变化对中国室外滑雪场的潜在影响及应对 |

图 4-3 气候变化背景下中国主要省份室外滑雪场的人工造雪需求量

从人工造雪需求量增长比例来看（表4-5），2020s中国各区域情况较为接近，但2050s和2080s西北和东北的人工造雪需求量增长比例略高于华东、华中、华北等区域，尤其是在2080s的高排放情景下（RCP8.5）。主要原因在于华东、华中、华北等区域的滑雪场对人工造雪的依赖程度更高，即使在基准线上，例如，北京在基准线上的人工造雪量为366cm，是黑龙江人工造雪需求量的8倍（45cm）。

表 4-5 中国主要省份人工造雪需求量变化比例　　　　（单位:%）

区域	省份	RCP4.5			RCP8.5		
		2020s	2050s	2080s	2020s	2050s	2080s
华北	北京	12	35	52	13	51	111
	山西	13	32	53	13	48	111
	天津	11	32	49	14	50	111
	内蒙古	8	31	43	10	46	102
	河北	11	34	50	15	49	112
东北	黑龙江	8	27	47	10	49	123
	吉林	15	41	58	18	62	145
	辽宁	9	38	57	13	57	127

续表

区域	省份	RCP4.5			RCP8.5		
		2020s	2050s	2080s	2020s	2050s	2080s
西北	新疆	13	41	61	14	57	135
	甘肃	13	36	61	13	57	125
	宁夏	14	45	66	14	61	128
	青海	16	51	87	15	80	193
	陕西	16	40	63	17	60	126
华东	山东	13	35	55	15	53	111
华中	河南	15	37	58	16	56	117

4.2.2 未来滑雪季节长度的时空变化

4.2.2.1 滑雪季节长度

从单个滑雪场来看（图4-4），即使在2080s的高排放情景下（RCP8.5），约60%的滑雪场能维持100d以上的滑雪季节长度，这些滑雪场主要位于东北和新疆；而滑雪季节长度预计不到59d的滑雪场主要位于北京、河南、山东、陕西、山西等。大部分时期和排放情景下，中国主要滑雪场的滑雪季节长度分布格局基本一致，除了2080s的高排放情景下（RCP8.5），滑雪季节长度少于59d的滑雪场数量迅速增加。结合山脉分布，可知中国滑雪场的滑雪季节长度分界线为长白山—阴山—祁连山—天山。即使在未来气候变化影响下，该线北部的滑雪季节长

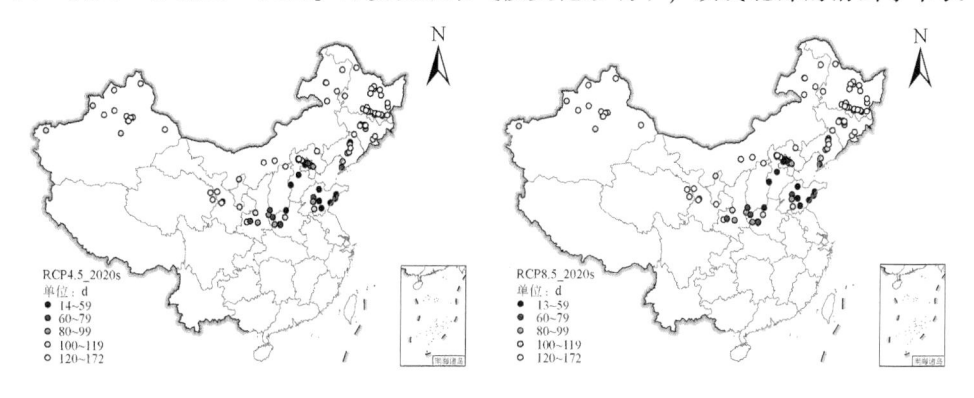

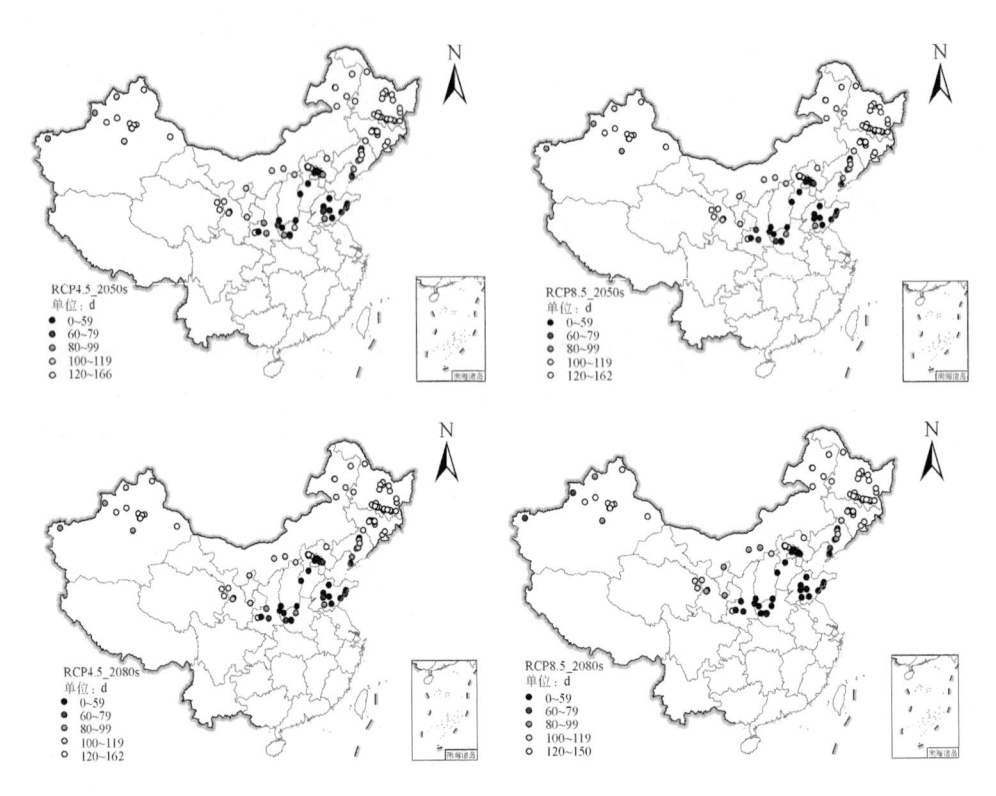

图 4-4　气候变化对中国主要室外滑雪场滑雪季节长度的潜在影响

度即使在气候变化背景下均能维持在 120d 以上，而该线南部的滑雪季节长度小于 120d，且大部分低于 100d。

图 4-5 和图 4-6 为中国主要省份的滑雪季节长度在 RCP4.5 和 RCP8.5 排放情景下的变化情况。可以看出不同时期和不同排放情景下，中国主要省份的滑雪季节长度均呈现减少趋势，但变化的空间差异较大。

根据表 4-6，在 RCP4.5 排放情景下，北京、河南、山东的滑雪天数减少较多，在 2020s 分别减少 14d、16d 和 13d，而在 2080s 减少天数均超过 50d，导致该时期滑雪季节长度将少于 20d。气候变化对天津、陕西、山西、辽宁、甘肃、河北、宁夏的影响相对较小，在 2020s 滑雪天数的减少均小于 10d，但在 2080s，滑雪天数迅速减少，减少天数为 17d（甘肃）～42d（山西）。黑龙江、吉林、青海、新疆、内蒙古的滑雪季节长度气候变化影响最小，即使在 2080s，滑雪季减少天数也少于 15d，滑雪季节长度仍可保持在 100d 以上。

第4章 | 气候变化对中国室外滑雪场供给的潜在影响

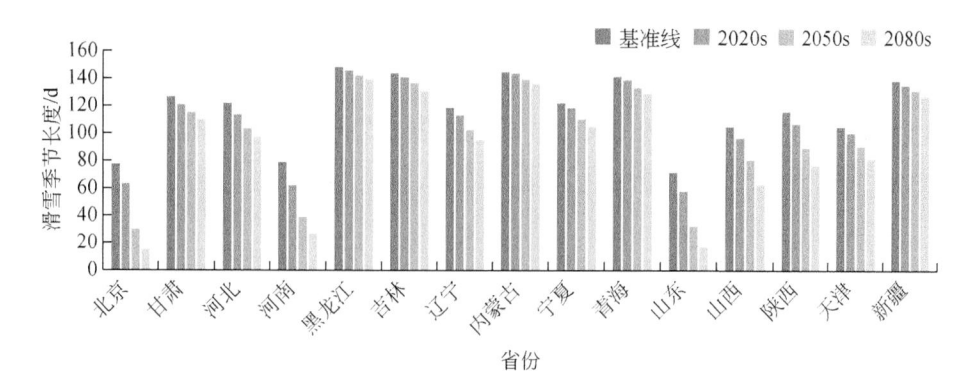

图 4-5 气候变化对中国主要省份室外滑雪场滑雪季节长度的潜在影响（RCP4.5）

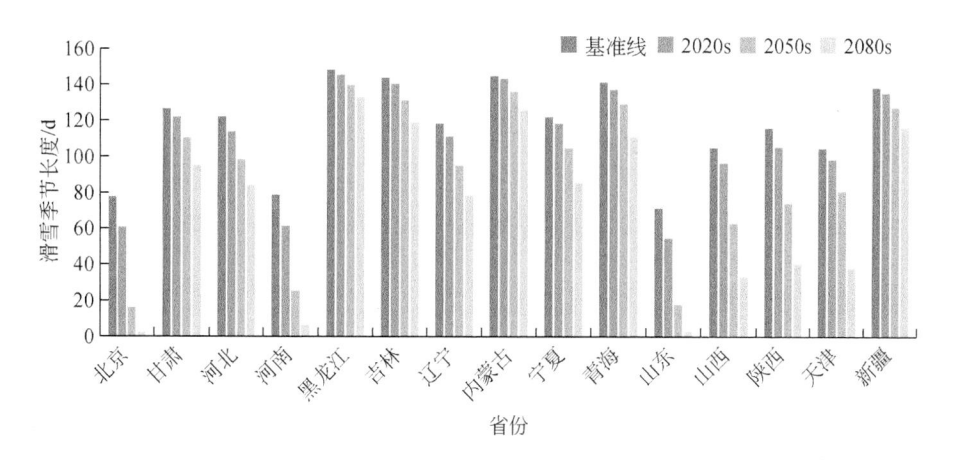

图 4-6 气候变化对中国主要省份室外滑雪场滑雪季节长度的潜在影响（RCP8.5）

表 4-6 中国主要省份滑雪季节长度变化情况

区域	省份	RCP 4.5						RCP 8.5					
		2020s		2050s		2080s		2020s		2050s		2080s	
		减少比例/%	减少天数/d	减少比例/%	减少天数/d	减少比例/%	减少天数/d	减少比例/%	减少天数/d	减少比例/%	减少天数/d	减少比例/%	减少天数/d
华北	北京	-19	-14	-61	-48	-80	-63	-22	-17	-79	-62	-97	-75
	山西	-8	-8	-23	-24	-40	-42	-8	-8	-40	-42	-68	-72
	天津	-5	-5	-14	-14	-22	-23	-6	-6	-23	-24	-64	-67
	内蒙古	-1	-1	-4	-6	-6	-9	-1	-2	-6	-9	-13	-19
	河北	-7	-9	-15	-19	-20	-25	-7	-8	-19	-24	-31	-38

续表

区域	省份	RCP 4.5						RCP 8.5					
		2020s		2050s		2080s		2020s		2050s		2080s	
		减少比例/%	减少天数/d	减少比例/%	减少天数/d	减少比例/%	减少天数/d	减少比例/%	减少天数/d	减少比例/%	减少天数/d	减少比例/%	减少天数/d
西北	新疆	-2	-2	-5	-7	-7	-10	-2	-3	-8	-10	-16	-22
	甘肃	-5	-6	-9	-12	-13	-17	-4	-5	-13	-17	-25	-32
	宁夏	-3	-4	-10	-12	-14	-17	-3	-4	-14	-17	-30	-36
	青海	-1	-2	-5	-8	-8	-12	-3	-4	-8	-12	-21	-30
	陕西	-8	-9	-23	-26	-34	-39	-9	-10	-36	-42	-65	-76
东北	黑龙江	-1	-2	-4	-5	-5	-8	-2	-2	-6	-8	-10	-15
	吉林	-2	-3	-5	-7	-9	-13	-2	-4	-9	-13	-17	-25
	辽宁	-4	-5	-13	-15	-19	-23	-6	-7	-19	-23	-33	-40
华东	山东	-18	-13	-54	-38	-76	-54	-23	-16	-75	-53	-95	-68
华中	河南	-21	-16	-51	-40	-66	-52	-22	-17	-68	-53	-92	-73

在RCP8.5排放情景下，气候变化对中国主要省份滑雪季节长度的影响格局与RCP4.5情景较为一致，但影响程度明显增加。在高排放情景下（RCP8.5），北京、山东的滑雪季节天数在2050s将少于20d。此外，除了黑龙江以外，所有省份的滑雪季的减少天数在2080s均大于20d。

根据滑雪天数的减少比例，采用ArcGIS的自然断点法，识别中国主要省份滑雪季节长度的相对变化情况。根据图4-7可知，在所有时期（2020s、2050s、2080s）和温室气体排放情景下（RCP4.5、RCP8.5），滑雪季节长度减少比例高的省份均是北京、山东、河南；其次为山西和陕西；减少比例小的省份为新疆、

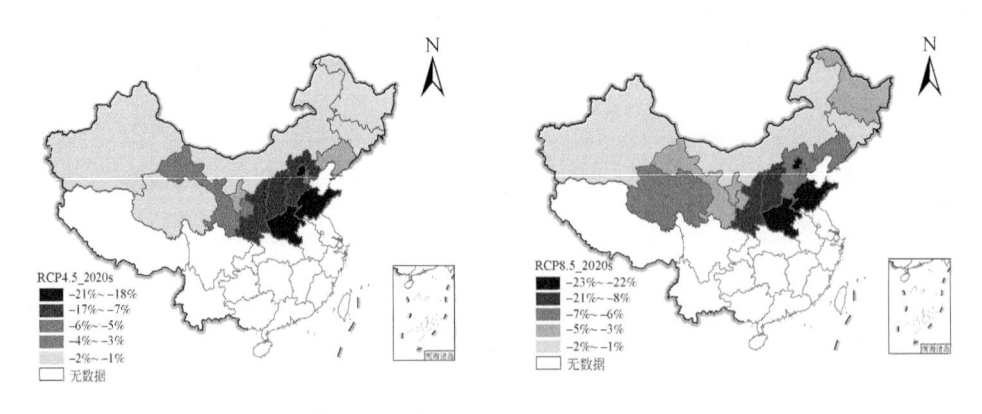

第 4 章 | 气候变化对中国室外滑雪场供给的潜在影响

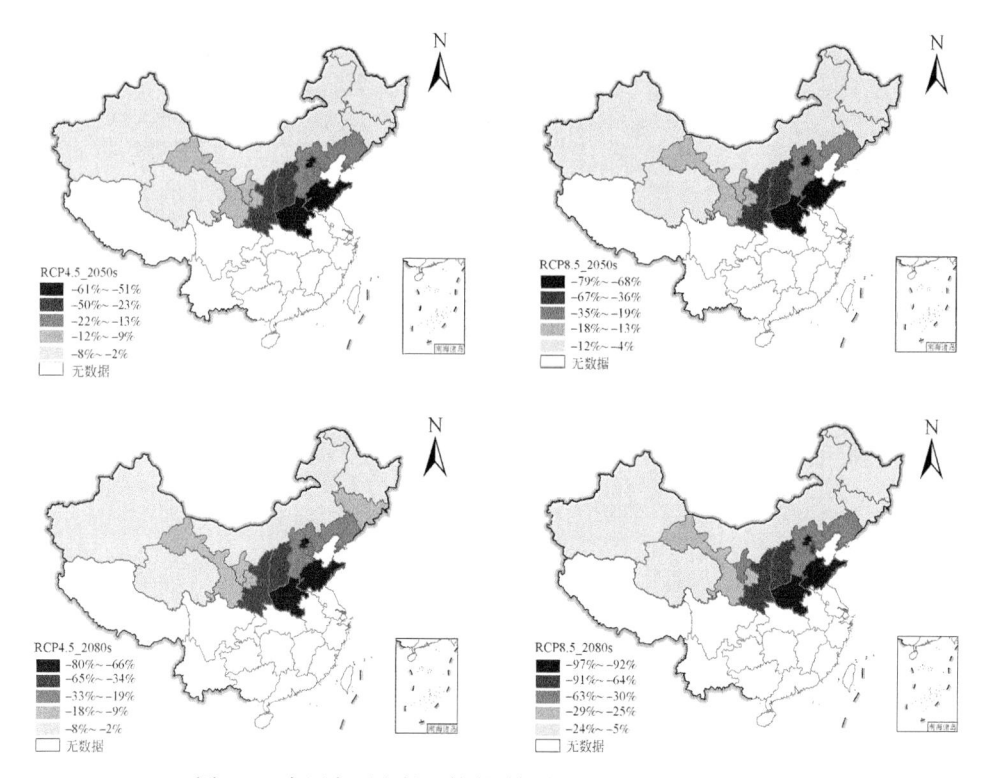

图 4-7 中国主要省份室外滑雪场滑雪季节长度的减少比例

内蒙古、吉林、黑龙江等。在大部分情景下，甘肃和青海滑雪季节长度减少比例较小，而天津、河北和辽宁的减少比例处于中等水平。

4.2.2.2 滑雪季节不同时段长度

由于滑雪季节不同时段对滑雪者的吸引力大小不同，本章在测度气候变化对滑雪季节长度影响的基础上，进一步分析气候变化对滑雪季节不同时段的影响，以更好揭示气候变化对滑雪旅游经济效益的影响。

根据搜集到的各个滑雪场试营业公告及停业公告确定中国滑雪季节现有长度，并结合中国的假期制度，将中国滑雪季节划分为五个时段：①试营业期：11月1日至12月19日；②初期：12月20日至次年1月23日；③寒假：1月24日至2月23日；④中后期：2月24日至3月20日；⑤结束期：3月21日至4月30日。需要指出的是，由于少量优质滑雪场的滑雪季节较长，本章将滑雪季节结束时期定于4月底，但大部分滑雪场的滑雪季节结束于3月中下旬。

图4-8阐明了滑雪季节五个时段在气候变化背景下可滑雪天数的减少情况。一般而言，减少的滑雪天数主要发生在试营业期和结束期，而滑雪旅游旺季——寒假，由于前期充足的人工造雪和低温，应对气候变化的能力更强，受气候变化的影响较小。同时，敏感度高区域的可滑雪天数在初期和中后期亦将出现明显减少，如北京、天津、山东、河南、陕西、山西等。

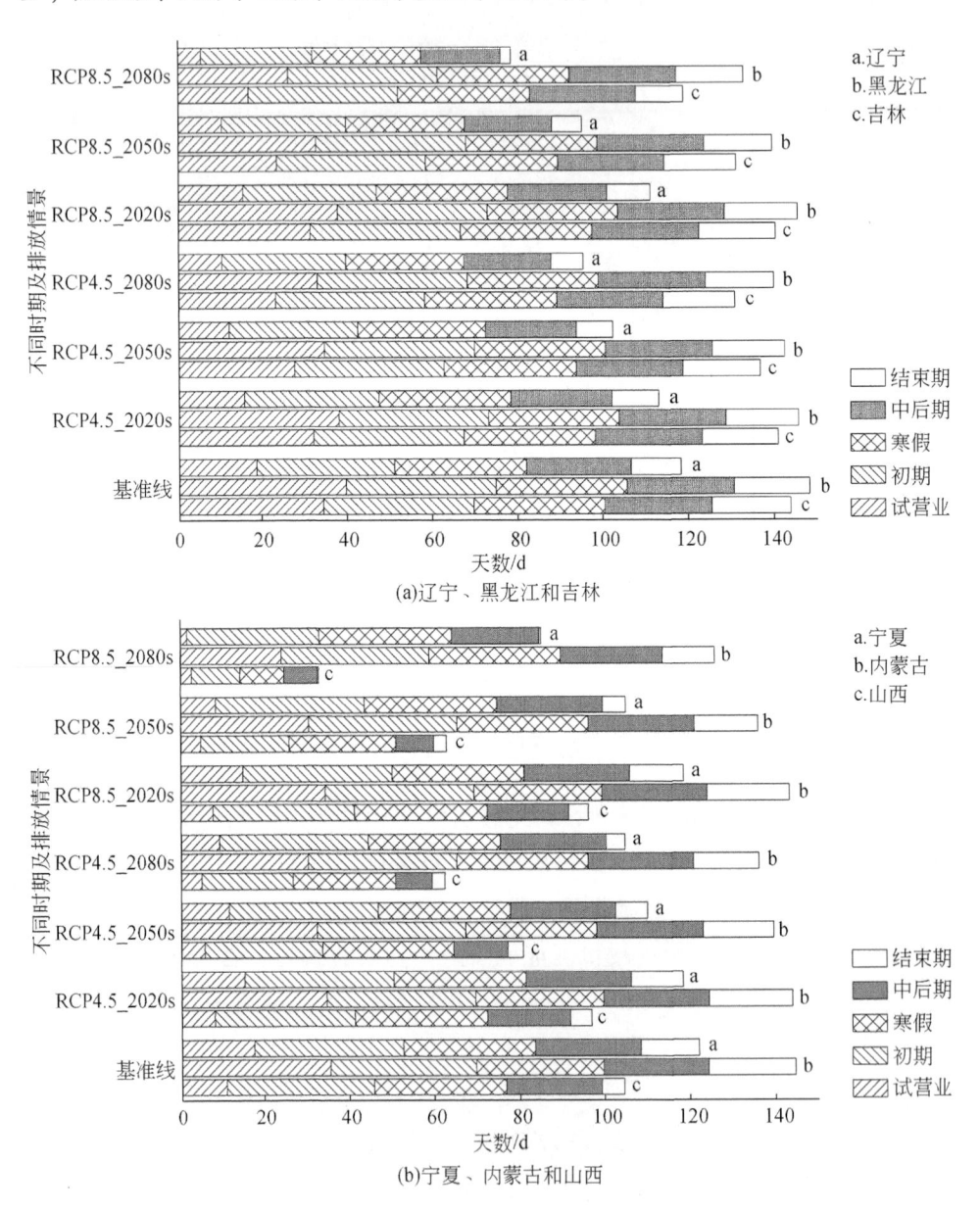

(a) 辽宁、黑龙江和吉林

(b) 宁夏、内蒙古和山西

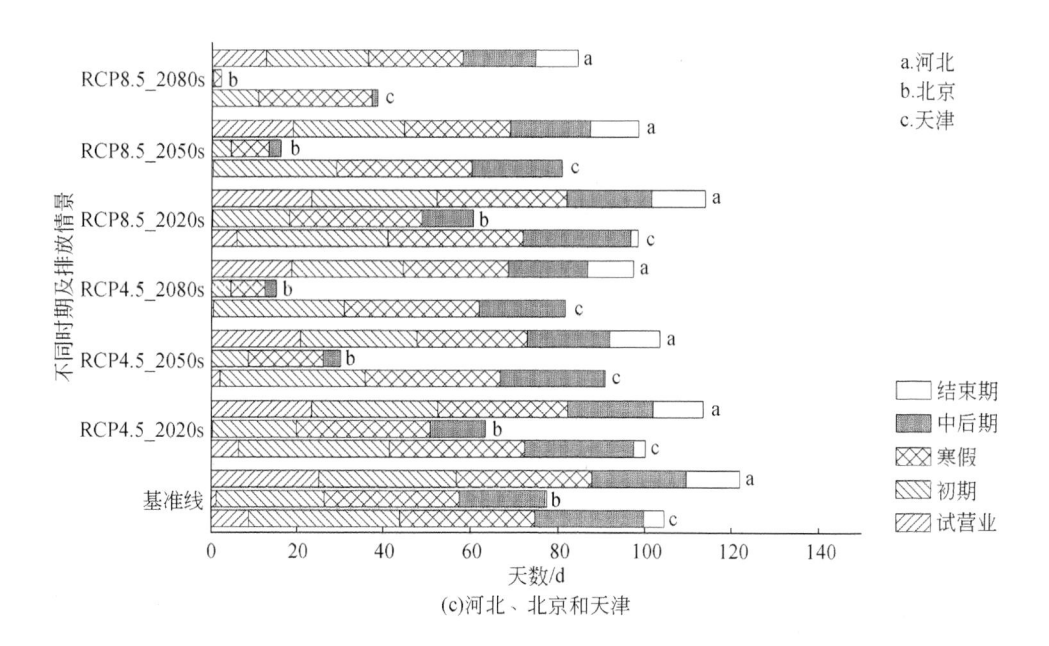

第4章 | 气候变化对中国室外滑雪场供给的潜在影响

(c) 河北、北京和天津

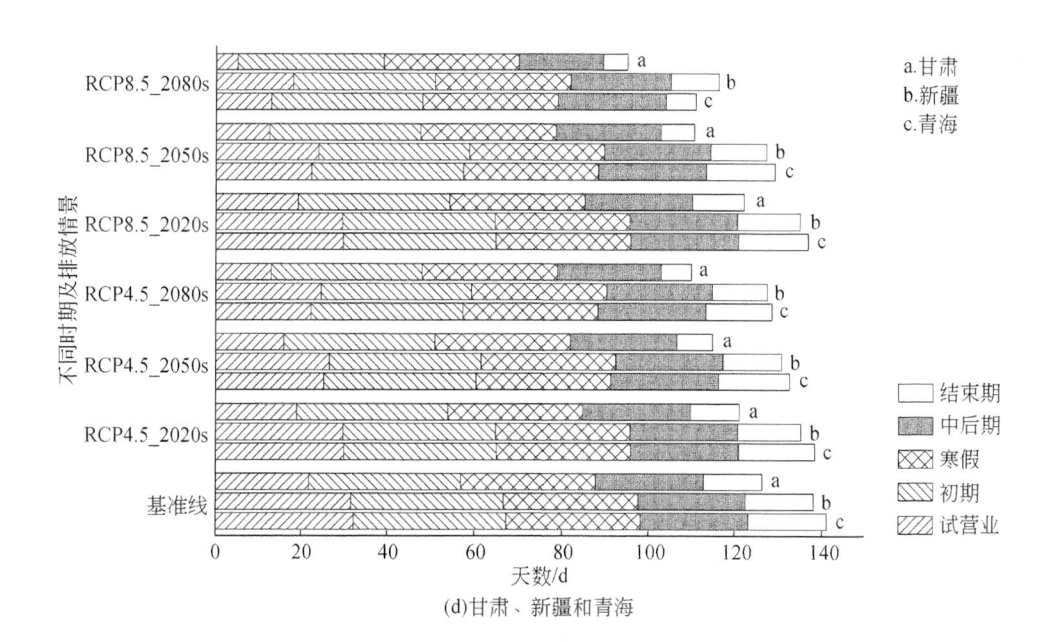

(d) 甘肃、新疆和青海

(e)山东、陕西和河南

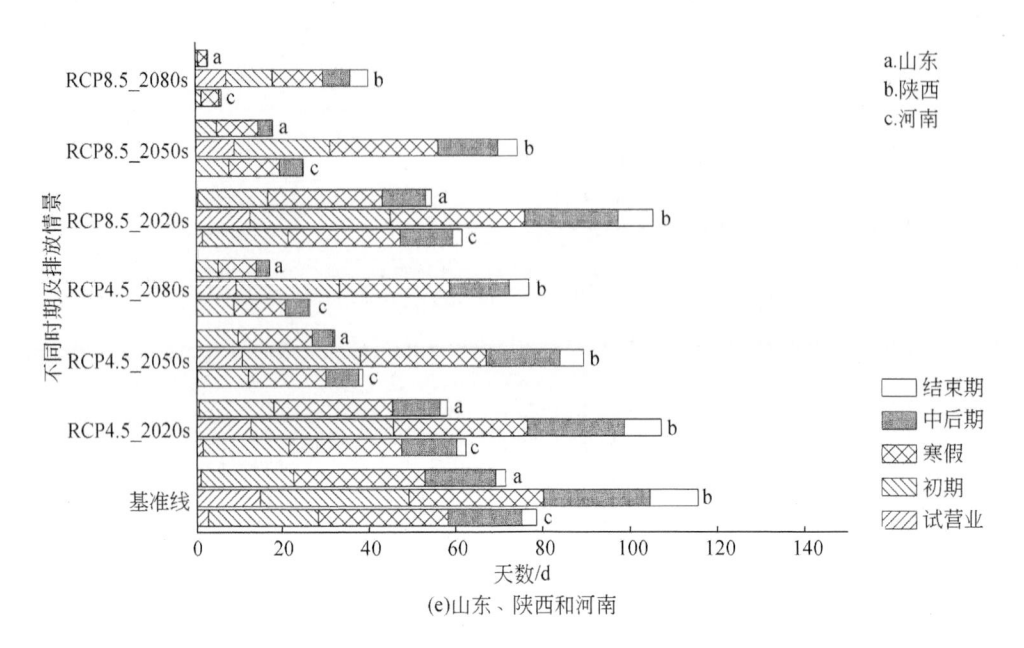

图 4-8 气候变化对中国主要省份室外滑雪场滑雪季节不同时段的潜在影响

4.2.3 室外滑雪场对未来气候变化的敏感性

4.2.3.1 模拟结果

敏感性是指系统对气候变化的响应程度/敏感程度，这种响应可能是有害的，也可能是有益的（李克让和陈育峰，1996）。滑雪场对气候变化的敏感性是指滑雪场在气候变化背景下的敏感程度，用滑雪季节长度、人工造雪能力和人工造雪需求量的变化率总和来评估。气候变化造成滑雪季节长度减少、人工造雪能力下降及人工造雪需求量增加的比率越大，说明滑雪场的气候敏感性越高；反之，则敏感性越低。

为较好识别不同省份滑雪场对气候变化的相对敏感程度，敏感性等级划分根据具体变化率制定，主要规则为：①变化率总和≥0，设定为不敏感区；②变化率总和<0，设定为敏感区，并根据该类的最大值和最小值，采用相等间隔划分为四个等级，即极度敏感区、高度敏感区、中度敏感区、轻度敏感区。中国主要省

份滑雪场滑雪旅游供给变化比例情况见表4-7，利用ArcGIS软件生成中国主要滑雪旅游目的地的气候敏感性等级分布图。

表4-7 中国主要省份室外滑雪场滑雪供给变化比例　　　（单位:%）

区域	省份	RCP4.5 2020s	RCP4.5 2050s	RCP4.5 2080s	RCP8.5 2020s	RCP8.5 2050s	RCP8.5 2080s
华北	北京	-49.67	-141.04	-191.98	-56.97	-187.36	-293.29
华北	山西	-22.17	-71.59	-120.77	-22.10	-115.88	-228.55
华北	天津	-15.67	-46.39	-72.30	-20.04	-72.75	-217.04
华北	内蒙古	-6.73	-26.81	-36.73	-6.62	-38.95	-80.47
华北	河北	-16.70	-47.37	-69.10	-18.18	-63.61	-126.55
东北	黑龙江	0.67	7.45	3.32	0.53	4.81	14.87
东北	吉林	-3.49	-0.15	-12.80	-3.95	-12.85	-89.18
东北	辽宁	-11.73	-46.24	-72.96	-18.96	-74.20	-161.85
西北	新疆	-9.46	-14.94	-31.69	-8.92	-28.64	-78.47
西北	甘肃	-16.63	-41.05	-64.48	-13.60	-59.94	-125.47
西北	宁夏	-10.33	-45.12	-69.68	-10.04	-64.74	-149.62
西北	青海	1.10	-7.87	-19.61	-10.08	-18.26	-127.37
西北	陕西	-30.04	-80.80	-124.70	-32.82	-124.83	-251.21
华东	山东	-45.04	-128.78	-183.49	-54.94	-179.82	-287.38
华中	河南	-50.62	-123.26	-172.05	-53.96	-172.04	-287.21

由图4-9可知，中国滑雪场在气候变化背景下的敏感性存在明显的空间差异，大部分省份滑雪场对气候变化呈现较高的敏感性。其中，北京、山东、河南在所有时期（2020s、2050s、2080s）和温室气体排放情景下（RCP4.5、RCP8.5）均为极度敏感区。同时，主要属于高度敏感区的陕西和山西在2080s的RCP8.5排放情景下变为极度敏感区，表明这些省份未来滑雪季节长度减少比例大、人工造雪能力下降幅度大、人工造雪求量增加比例高。气候变化的中度敏感区主要为甘肃、宁夏、河北、天津，而新疆、青海、内蒙古和吉林为气候变化的轻度敏感区（2080s的RCP8.5排放情景除外）。需要指出的是，青海仅在2020s的RCP4.5排放情景下为不敏感区，而黑龙江在所有时期（2020s、2050s、2080s）和排放情景下（RCP4.5、RCP8.5）均为不敏感区。

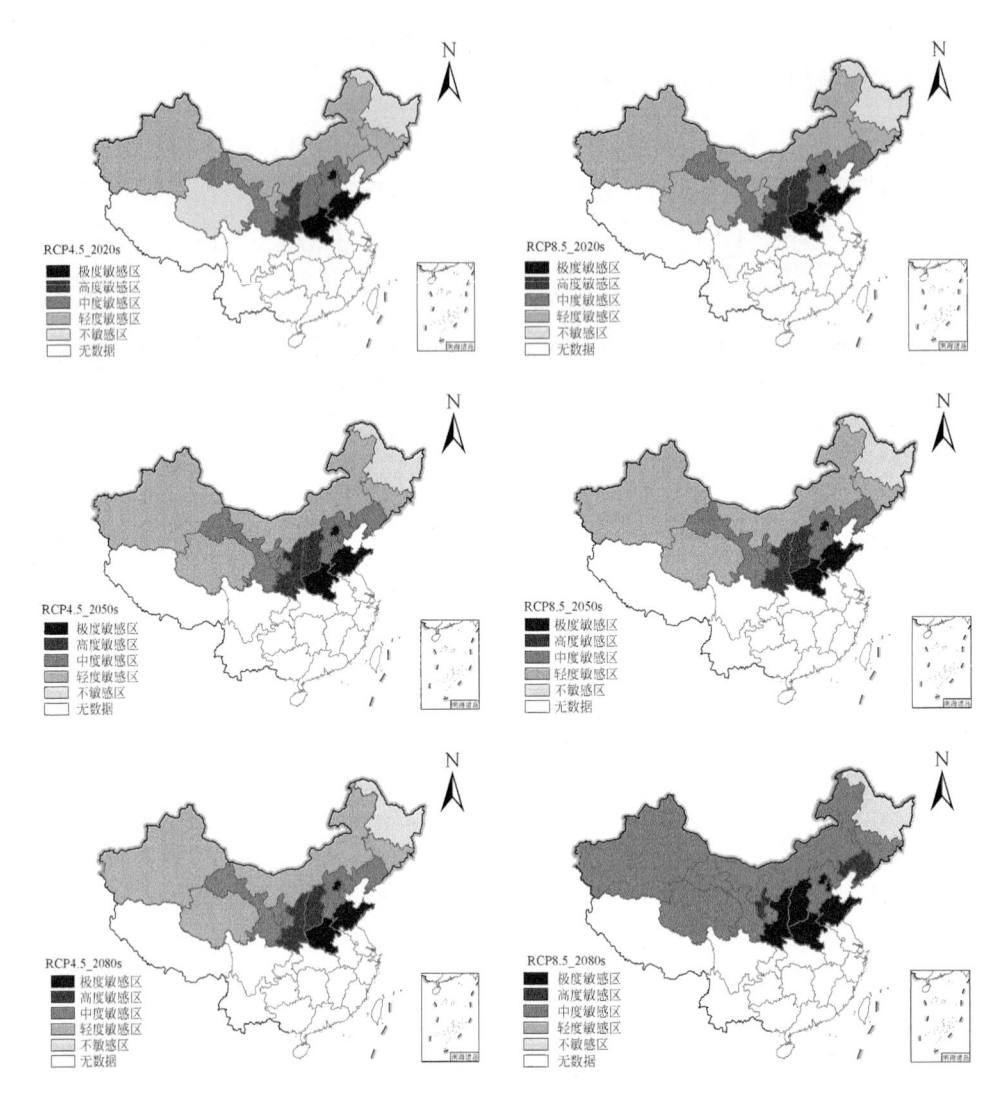

图 4-9 中国主要滑雪旅游目的地对未来气候变化的敏感性

总体而言，各个时期和不同排放情景下的滑雪场的气候敏感性分布格局较为一致。然而，2080s RCP8.5 高排放情景下滑雪场的气候敏感性区域明显扩大，轻度敏感区减少为零，而中度和极度敏感区扩大明显。如新疆、青海、内蒙古和吉林滑雪场的气候敏感性由轻度敏感变为中度敏感；陕西和山西滑雪场的气候敏感性由高度敏感变为极度敏感。此外，本研究模拟的结果与基于回归模型预测的气候变化对中国室外滑雪场滑雪季节长度的研究较为一致（Fang et al., 2024），且与 Deng 等（2023）研究结果相似，即中国东部、中部滑雪场的气候风险大、而西北部和东北部滑雪场气候风险小。

综上可知，未来气候变暖将对中国大部分省份的滑雪场造成较大影响，尤其是滑雪需求旺盛的华北和华东区域，这可能导致滑雪旅游供需矛盾更加突出。因此，制定应对气候变化的有效措施是中国滑雪旅游可持续发展的必要途径。

4.2.3.2 国际比较

由于国外相关研究主要评估指标为滑雪季节长度，且本章发现中国滑雪场的气候敏感度与滑雪季节长度的变化比例的空间格局较为一致，因此采用滑雪季节长度的变化比例这个指标将中国主要滑雪旅游目的地的气候敏感性与国外进行比较。

表 4-8 为加拿大和美国东北部主要滑雪旅游目的地的滑雪季节长度变化情况（Scott et al.，2020）。将其与中国的滑雪季节长度变化程度（表 4-6）对比可知，中国滑雪旅游目的地的气候敏感性的区域差异远大于国外主要滑雪旅游目的地。具体而言，东北和西北区域的气候敏感度远远低于国外主要滑雪旅游目的地，尤其是黑龙江、吉林、新疆、青海等省份，而华中和华东区域的气候敏感性远远高于国外主要滑雪旅游目的地。

表 4-8 国外滑雪旅游目的地滑雪季节长度变化情况

国家	州/省	基准线/d	2050s RCP4.5/d（增加率/%）	2050s RCP8.5/d（增加率/%）	2080s RCP4.5/d（增加率/%）	2080s RCP8.5/d（增加率/%）
加拿大	魁北克	137	121（-12）	116（-15）	119（-13）	106（-22）
	安大略	117	102（-12）	93（-21）	96（-18）	46（-60）
美国东北部	佛蒙特	127	115（-9）	111（-13）	113（-11）	96（-24）
	新罕布什尔	125	112（-10）	106（-15）	108（-13）	80（-36）
	缅因	127	112（-12）	107（-16）	109（-14）	86（-32）
	纽约	118	100（-15）	85（-28）	91（-23）	55（-54）
	康涅狄格	110	89（-19）	73（-34）	81（-27）	15（-87）
	马萨诸塞	111	93（-16）	82（-26）	87（-22）	38（-66）
	罗德岛	70	10（-86）	2（-97）	3（-96）	0（-100）

4.3 本章小结

本章对 SkiSim 2.0 模型进行改进，通过历史观测气候数据（1981~2010年）及 CMIP5 全球气候模式模拟数据，评估不同时期（2020s、2050s、2080s）和排放情景下（RCP4.5、RCP8.5）气候变化对中国主要室外滑雪场的潜在影响，主要结论如下。

1）气候变化对中国所有区域的室外滑雪场均存在影响，但区域差异巨大。北京、山东、河南为气候变化的极度敏感区；陕西和山西为气候变化的高度敏感区；气候变化的中度敏感区主要为甘肃、宁夏、河北、天津；新疆、青海、内蒙古和吉林为气候变化的轻度敏感区；仅有黑龙江为不敏感区。

2）气候变化对中国所有区域室外滑雪场的滑雪季节长度、人工造雪需求量均造成负面影响，即滑雪季节长度在未来气候变化情景下将逐渐缩短，且人工造雪需求量将不断增加。滑雪季节长度减少比例最高的省份为北京、山东、河南；减少比例最少的省份为新疆、内蒙古、吉林、黑龙江。然而，在高排放情景下（RCP8.5），西北和东北的滑雪场人工需求量增长比例略高于华东、华中、华北区域。

3）气候变化对中国不同区域滑雪场的人工造雪能力所带来的影响存在本质差别，既有正面影响也有负面影响。其中西北和东北地区的人工造雪能力将有不同程度的提升，而北京、河南、山东、山西和陕西的人工造雪能力将大幅下降。

4）气候变化主要影响试营业期和结束期两个时段，滑雪旅游的旺季——寒假时段受气候变化影响较小。同时，气候敏感性高的滑雪旅游目的地的滑雪天数在初期和中后期时段亦将出现明显的减少，如北京、天津、山东、河南、陕西、山西等。

5）中国滑雪场滑雪季节长度分界线为长白山—阴山—祁连山—天山。即使在未来气候变化影响下，该线北部的滑雪季节长度均大于120d，而该线南部的滑雪季节长度小于120d，且大部分低于100d。

6）与国外主要滑雪旅游目的地相比，中国室外滑雪场对气候变化敏感的区域差异更大。其中东北和西北地区的气候敏感性远远低于国外主要滑雪旅游目的地，而华中和华东地区的气候敏感性远远高于国外主要滑雪旅游目的地，华北地区的气候敏感性与国外主要滑雪旅游目的地的较为接近（北京除外）。

第 5 章　气候变化对中国室外滑雪场需求的潜在影响

随着2022年北京冬奥会的成功申办及举办，中国滑雪产业发展迅速，滑雪旅游也逐渐受到大众的关注和喜爱（张毅，2013）。但是，在未来气候变化的影响下，中国这个新兴滑雪需求市场（滑雪者和潜在滑雪者）是否更加脆弱有待考证。同时，公众感知是理解人文响应行动的重要基础（Bord et al.，1998；Wardekker et al.，2009），它为探明滑雪者在气候变化背景下的决策提供了一个新的视角。相关研究表明，感知对气候变化背景下的旅游决策起着重要作用，代表相关信息处理的核心阶段（Gössling et al.，2012），且已有学者指出感知对于气候变化背景下滑雪者决策的重要性（Moreno and Becken，2009；Nawjin and Peeters，2010）。然而，气候变化感知是如何影响滑雪者决策、影响程度是多少等问题均未得到阐述。此外，现有研究也忽视了气候变化对潜在滑雪者的影响。

鉴于此，本章基于感知视角，通过问卷调查和探究中国滑雪者和潜在滑雪者在气候变化背景下的决策，并利用多变量回归模型明确影响其滑雪决策的因素，旨在为滑雪需求侧发力构建双循环背景下应对气候变化与滑雪产业高质量发展之路提供科学依据。

5.1　概念界定和测度指标

5.1.1　气候变化感知

5.1.1.1　概念

感知的原意为观察到的客观事物在大脑中的一种体现，即客观事物通过感官在人脑中的直接反应而获得有意义的印象。本章的"感知"为滑雪者对气候变化的感知，即滑雪者通过所有感官接收和解释气候变化信息的过程，包括感性的个人经验（Gossling et al., 2006），以及第三方提供的书面、音频信息等（Decrop, 2006; Tasci et al., 2007）。

5.1.1.2 影响因素

旅游者对气候变化的感知具有复杂性，从主观来看，影响因素主要包括旅游者的个人属性特征、旅游经验、参与程度、旅游动机等。具体而言，不同年龄段的旅游者对气候变化感知不同，如老年旅游者（60岁及以上）比年轻旅游者（18~24岁）对温度更为敏感（Gössling et al., 2012）。同时，不同旅游者在度假偏好和价值体系存在巨大差异（Gilg et al., 2005）。根据这些价值维度构建的信念体系和规范将会导致旅游行为的变化，或对于环境改变接受程度不同。由于旅游者个性及观念不同（如忠诚度），其对气候变化将做出不同的反应（Dawson et al., 2011）。旅游者旅行经验和专业程度也影响着其对气候变化的感知，专业滑雪者和初级滑雪者关于气候变化对滑雪旅游影响的风险认知和潜在行为反应存在类似的差异（Konig, 1998; Behringer et al., 2000; Dawson and Scott, 2010; Pickering et al., 2010）。此外，气候变化感知具有对比性：一方面，与脆弱性高的旅游目的地相比，旅游者对脆弱性相对较低的旅游目的地的气候变化影响感知较弱；另一方面，旅游市场的成熟程度也将影响旅游者的感知。例如，北美和欧洲的滑雪旅游已发展成熟，老一代滑雪者深刻体验了温度上升引起的自然积雪减少的情况，对气候变化感知更为敏感。

5.1.1.3 测度指标

如前所述，滑雪者关于气候变化的感知，既包括滑雪者通过个人体验/经历所获得的感知（Gossling et al., 2006; 周旗和郁耀闯, 2009），也包括通过第三方提供的书面、音频等渠道所获得的关于气候变化科学事实的感知（Decrop, 2006; Tasci et al., 2007; 王玉爽, 2015）。同时，滑雪者关于气候变化对滑雪旅游的影响后果判断将直接影响其决策行为（Pickering et al., 2010; Rutty et al., 2015）。

以上研究结论在对中国滑雪者/潜在滑雪者的深度访谈中得到印证。大多数访谈者表示其感知气候变化的渠道主要为个人体验/经历和书本、电视、网络等相关媒体，其中个人体验/经历是主要来源，而通过第三方提供的书面、音频等渠道起着巩固加强的作用。此外，滑雪决策是否改变及如何改变取决于气候变化对滑雪旅游的影响程度。

"和以前比，我个人感觉气候确实在发生了变化，比如感觉夏天更热，冬天的温度似乎更高了。记得小时候，我爸妈在家里张罗年夜饭的时候，我就在家门口和我哥一起玩着雪，很有年味的感觉。但现在回家过年，很少见到下雪。这些事情让我体会到了气候正在发生变化。同时，通过学习气候变化的知识让我更加理性、全面地看待气候变化。去年参观了美国某个博物馆，当时是个气候变化知识的专题展示，在那里我更加了解了气候变化，明确了气候发生的原因及可能的结果。其中有些结果还是蛮骇人听闻的，看完展览就感觉应对气候变化人人有责，所以现在出门我尽量少开车，多坐公共交通。"【访谈对象：滑雪者7】

"虽然大概知道气候变化对滑雪旅游可能造成哪些影响，但是以后气候变化的发展态势以及其对滑雪旅游到底造成多大影响，我不是很明确。所以你问我可能做出哪些决策，其实很难讲，因为要根据气候变化对滑雪旅游影响程度。如果影响很小，小到可以被忽视，那应该对我的滑雪决策没有任何影响，不改变决策，但若影响很大，我也不得不做出决策改变。"【访谈对象：滑雪者2】

因此，本章选择经验感知（Fang et al., 2024）、知识感知、后果感知这三个维度来分析滑雪者对气候变化的感知，各个维度的指标解释见表5-1，均采用5级李克特量表测量，详情见附录问卷。

5.1.2 滑雪动机

5.1.2.1 概念

动机是维持个体呈现某种行为的原动力，指个人因某种内在因素导致外显活动，并促进个体朝着某目标不断前进。根据认知评价理论（Deci and Ryan, 1980），内在动机/外在动机将引发个体行为，若个体参与活动是对活动本身感兴趣，则为内在动机；外在动机是指个体参与活动是外发性的，并不是出于对该项运动的兴趣，而是基于外在诱因，如社交等。

表 5-1 气候变化感知的测量维度和指标

测量维度	指标解释	参考文献
经验感知	与您的童年时期相比，您觉得近几年气温有怎样的变化？	Gossling et al.，2006；周旗和郁耀闯，2009；王玉爽，2015；洪娟，2015
	与您的童年时期相比，您觉得近几年降水有怎样的变化？	
	与您的童年时期相比，您觉得近几年降雪有怎样的变化？	
知识感知	科学研究表明，过去100年来地球平均气温上升0.74℃，中国平均气温升高0.5~0.8℃，预计未来气温仍将升高，您是否了解？	Decrop，2006；Tasci et al.，2007；王玉爽，2015
	科学研究表明，全球气候变暖对各国和各领域存在不同影响，但主要以不利影响为主，您是否了解？	
	气候变暖将有可能对自然降雪量、人工造雪量及滑雪体验造成影响，您是否了解？	
后果感知	气候变暖对滑雪体验是怎样的？	Pickering et al.，2010；Rutty et al.，2015
	气候变暖对滑雪场的影响是否致命？	
	气候变暖对滑雪场的影响是否能避免？	
	气候变暖对滑雪旅游影响后果是否能控制？	
	您是否了解气候变化对滑雪旅游的影响？	

5.1.2.2 测度指标

休闲运动参与动机主要与生活压力、人际关系、个人能力、生活杂务和情绪等相关（Iso-Ahola and Allen，1982），具体可分为五类：运动带给参与者的快乐、放松和兴奋的感觉；健康及身体锻炼的需求；在运动时获得友谊及实现社会交往；运动可以调整情绪，帮助舒压、发泄和放松；运动具有获得成就和自我实现的作用。

基于旅游动机和运动参与动机的相关文献（Iso-Ahola and Allen，1982；袁焰，2006；林志成，2011；孙东喜，2015），将滑雪旅游动机分为逃离/休闲、身体锻炼、冒险刺激、社交、社会认可、成就感等六个维度，包括19个测度指标（表5-2）。通过问卷数据，发现这19个测度指标能较好地贴合中国滑雪需求市场。本书的问卷设置为半结构型，允许滑雪者填写其认为除以上19个测度指标之外的其他滑雪旅游动机，然而滑雪者/潜在滑雪者填写的"比较闲""泄压""冒险""新奇"等动机均可纳入以上测度指标。

表5-2 滑雪旅游参与动机

滑雪旅游动机	测度指标	滑雪旅游动机	测度指标
逃离/休闲	暂时摆脱生活、工作压力	社交	与家人和朋友共度欢乐时光
	休闲娱乐		与其他滑雪者交流
	暂时从日常琐碎生活中抽离出来		会见及认识新的滑雪者
	欣赏自然风光	成就感	学习并提高滑雪技术
	亲近大自然		享受挑战自我的乐趣
社会认可	当别人知道您会滑雪时，您会产生优越感		实现自我价值
	乐意向他人展示您会滑雪		获得成就感
	您认为滑雪能给别人留下深刻的印象		获得尊重
冒险刺激	享受未知和冒险	身体锻炼	锻炼身体，提高身体素质
	喜欢滑雪运动的刺激		

5.1.3 滑雪参与度

5.1.3.1 概念

参与度是一个复杂的概念，涵盖承诺、依恋、态度和价值等多个维度（Rothschild，1984；Laurent and Kapferer，1985；McIntyre，1989；Havitz and Dimanche，1990；Dimanche et al.，1991；Havitz et al.，1994；Kyle et al.，2007）。

5.1.3.2 测度指标

Kyle等（2007）基于吸引力、中心性、社会联系、身份肯定和身份表达五个维度，构建参与度评测指标。吸引力衡量一项活动对个人的重要性，包括他们通过参与该活动所获得愉悦程度。中心性是指该活动在个人生活方式的中心地位，衡量个人生活与活动的持续联系程度（Wellman et al.，1982；McIntyre，

1989）。除了个人生活方式选择之外，社交网络已被证明可以激发持续参与行为，因此社会联系维度被涵盖在内（Kyle and Chick，2002；Kyle et al.，2007）。身份被认为可通过身份肯定证明自己的能力，同时通过身份表达提供他人了解自己的机会，在活动参与中发挥重要作用（Haggard and Williams，1992；Dimanche and Samdahl，1994）。

本书在现有研究成果的基础上，结合对中国滑雪者的访谈，最终选择吸引力、中心性、社会联系、身份肯定和身份表达作为滑雪者参与度的测量维度，包括8个测度指标（表5-3）。

表5-3 参与度测量维度和题项

维度	题项
吸引力	滑雪是您最享受的运动之一
	滑雪对您很重要
中心性	您的大部分生活是围绕着滑雪的
	滑雪在您的生活中扮演着非常重要的角色
社会联系	您乐意与您的朋友讨论滑雪
	您大部分朋友都是滑雪者
身份肯定	滑雪运动能让您真正地做自己
身份表达	您滑雪时所呈现的自己是您想展示给他人的样子

5.1.4 滑雪者忠诚度

提升消费者忠诚度对各个产品和服务行业具有重大意义。研究表明，忠诚的消费者会带来稳定的客源市场和高额的利润回报，而且客户会通过亲朋好友或其他人际关系网络对产品或服务品牌进行积极的口碑宣传，是一个非正式但十分有效的营销渠道（Shoemaker and Lewis，1999）。

Pritchard 和 Howard（1993）构建的心理承诺工具（psychological commitment instrument）可用以衡量旅游者对服务提供者的承诺，并以此测度忠诚度（Dimanche and Havitz，1995）。用量表衡量消费者购买行为以及对服务的态度，包括对改变的抵制程度、参与角色、选择意志、信息复杂度四个维度，优于仅仅测度重复购买的单维度量表（Jacoby and Chestnut，1978；Pritchard et al.，1999）。

个人对改变的抵制被认为是测度忠诚度的核心。与参与度的身份肯定维度类似，参与角色用以识别在特定服务提供者中的个人价值或自我形象。研究表明，偏好、个人价值观和自我形象之间的联系被认为可以加强对改变的抵制。选择意志是在没有约束的情况下自由决策的能力。当选择意志很高时，人们认为他们对自己的决定负有更多的个人责任（Salancik，1977）。忠诚度也被认为与信息复杂性有关，即个人对特定服务提供者的了解程度。例如，当个人对特定服务提供者了解程度增加并增强承诺时，他人说服其选择其他服务提供者是相对比较困难的。

本书在现有研究成果的基础上，结合对中国滑雪者的访谈，最终选择了对改变的抵制程度、参与角色、选择意志、信息复杂度作为滑雪者忠诚度的测量维度（表5-4）。

表 5-4　忠诚度测量维度和题项

维度	题项
对改变的抵制程度	您会始终在您常去的滑雪场滑雪
	若需更改常去的滑雪场，您会慎重考虑
参与角色	常去滑雪场的形象最能反映您的生活方式
	常去的滑雪场能体现您是谁
选择意志	您常去的滑雪场是您从多个滑雪场里自由确定的
	常去的滑雪场是由他人决定的
信息复杂度	您非常了解您常去的滑雪场

5.1.5　滑雪阻碍因素

现有旅游阻碍研究主要基于休闲阻碍理论，Crawford 和 Godbey（1987）对休闲制约进行了系统界定，指出诸多因素将影响个体的休闲活动偏好与参与。Jackson（1988）将制约定义为导致个体无法参与休闲活动的任何因素与原因。Henderson（1991）认为休闲制约是指影响个体参与休闲活动、参与程度及满意度的因素。

由于研究对象和旅游活动不同，学者对旅游阻碍进行了分类（表5-5）。从滑雪旅游研究来看，非滑雪者主要受个人内在制约限制，而滑雪者通常受时间、家庭或者经济因素的制约（Hudson and Gilbert，1998）。此外，在潜在滑雪者中，女性比男性在个人内在制约方面的感知更强（Gilbert and Hudson，2000）。

表5-5 滑雪旅游阻碍因素分类

分类	文献来源
外在（社会）阻碍；个人（内在）阻碍	Boothby et al., 1981
外部资源；时间因素；获准许的因素；社会因素；健康因素	McGuire, 1984
社会文化阻碍；生理阻碍	Jackson and Searle, 1985
个人内在阻碍；人际间的阻碍；结构性阻碍	Crawford and Godbey, 1987
中介性阻碍；前置性阻碍	Henderson et al., 1988
社会孤立因素；易达性因素；个人及费用因素；时间因素；设备因素	Jackson, 1993

从研究内容出发，将滑雪阻碍因素界定为导致潜在滑雪者未能参与滑雪旅游的各种因素。此外，基于Crawford等（1991）的休闲制约阶层模型与Gilbert和Hudson（2000）滑雪活动制约模型，将潜在滑雪者的阻碍因素划分为三类：个人内在制约、结构性制约、人际制约，包括27项阻碍因素（表5-6）。

表5-6 滑雪旅游阻碍因素分类

项目	个人内在制约	结构性制约	人际制约
阻碍因素	对滑雪运动完全不感兴趣	滑雪装备和服装太贵	伴侣对滑雪不感兴趣
	害怕受伤	缺少花费少、全包的滑雪旅游产品	找不到合适的人一起滑雪
	滑雪比其他运动更难掌握	雪道过于拥挤	滑雪是一项精英/贵族运动
	身体状况不允许	购买/租赁滑雪装备过于麻烦	朋友/家庭成员没有足够的可自由支配收入
	不喜欢寒冷	居住地附近没有合适的滑雪场	朋友/家庭成员没有足够的闲暇时间
	害怕乘坐缆车	适合滑雪的天气较少	朋友/家庭成员不带自己参与滑雪
	恐高	热衷于其他休闲娱乐活动	害怕在朋友/家庭成员面前出丑
	滑雪运动过于危险	预期花费过高	部分家庭成员年龄太小
	担心年龄太大无法掌握滑雪技能	没有足够的可自由支配收入	—
	—	没有足够的闲暇时间	

5.2 研究假设和模型构建

5.2.1 研究假设

(1) 滑雪者气候变化感知对其滑雪决策的影响假设

行为地理学认为,人类通常在环境感知基础上产生内在及外在行为,即感知环境是人类进行决策行为的主要依据(Walmsley et al., 1988)。旅游决策作为一个受多因素影响的、关联性很强的决策行为过程,其主要因素为感知环境、最大效益原则和旅游偏好(保继刚和楚义芳,2005)。研究表明,旅游者气候变化感知是环境感知的重要一环,与个人经历的气候条件相关(Shih et al., 2009),对反应和决策起着重要作用(Gössling et al., 2012)。从滑雪旅游来看,自然降雪变化将影响滑雪者对气候变化的感知,从而影响其滑雪决策(Pickering et al., 2010;Rutty et al., 2015)。由此可以提出以下假设:

H1:滑雪者气候变化感知对其滑雪决策具有显著影响。

(2) 滑雪者滑雪动机对其参与度、忠诚度、气候变化感知及滑雪决策的影响假设

旅游动机作为促使人们进行某一旅游活动的驱动力,导致认知、情感和行为的产生(Vallerand and Losier, 1999;Alexandris et al., 2002),对旅游决策、旅游行为、旅游满意度和忠诚度存在重要影响(张宏梅和陆林,2005)。研究表明,滑雪动机通过缓解约束效应对参与行为产生直接和间接的影响(Alexandris et al., 2007),并与活动依恋以及未来滑雪意向存在显著的正相关(Alexandris et al., 2011)。由此可以提出以下假设:

H2:滑雪者滑雪动机对其滑雪决策具有显著影响。

H3:滑雪者滑雪动机对其参与度具有显著影响。

H4:滑雪者滑雪动机对其忠诚度具有显著影响。

由于不同的旅游动机受气候变化的影响程度不同,因此不同旅游动机的旅游者对气候变化的感知程度存在差异(Gossling et al., 2007;Dearden and Manopawitr, 2010)。研究表明,滑雪动机对滑雪者气候变化感知存在直接影响(Konig, 1998;Behringer et al., 2000;Dawson and Scott, 2010;Pickering et al.,

2010），如提高滑雪技能的滑雪者与重视社交/休闲的滑雪者关于气候变化对滑雪旅游影响的风险认知可能存在不同。由此可以提出以下假设：

H5：滑雪者滑雪动机对其气候变化感知具有显著影响。

(3) 滑雪者参与度对其气候变化感知、滑雪决策的影响假设

参与度是一种不可观察或固有的兴趣状态，由特定的刺激和情境引起（Rothschild，1984），包括"持久"（反映持续的依恋水平）和"波动"（特定情境刺激下的依恋波动）两个要素（Houston，1978；Richins and Bloch，1986；Bloch et al.，1989；Havitz and Howard，1995）。参与度作为一个复杂的概念，涉及承诺、依恋、态度和价值等（Rothschild，1984；McIntyre，1989；Havitz and Dimanche，1990；Kyle et al.，2007）。周庚梅（2016）根据顾客参与理论指出，滑雪旅游参与度是指滑雪者基于个人特质，在从事滑雪旅游活动过程中，对滑雪旅游活动的认知情况、滑雪者自身所付出努力、对滑雪旅游活动相关信息搜索及与旅游服务人员互动沟通等一系列行为程度的总和。可见，参与度可通过认知、信息搜索及互动沟通等方式影响滑雪者的气候变化感知。由此可以提出以下假设：

H6：滑雪者参与度对其气候变化感知具有显著影响。

个人参与特定活动的差异会对参与者行为决策产生重要影响（Bloch et al.，1989；Havitz and Dimanche，1990）。从滑雪活动来看，滑雪者因气候变化做出的行为决策与其技能水平和参与程度直接相关（Bryan，1977）。研究表明，高参与度的滑雪者比低参与度的滑雪者在积雪状况较差的情况下更倾向改变滑雪行为（Dawson et al.，2011）。由此可以提出以下假设：

H7：滑雪者参与度对其滑雪决策具有显著影响。

(4) 滑雪者忠诚度对其气候变化感知、滑雪决策的影响假设

旅游者忠诚的概念源自顾客忠诚（Oliver，1999），是旅游者在一段时间内重复消费同一旅游产品的行为及意愿或对同一产品存在特殊偏好情感现象（粟路军和黄福才，2011）。Alexandris等（2006）通过实证研究指出滑雪者的忠诚度可从地方依恋角度测度，分为地方身份和地方依赖。研究表明，地方依恋对人的社会及环境感知存在重要影响（Kyle et al.，2004）。因此滑雪者忠诚度可能对气候变化感知产生影响。由此可以提出以下假设：

H8：滑雪者忠诚度对其气候变化感知具有显著影响。

影响旅游者忠诚度的因素众多，其中满意度、信任被视为其主要决定因素

(陆林等，2011)。研究表明，气候变化导致的较差自然积雪状况将降低滑雪者满意度，从而进一步影响滑雪者忠诚度，使得滑雪频次和滑雪场选择改变（Dawson et al.，2011）。由此可以提出以下假设：

H9：滑雪者忠诚度对其滑雪决策具有显著影响。

(5) 滑雪者参与度与忠诚度的关系假设

个人对某项活动的高参与度往往倾向有更强的心理承诺，对服务提供者或者活动地点的忠诚度更高（Gahwiler and Havitz，1998；Iwasaki and Havitz，2004）。通过对美国东北部的滑雪场调研，Dawson 等（2011）发现参与度对忠诚度的正向影响作用也存在于滑雪活动。同时，重复购买是顾客忠诚的重要衡量标准（Jacoby and Chestnut，1978；Pritchard et al.，1999），且购买频次与参与度直接相关。可见具备较高忠诚度的顾客，其参与度亦较高。由此可以提出以下假设：

H10：滑雪者忠诚度与参与度存在显著的相互作用关系。

5.2.2 模型构建

综上所述，滑雪者气候变化感知对其滑雪决策有显著影响。同时，滑雪动机、参与度、忠诚度等对滑雪者的气候变化感知、决策有重要影响。在厘清这些变量关系时，主要难点在于阐释这些因素之间的独立性、关联性，以及最终如何影响滑雪者决策。由于气候变化背景下滑雪者决策涉及因素众多，应明确评价结构以便探索各因素之间的层次和因果关系。基于前文分析，本章以相关理论为基础，构建滑雪者对气候变化感知与滑雪决策的模型（图 5-1）（因子之间的作用关系通过箭头方向表示）。

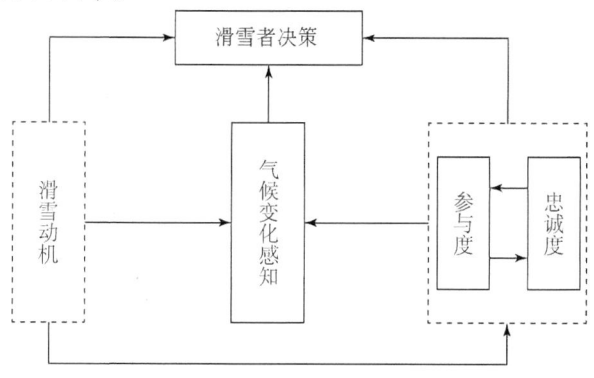

图 5-1 滑雪者气候变化感知和滑雪决策模型

结合潜在滑雪者的特点，关于潜在滑雪者气候变化感知和滑雪决策模型见图 5-2（因子之间的作用关系通过箭头方向表示）。该模型删除了参与度和忠诚度两个变量，主要原因在于潜在滑雪者并未参与过滑雪旅游，不存在真实可测的参与度和忠诚度。滑雪旅游阻碍因素是制约潜在滑雪者参与滑雪运动的重要原因。因此，该模型增加了滑雪旅游阻碍因素。

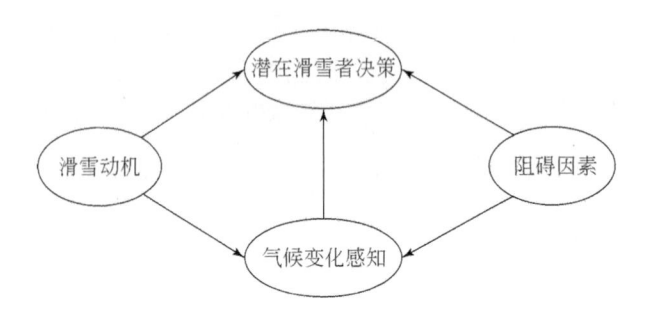

图 5-2　潜在滑雪者气候变化感知和滑雪决策模型

5.3　研究方法和数据来源

5.3.1　问卷调查法

问卷调查法是以实证主义为方法论的量化研究方法，主要通过问卷发放、回收及相关统计分析得出研究结果。该方法能较好地分析人们的特征、行为和态度等（袁方和王汉生，2004）。问卷调查方法的关键在于问卷的设计。问卷一般包括预调查问卷和正式问卷。其中，预调查问卷一般是在文献梳理基础上经过专家修正、增添和删减而来。通过小规模发放问卷，对其在信度和效度检验的基础上进一步修正为正式问卷，然后将正式问卷投入大规模的调查，进而在数据收集的基础上进行相关的统计分析和研究。

本章的研究群体为现有滑雪者和潜在滑雪者（即在非滑雪人口中愿意尝试滑雪运动的人群），问卷设置及发放详情如下所示。

5.3.1.1　问卷设置

滑雪者的调查问卷由三部分组成：①背景资料，主要明确被调查者基本人口统计特征；②滑雪习惯和行为特征，主要了解被调查者过往滑雪经历及消费特征；③核心问题，主要针对构建的滑雪者气候变化感知-滑雪决策模型，采用5级李克特量表测量滑雪旅游动机、滑雪者忠诚度和参与度、气候变化感知和滑雪决策。

关于潜在滑雪者的问卷，一方面删除滑雪习惯和行为特征部分内容，另一方面，针对构建的潜在滑雪者气候变化感知-滑雪决策模型，在核心问题部分删除滑雪者忠诚度和参与度，增加滑雪阻碍因素变量，采用5级李克特量表测量。

这两份问卷的设置充分考虑了中国滑雪旅游的发展阶段和特点，并大量吸收前人的研究成果，形成问卷初稿。随后，在北京进行数量为50份的小样本预调查，根据预调查数据对问卷的信度、效度以及观测指标设置的合理性进行分析，对初测问卷进行修订后形成了正式问卷。

5.3.1.2 抽样设计

本章研究对象为国内滑雪者和潜在滑雪者，其中潜在滑雪者为愿意尝试滑雪运动、但目前未参与该运动的人群。确定目标总体后，选择抽样方法。由于研究区涉及全国，在时间、人力和经费的成本上很难对目标总体进行实地的简单随机抽样。因此，根据实际情况和可行性考虑，本章采取滚雪球和方便抽样这两种非概率抽样方法。

根据滚雪球抽样程序，研究员将问卷发给对滑雪感兴趣的朋友和滑雪的朋友，然后由这些成员将问卷转发至其认识的其他滑雪者或非滑雪者。由于研究者的朋友遍布各行各业，分布在全国各地，因此可以通过这种抽样方式获得各行业和各地区的样本。同时，研究者也为一名滑雪者，在过往滑雪经历中认识来自不同区域的滑雪者。在目前中国滑雪人口比例较低的情况下，滚雪球抽样能较好地锁定滑雪者群体。由于滚雪球抽样是依靠圈子和人际网络，虽然能较好地找到特定的群体，但同时圈子内的被访者可能在年龄、职业等方面具有相似性。为了弥补滚雪球抽样可能产生的抽样偏差，本章使用方便抽样进行补充，即在不同区域的滑雪爱好者QQ群/微信群及与滑雪旅游无关的QQ群/微信群发放问卷。

5.3.1.3 数据收集

为更好地涵盖全国样本，本章利用互联网进行全国性大样本的收集。需要指出的是，网络发放问卷的方式可能难以涵盖老年群体。然而中国老年群体参与滑雪运动人群甚小，主要原因是滑雪运动的体能及技术要求较高，且中国滑雪文化欠缺，因此网络问卷发放方式导致的老年群体样本量偏低问题在本章中可被忽视。

由于网络问卷提前设定了问卷填写不完整便无法提交，所以回收的问卷不存在数据缺失的问题，因此本章主要根据三个标准来判定无效问卷：①规律性的填写或存在互相矛盾之处。②问卷填写时间长度过短。根据两份问卷题目数量，将滑雪者问卷的填写时间设定在2分钟及以上，潜在滑雪者问卷的填写时间设定在1分钟及以上。若填写时间短于这个设定，便作为无效问卷进行剔除。③针对潜在滑雪者问卷，设置的第一个问题是询问其是否愿意尝试滑雪运动，以便将不愿意尝试滑雪运动的问卷剔除，充分聚焦本章的研究对象——愿意尝试滑雪运动的非滑雪者。

5.3.2 访谈法

访谈法作为社会科学研究的重要调查方法之一，是一种有目的的、个别化的研究性交谈，通过研究者与被研究者口头谈话方式收集第一手资料（杨威，2001）。本章采用半开放型访谈，该类型访谈的优点在于：研究者既能较好地控制访谈结构，又允许受访者积极参与。本章通过对滑雪场经营者/管理者进行访谈，了解中国滑雪场实际运营情况，对SkiSim 2.0模型的相关参数进行调整。此外，对滑雪者和潜在滑雪者进行半结构访谈，首先询问被访者对气候变化的感知，然后询问气候变化对滑雪旅游是否存在影响，继而询问其可能做出相应滑雪决策的原因，若被访者无法提供更多的信息，访谈则结束。问题访谈顺序会根据被访者谈话内容进行相应调整，尽量引导被访者说出气候变化感知与滑雪决策之间的逻辑关系。

由于没有成熟的理论框架可以借鉴，本章采用软式阶梯访谈法分析气候变化感知——滑雪决策的机理。通过滚雪球抽样，对18位不同等级的滑雪者和12位不同年龄段的潜在滑雪者进行了半结构访谈，访谈时间为2018年12月至2019年2月。研究人员首先询问被访者对气候变化的感知，既包括气候变化知识的感知，也包括个人经历体验而获得的感知，然后询问气候变化对滑雪旅游是否存在影响，继而询问其可能做出相应滑雪决策及其原因，若被访者无法提供更多的信息，访谈则结束。访谈问题的顺序根据谈话内容做出相应调整，尽量引导被访者说出气候变化感知与滑雪决策之间的关系逻辑。滑雪者和潜在滑雪者分别从第14位和第10位访谈者开始趋近于理论饱和，即没有新的属性出现。

研究者在获得被访者同意后对访谈过程进行录音并逐字转录，每个访谈的时长为 25~50 分钟。为保证研究结果的真实性，本章对访谈进行过程控制。在访谈过程中，通过观察被访者的非语言行为判断其表达的内容是否真实；邀请被访者对其录音转译的信息进行确认以消除歧义。

5.3.3 多变量回归模型

5.3.3.1 滑雪者

由于滑雪者的滑雪决策受不同因素影响，本章采用多变量回归模型进行分析，主要原因是该模型能够有效控制其他相关因素，精准识别气候变化背景下不同因素对参与滑雪运动意向的影响程度。基于前文确立测度指标和收集的数据，针对滑雪者的多变量回归模型为

$$\text{ski\_decision}_i = \beta_0 + \sum_{i,j=1}^{3} \beta_j \times \text{perception}_{i,j} + \sum_{i,k=1}^{6} \gamma_k \times \text{motivation}_{i,k} + \sum_{i,n=1}^{5} \eta_n \times \text{participation}_{i,n} + \sum_{i,m=1}^{4} \rho_m \times \text{loyalty}_{i,m} + \text{controls} + \varepsilon_i \tag{5-1}$$

式中，ski_decision_i 表示滑雪者 i 在气候变化背景下滑雪决策意向，主要包括是否改变滑雪时间、是否改变滑雪地点、是否放弃滑雪，用一个虚拟变量代表每一个决策，如果会做出相应决策则取值为 1，否则取值为 0；$\text{perception}_{i,j}$ 表示滑雪者 i 的气候变化感知，其中 $j(j=1,2,3)$ 表示前述的三个气候变化感知因素（经验感知、知识感知、后果感知），将非常认同和认同赋值为 1，不确定、非常不认同、不认同赋值为 0；$\text{motivation}_{i,k}$ 表示滑雪者 i 参与滑雪运动的动机，其中 k（$k=1,\cdots,6$）分别代表前述的六类滑雪动机（逃离/休闲、身体锻炼、冒险刺激、社交、社会认可、成就感）；$\text{participation}_{i,n}$ 表示滑雪者 i 的参与度，其中 n（$n=1,\cdots,5$）分别代表衡量参与度的 5 个指标（吸引力、中心性、社会联系、身份肯定和身份表达）；$\text{loyalty}_{i,m}$ 表示滑雪者 i 的忠诚度，其中 m（$m=1,\cdots,4$）分别代表衡量忠诚度的 4 个指标（对改变的抵制程度、参与角色、选择意志、信息复杂度）；controls 包括受试者基本统计信息，包括性别、年龄、文化程度、月平均收入、区域等，以及滑雪者一年滑雪的次数和滑雪等级，每个控制变量的虚拟

变量数设置为类别数减1，如常住区域分为东北、华东、华北、华中、华南、西南、西北7个组别，该控制变量则设置为6个对应虚拟变量；$β_0$为常数项；$β$、$γ$、$η$、$ρ$分别代表对应因素的回归系数；$ε_i$代表随机扰动项。

5.3.3.2 潜在滑雪者

针对潜在滑雪者构建的多变量回归模型为

$$\text{ski\_decision}_i = β_0 + \sum_{i,j=1}^{3} β_j × \text{perception}_{i,j} + \sum_{i,k=1}^{6} γ_k × \text{motivation}_{i,k}$$
$$+ \sum_{i,n=1}^{3} θ_n × \text{deterrance}_{i,n} + \text{controls} + ε_i \quad (5-2)$$

式中，滑雪阻碍因素$\text{deterrance}_{i,n}$表示阻碍潜在滑雪者i参与滑雪运动的因素，$n=1,2,3$代表三类滑雪阻碍因素（即个人内在制约、人际间制约、结构性制约）；$θ$代表对应因素的回归系数。

5.3.4 结构方程模型

采用结构方程模型（structural equation model，SEM）明晰气候变化背景下气候变化感知对滑雪者和潜在滑雪者滑雪决策的影响机制。SEM将回归分析、路径分析和因子分析等功能融合，是一款能较好处理多变量复杂关系的建模工具。与传统的多元回归、主成分分析等方法相比，其能更好地分辨众多变量之间的内在逻辑关系（侯杰泰等，2004；吴明隆，2010）。数据分析及验证主要通过SPSS 21.0和AMOS 22.0软件完成。分析步骤和方法如下。

Cronbach α值信度检验。信度检验是为了表明问卷的可信程度，主要验证调查结果是否具有一致性、一贯性、再现性和稳定性。信度有内在信度和外在信度之分，其中内在信度是检验某一组评价项目是否具有内在一致性，以便明确其测量的是否为同一个概念。评价结果的可靠性取决于该组评价项目的一致性程度，一致性越高，评价项目越有意义。外在信度是指对相同的被调查者在不同时间进行重复调查，验证评价结果是否一致。在进行问卷的信度检验时，一般只考虑量表的内在信度（陈胜可，2010）。α信度系数法是最常用的信度检验方法，Cronbach α值（0~1）越大，问卷项目内部一致性可信度越高。通常认为Cronbach α>0.7，则量表具有较高的内在一致性，问卷可靠性较强。

正态性检验。检验数据是否服从正态分布是 SEM 分析的一个重要问题，涉及到分析方法选择及非正态数据处理等问题（王济川等，2011）。本章通过计算偏度值与峰度值来检验数据的正态性。

最大似然估计法。结构方程模型估计以最大似然估计法为基础，其具备五个重要性质：无偏估计、一致性、渐进有效性、渐近正态性、函数不受限于变量的测度尺度。然而，最大似然估计法适用于正态分布下的连续测量变量。若数据为非正态分布，最大似然估计法所得到的模型卡方值可能会增大，导致模型拒绝的可能性增大。因此，在处理非正态分布的数据时需进行相应调整才能使用最大似然估计法，如将变量的非正态分布转化为近似正态分布，去除数据中的异常值，使用自助法估计参数等（Shipley，2016）。

5.4 影响评估

5.4.1 气候变化对滑雪者需求的潜在影响

5.4.1.1 样本特征

（1）人口特征

滑雪者问卷回收 762 份，其中有效问卷 738 份，有效率为 96.85%。从表 5-7 的滑雪者人口特征来看，可以看出女性份额略高，占 52.57%；主流滑雪人群的年龄以 18~30 岁（53.66%）和 31~44 岁的中青年为主（32.92%），同时 65 岁及以上的样本缺失，主要原因在于：问卷采用网络发放方式，在一定程度可能无法涵盖老年群体；从体能需求和滑雪文化来看，中国老年群体参与滑雪运动人群甚小。国内滑雪者受教育程度较高，大专以上学历占 86.18%，其中硕士及以上学历为 34.55%；与学历分布相对应，被试者的收入水平与社会总水平相比偏高，月平均收入少于 5000 元的仅占 26.42%，而月平均收入在 5000~9999 元的和 10000 元及以上的比例接近，分别占 37.4% 和 36.18%；从常住地来看，涵盖了全国所有区域，表明具有全国的代表性。其中华北区域比例最高，占 57.32%，这与目前中国滑雪人次分布情况基本一致（2017 年华北地区滑雪人次位列全国第一，比例为 33.1%）。

表 5-7 中国滑雪者人口特征

项目		样本数/个	占比/%	项目		样本数/个	占比/%
性别	男	350	47.43	月平均收入	5000 元以下	195	26.42
	女	388	52.57		5000~9999 元	276	37.4
年龄	18 岁以下	3	0.41		10000~20000 元	183	24.8
	18~30 岁	396	53.66		20000 元以上	84	11.38
	31~44 岁	243	32.92	常居住地	西北	78	10.57
	45~64 岁	96	13.01		西南	21	2.85
	65 岁及以上	0	0		华南	39	5.28
文化程度	初中及以下	0	0		华中	33	4.47
	高中或中专	102	13.82		华北	423	57.32
	大专或本科	381	51.63		华东	84	11.38
	硕士及以上	255	34.55		东北	60	8.13

将调查样本的属性特征与《冰雪蓝皮书：中国滑雪产业发展报告（2017）》（孙承华等，2017）的滑雪者调研的各项指标相比（表5-8），除了初中及以下样本缺失，硕士及以上学历的比例偏高，女性占比略高于男性，其他指标差别不大，这说明关于低学历的

表 5-8 《中国滑雪产业发展报告》的中国滑雪者人口特征

项目		占比/%	项目		占比/%
性别	男	52	文化程度	初中及以下	13
	女	48		高中或中专	16
年龄	18 岁以下	3		大专或本科	50
	18~29 岁	44		硕士	19
	30~39 岁	41		博士	2
	40 岁及以上	12	常住地（前六）	北京	43
月平均收入	5000 元以下	30		黑龙江	13
	5000~9999 元	43		河北	10
	10000~14999 元	20		辽宁	6
	15000 元及以上	7		山东	5
				吉林	5

数据来源：孙承华等，2017。

分析结果可能被低估，但并不会影响整体的代表性。具体而言，初中及以下样本可分为两类，即成年人和未成年人，由于滑雪运动的参与者以高学历为主（孙承华等，2017），因此成年人中初中及以下样本的并不具有整体代表性，其样本的缺失不影响整体的分析结果；虽然孩子是影响旅游决策的关键，但其父母依旧是最终决策者。由于本书探讨气候变化背景下滑雪者决策的情况，因此未成年人中初中及以下样本（不是滑雪决策者）的缺失影响不大。此外，硕士及以上学历比例略高，符合滑雪运动的参与者以高学历为主的特征（孙承华等，2017）。虽然两个调查的男女占比不同，但差异不大。

总体而言，样本具有较好的代表性，体现了中国滑雪人群具有偏年轻化、收入较高、受教育程度偏高的特点。

（2）滑雪动机

滑雪者滑雪旅游动机主要可分为逃离/休闲、身体锻炼、冒险刺激、社交、社会认可、成就感等维度。通过5级李克特量表对气候变化背景下滑雪者动机进行测度，分值设定为非常赞同（5分）、赞同（4分）、不确定（3分）、不赞同（2分）、非常不赞同（1分）。从平均得分来看（图5-3），中国滑雪者的滑雪旅游参与动机主要为休闲娱乐，这与《冰雪蓝皮书：中国滑雪产业发展报告（2017）》的调研结果一致（孙承华等，2017）。该动机得分最高的原因为中国滑雪人群多为体验型滑雪者和初学者。其他重要动机还包括与家人和朋友共享欢乐时光、锻

动机	得分
休闲娱乐	4.39
与家人和朋友共度欢乐时光	4.15
锻炼身体，提高身体素质	4.06
享受挑战自我的乐趣	4.02
亲近大自然	3.98
喜欢滑雪运动的刺激	3.97
学习并提高滑雪技术	3.79
暂时从日常琐碎生活中抽离出来	3.76
欣赏自然风光	3.73
暂时摆脱生活、工作压力	3.72
享受未知和冒险	3.71
获得成就感	3.64
实现自我价值	3.42
获得尊重	3.2
和其他滑雪者交流	3.18
会见及认识新的滑雪者	3.17
乐意向他人展示您会滑雪	3.16
滑雪能给别人留下深刻的印象	3.02
别人知道自己会滑雪时，自己会产生优越感	2.96

图5-3 中国滑雪者滑雪旅游动机

炼身体、享受挑战自我的乐趣、亲近大自然和喜欢滑雪运动的刺激等。相比而言，成就感及社会认可这两个维度的动机得分较低。此外，虽然社交维度中与家人和朋友共享欢乐时光得分较高，但其他的得分较低（如会见及认识新的滑雪者、和其他滑雪者交流），这表明中国滑雪者将滑雪旅游更多视为一个熟人社交的娱乐活动。因此，家人和朋友的相关因素（如闲暇时间、可自由支配收入）可能会是滑雪决策的重要影响因素。

（3）滑雪行为特征

中国滑雪者滑雪行为特征见表 5-9。目前中国滑雪群体主要以双板滑雪者为主，占比为 80.89%，而单板滑雪者及两者皆掌握的群体分别占 10.98% 和 8.13%。这与中国滑雪者技术等级结构相关，目前中国初级滑雪者占比约为 80%（Vanat，2017），双板相对于单板而言更接近日常行走的姿势，对初级滑雪者而言较易入门。

表 5-9 中国滑雪者滑雪行为特征

项目		样本数/个	占比/%	项目		样本数/个	占比/%
滑雪者类型	双板滑雪者	597	80.89	倾向雪道	绿道（初级）	450	60.98
	单板滑雪者	81	10.98		蓝道/黑道（中级）	279	37.8
	两者皆是	60	8.13		双黑道（高级）	9	1.22
滑雪装备	租聘滑雪装备	564	76.42	季票购买情况	未买过	654	88.62
	自有一些/部分租聘	87	11.79		买过	84	11.38
	自有滑雪装备	87	11.79	第一次滑雪年龄	小于 10 岁	27	3.66
每个雪季滑雪次数	1 次	381	51.63		11~20 岁	105	14.23
	2~4 次	240	32.52		21~30 岁	450	60.97
	5~9 次	72	9.75		大于 30 岁	156	21.14
	10 次以上	45	6.1				

从滑雪频率来看，每个雪季滑雪次数低于 5 次的群体占 84.15%，其中仅滑雪 1 次的占 51.63%。同时，88.62% 的滑雪者从未购买过滑雪季票，60.98% 的滑雪者倾向在初级雪道滑雪，且第一次滑雪年龄主要分布在 21~30 岁（60.97%）。关于滑雪装备购买情况，有 76.42% 的被试者选择在滑雪场租用滑雪装备，而自有滑雪装备及部分租用的群体均占 11.79%。

总体而言，这些滑雪行为特征表明中国滑雪旅游起步较晚、初级滑雪者所占比例大、滑雪发烧友数量有待提高，以及滑雪旅游习惯有待培养。

5.4.1.2 气候变化感知

(1) 感知情况

通过对738份滑雪者有效问卷的综合分析，初步得到滑雪者对中国气候变化程度的感知（图5-4）。大部分滑雪者认为气候已发生变化，但对气温、降水和降雪感受到的变化程度存在差别。60.1%的滑雪者认为气温变暖；对气温的变化情况持不明确态度的滑雪者占26.2%；13.7%的滑雪者认为气温呈现变冷趋势。滑雪者对降水变化感知与对气温的感知情况较为接近，但对降水变化趋势不确定的滑雪者更多，占33.1%。滑雪者对降雪的感知最为敏感，认为降雪减少的滑雪者占71.4%，其中36.7%的滑雪者认为降雪明显减少。

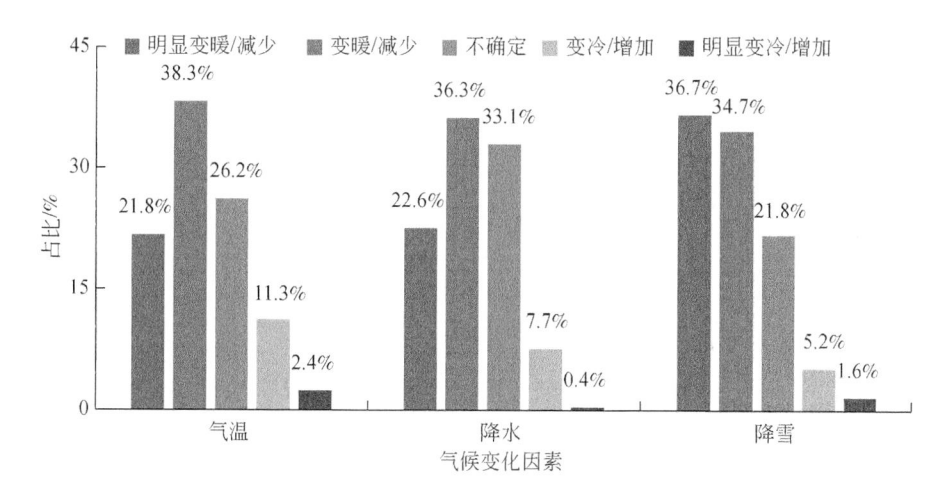

图5-4 中国滑雪者对气候变化的感知

为更好地了解滑雪者对气候变化的感知强度，本章通过式（5-3）计算其感知强度：

$$G = \sum P_i N_{ij} / \sum N_{ij} \quad (5\text{-}3)$$

式中，G表示滑雪者对气候变化感知的平均值；P_i表示滑雪者持i种观点的得分；N_{ij}表示滑雪者对j问题持i种观点的人数。

从经验、知识和后果的感知强度而言，滑雪者的经验感知最强（3.79），其次为知识感知（3.46），而对后果感知的分值最低（3.35）。

气候变化对中国室外滑雪场的潜在影响及应对

"记得以前小时候，夏天的气温没有现在那么高，没有空调依旧可以，但现在夏天不开空调完全没有办法。在冬天小时候会经常看到屋檐挂的冰柱，并和小伙伴常常掰下冰柱玩耍，但现在过年回老家，已看不到冰柱了。我确实觉得气候在发生变化。此外，现在媒体也在宣传气候变化，常常看到相关信息，如最近在网络平台看到一篇文章，说最近美国的寒潮与气候变化的关系。虽然知道气候变化在发生，但我仍旧不是很清楚气候变化对滑雪旅游到底有啥影响。即使我感觉现在降雪比以前小时候少了，但我不清楚这个变化是否会影响滑雪旅游。况且，未来气候变化的趋势到底是怎样的，很难说清楚。"【访谈对象：滑雪者3】

(2) 感知差异分析

不同区域及不同社会属性的滑雪者对气候变化感知的差异见图5-5。第一，滑雪者对于气候变化的感知存在明显的区域差异，尤其是经验感知。其中东北、华北、华南和西北的滑雪者的经验感知分值较高，分别为4.1、3.91、3.82和

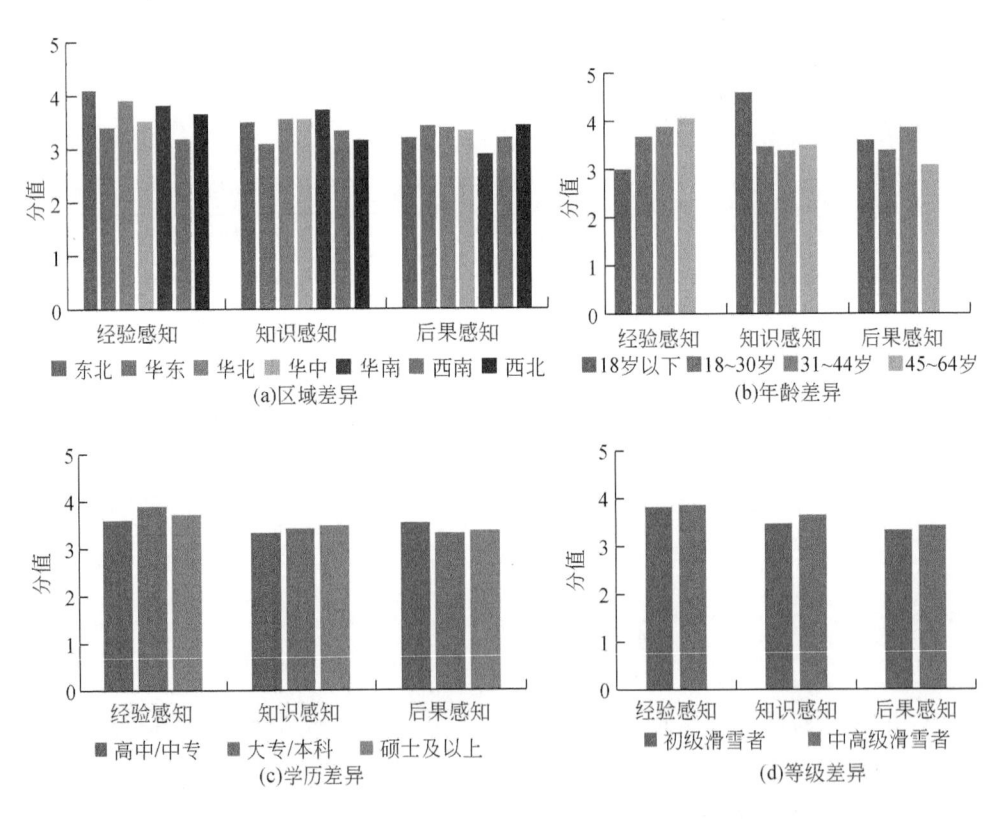

图5-5 不同区域、年龄、学历及等级的中国滑雪者对气候变化的感知差异

3.65；而华东（3.4）、华中（3.52）和西南（3.19）滑雪者的经验感知较弱。与气候变化的实际情况来看，滑雪者的经验感知强度与中国气候变化的敏感区域较为一致，如东北、西北和青藏高原（张军涛等，2002；吕新苗等，2003），即气候变化越敏感区域的滑雪者对气候变化的经验感知越强。此外，虽然华南的滑雪者对气候变化的知识感知最强，但其关于气候变化对滑雪旅游影响后果的感知最弱，表明知识感知并不能使滑雪者更好地感知气候变化对滑雪旅游的影响。主要原因是气候变化影响后果具有复杂性，现有的气候变化影响相关评估研究尚有相当大的不确定性（贺瑞敏等，2008）；另外，国内气候变化和滑雪旅游的相关研究缺乏，滑雪者无法从科学知识中了解气候变化对滑雪旅游的影响后果。

第二，不同年龄的滑雪者对气候变化的感知程度存在差异，其中年龄与经验感知强度成正比，45~64岁年龄的滑雪者，经验感知强度达4.06，远远高于18岁以下滑雪者。虽然18岁以上滑雪者关于知识感知不存在显著差异，但18岁以下滑雪者的知识感知最强（4.6），远远高于成年滑雪者。此外，45~64岁的滑雪者对气候变化的后果感知最弱，仅为3.09。

第三，不同学历和不同等级的滑雪者对气候变化程度感知存在细微差异。从学历来看，学历越高其知识感知越强，硕士及以上学历的滑雪者对气候变化的知识感知强度达3.48，高于大专/本科（3.42）、高中/中专滑雪者（3.33）。

第四，从滑雪者滑雪等级来看，中高级滑雪者虽然在经验感知程度较为相同，但知识感知和后果感知均略高于初级滑雪者。

(3) 影响因素分析

如表5-10所示，年龄、收入水平、滑雪次数、滑雪地点、滑雪者忠诚度、参与度和滑雪动机对气候变化感知均存在显著影响。其中，年龄和收入水平对气候变化感知表现出一定的负相关关系，而其他要素对气候变化感知表现出不同程度的正相关关系。同时，滑雪者忠诚度、参与度和滑雪动机与气候变化感知的相关系数较大，与相关研究成果的结论一致（Dearden and Manopawitr, 2010; Dawson et al., 2011）。

从不同类型的气候变化感知来看，人口特征因素（年龄、收入水平）和滑雪习惯（滑雪次数、滑雪地点）对知识感知和后果感知存在影响。而滑雪者忠诚度、参与度和滑雪动机主要对经验感知和知识感知存在显著的相关关系，而对后果感知不存在显著的相关关系。

表 5-10 中国滑雪者气候变化感知的影响因素

项目		经验感知	知识感知	后果感知
人口特征	性别	−0.002	0.027	0.002
	年龄	−0.181**	0.015	−0.111*
	文化水平	0.079	−0.024	0.011
	收入水平	−0.109*	0.046	0.016
	常住地	0.105	0.063	−0.012
滑雪习惯	滑雪次数	−0.015	−0.073	0.119*
	技术等级	0.038	0.021	0.033
	滑雪地点	0.156**	−0.056	0.010
忠诚度	抵制改变	0.211**	0.222**	0.021
	参与角色	0.175**	0.202**	0.099
	选择意志	0.151**	0.059	0.044
	信息复杂度	0.173**	0.212**	−0.022
参与度	吸引力	0.117*	0.174**	−0.014
	中心性	0.162**	0.186**	−0.002
	社会联系	0.171**	0.273**	−0.056
	身份肯定	0.145*	0.140*	−0.053
	身份表达	0.111*	0.160**	−0.018
滑雪动机	锻炼身体	0.106*	0.215**	−0.020
	逃离/休闲	0.070	0.265**	−0.005
	社会认可	0.157**	0.154**	−0.038
	冒险刺激	0.142*	0.171**	0.023
	社交	0.077	0.214**	−0.063
	成就感	0.055	0.232**	−0.016

** 在 0.01 级别相关性显著；* 在 0.05 级别相关性显著。

5.4.1.3 滑雪决策意向

通过 5 级李克特量表对气候变化背景下滑雪者决策意向进行测评，分值设定为非常赞同（5 分）、赞同（4 分）、不确定（3 分）、不赞同（2 分）、非常不赞同（1 分）。从平均得分来看（表 5-11），中国滑雪者在气候变化背景下比较倾向选择不改变、时间替代和空间替代这三种策略，而不太会选择活动替代。

第5章 | 气候变化对中国室外滑雪场需求的潜在影响

表 5-11 中国滑雪者的滑雪决策意向

决策类别	样本量/个					平均分
	非常赞同	赞同	不确定	不赞同	非常不赞同	
不改变	114 (15.45%)	213 (28.86%)	285 (38.61%)	105 (14.23%)	21 (2.85%)	3.4
时间替代	75 (10.16%)	375 (50.81%)	225 (30.49%)	57 (7.72%)	6 (0.81%)	3.62
空间替代	87 (11.79%)	354 (47.97%)	255 (34.55%)	36 (4.88%)	6 (0.81%)	3.65
活动替代	30 (4.07%)	78 (10.57%)	324 (43.90%)	204 (27.64%)	102 (13.82%)	2.63

为更加清晰明确气候变化背景下中国滑雪者决策意向,将表 5-11 的五种态度倾向简化为三种,即同意、不确定和不同意(图 5-6),并从问卷和访谈所获取的信息分别探讨不同决策意向的影响因素及形成原因。

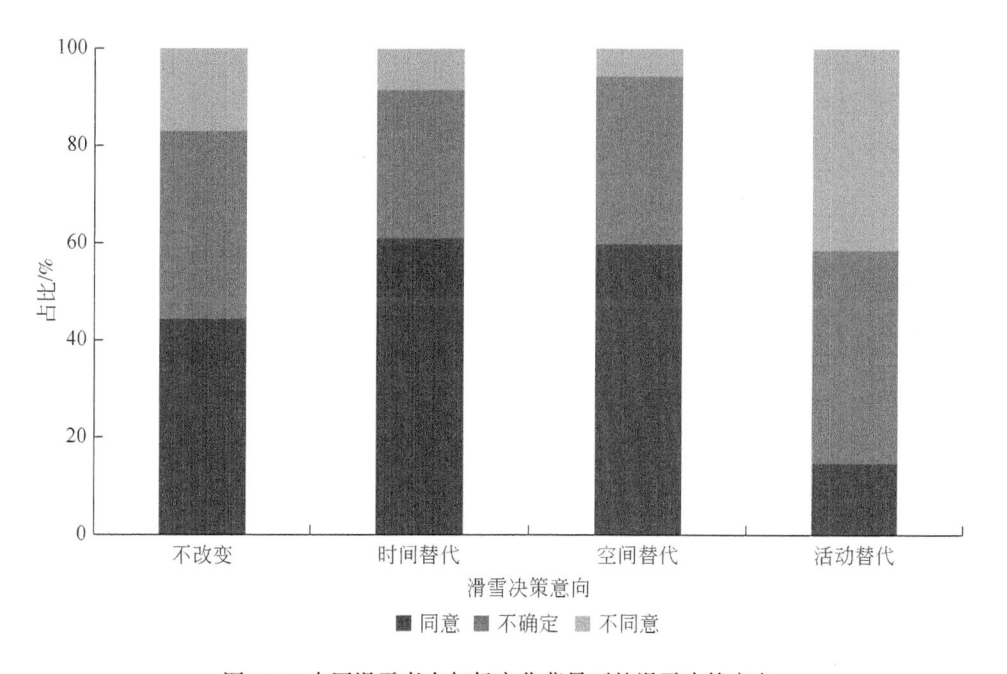

图 5-6 中国滑雪者在气候变化背景下的滑雪决策意向

1)"不改变"策略。有 44.31% 的滑雪者认为未来气候变化对其滑雪决策没有太大影响,而仅有 17.08% 认为该策略在气候变化背景下是不可取的,滑雪决策应根据气候变化做出相应调整。总体而言,近一半的滑雪者会选择该策略,主要原因在于中国滑雪者最重要的滑雪动机是与家人和朋友共度欢乐时光,而不是对积雪状况要求较高的滑雪技能提升等,因此气候变化背景下的积雪状况变化可能会被忽略。此外,与西方滑雪者对积雪状况呈现较高的敏感度不同,中国由于降雪较少,且滑雪旅游发展较晚,滑雪者没有形成将是否降雪及降雪量多少作为滑雪决策的主要影响因素。例如,以 2017 年暖冬的北京为例,其在 2 月 21 日才迎来初次降雪,但多数滑雪场在 12 月初便开放,整个滑雪季滑雪人次并未受到暖冬影响,2017 年北京滑雪人次与 2016 年接近。对于中国滑雪者而言,滑雪场营业便是可以进行滑雪运动的直接及重要信号。

"一般去滑雪,我主要看能不能约到一起滑雪的朋友,若能找到,便在相关平台购买雪票,只要当天雪票可购买、使用,便认为可以去滑雪,而不太会去关注滑雪场的积雪状况,因为它营业了,就说明可以进行滑雪运动。而且,我也不知道去哪里看滑雪场积雪情况。虽然说气候变化可能会对滑雪旅游造成影响,但并不会影响我的决策。因为我相信滑雪场的经营者会想办法营业。既然营业,我什么时候去滑雪,去哪滑雪就不受气候变化的影响了。"【访谈对象:滑雪者 7】

2)"时间替代"策略。在未来气候变化背景下,有 60.97% 的滑雪者会采用时间替代策略,即更换滑雪时间。该策略选择的比例与"不改变"策略选择比例并不矛盾,是因为该策略选择是基于原定滑雪时间在气候变化背景下无法进行滑雪运动或者无法获得良好滑雪体验时而不得不作出的选择,这个选择主要出现在滑雪季初期和结束期。此外,在滑雪频次更改的滑雪者中,选择滑雪频次减少 50% 及以上的占 44%,而选择滑雪频次增加 50% 及以上的仅占 22%。

"新雪季一来,我就会迫不及待去我家附近的滑雪场滑雪,因为好久没滑雪,心里痒痒。所以我在 11 月中旬就会去关注几个常去滑雪场的营业公告。记得前年的时候,XX 滑雪场在 11 月底就可以滑雪了,但去年在 12 月上旬才营业。虽然我不知道是什么原因导致其营业的推迟,这个推迟是否和气候变化相关,但如果以后气温上升,滑雪场营业时间越来越晚的话,我去滑雪的时间必然改变,因为按往常我去滑雪的时间,常去的滑雪场可能还没开始营业。"【访谈对象:滑雪者 2】

3)"空间替代"策略。有 59.76% 的滑雪者会在未来气候变化背景下倾向选择空间替代策略，即更换滑雪地点。与时间替代策略相同，该策略选择的比例与"不改变"策略选择比例并不矛盾，是因为该策略选择是基于原定滑雪地点在气候变化背景下无法进行滑雪运动或者无法获得良好滑雪体验时而不得不作出的选择。此外，未来气候变化背景下，81%的滑雪者倾向在国内选择滑雪场，而19%将前往国外进行滑雪旅游。国内滑雪场的选择主要位于东北（34.8%）、北京（26.6%）、河北（18.4%）、新疆（13%），国外滑雪场的选择主要位于日本（34%）、瑞士（16%）、加拿大（10%）、美国（8%）。

"平时上班比较忙，虽然喜爱滑雪，也只有在周末去（北京）郊区的几个滑雪场滑雪，偶尔去崇礼那边的滑雪场。两个地方的滑雪场相比的话，当然是更喜欢崇礼那边的滑雪场，体验更好，雪道多、面积大、还能泡温泉。如果抛开时间、费用等，我肯定愿意都去好的滑雪场滑雪，比如新疆，东北，我都想去体验一下。但从现实出发，我可能还是会经常在北京滑雪。以后不管是气候变化还是其他原因，北京郊区的滑雪场如果没有了，我就不得不去其他地方滑雪，因为我喜欢滑雪，不可能因为附近没滑雪场就不滑雪了。"【访谈对象：滑雪者13】

4）"活动替代"策略。有41.46%的滑雪者认为滑雪运动是不能被其他休闲娱乐取代的，而仅有14.64%的滑雪者会基于未来气候变化对滑雪旅游所造成的影响而放弃滑雪活动。对于大部分滑雪者而言，滑雪带来的乐趣、刺激以及成就感是无法被其他活动替代的。

整体而言，对以上四个策略持不确定态度的人数较多，均在30%以上，其中对"活动替代"策略不明确的比例最高，高达43.9%。不确定态度均较高的主要原因在于滑雪决策和其他旅游决策一样，是一个非常复杂的过程，涉及因素众多。此外，未来气候变化对滑雪旅游所造成影响的不确定性也是重要影响因素。

5.4.1.4 滑雪决策意向的影响因素

表5-12呈现了将"是否改变滑雪时间"决策作为因变量的回归结果。研究结果表明，对气候变化的经验感知和知识感知对滑雪者改变滑雪时间的决策具有显著的正影响；而气候变化的后果感知、以及其他滑雪动机、参与度与忠诚度则对滑雪者的改变滑雪时间决策没有显著影响。

表 5-12 中国滑雪者"是否改变滑雪时间"决策的影响因素

类别	因素	系数	标准差	P 值
气候变化感知	经验感知	0.185	0.072	0.011 **
	知识感知	0.182	0.067	0.007 ***
	后果感知	0.068	0.104	0.513
滑雪动机	逃离/休闲	0.086	0.083	0.305
	社会认可	0.089	0.071	0.208
	冒险刺激	−0.053	0.082	0.516
	社交	−0.035	0.075	0.638
	成就感	0.187	0.078	0.018
	身体锻炼	−0.040	0.088	0.651
参与度	吸引力	0.011	0.077	0.891
	中心性	−0.166	0.120	0.167
	社会联系	0.115	0.085	0.178
	身份可定	0.045	0.106	0.670
	身份表达	−0.004	0.110	0.973
忠诚度	对改变的接受程度	0.092	0.075	0.221
	参与角色	−0.121	0.091	0.186
	选择意志	−0.018	0.067	0.788
	信息复杂度	0.096	0.079	0.226
常数项			是	
控制变量			是	
R^2			0.30	

*** 代表 99% 的置信度;** 代表 95% 的置信度。

表 5-13 呈现了将"是否改变滑雪地点"决策作为因变量的回归结果,由气候变化引发的经验感知和后果感知对改变滑雪地点的决策没有显著的影响,而对气候变化的科学感知越强,滑雪者越倾向于改变滑雪地点。此外,将"成就感"列为其主要动机的滑雪者,和认可滑雪运动为"身份肯定"的滑雪者,更有可能选择改变滑雪地点;而对于"认可滑雪在其生活中扮演中心/重要角色"(中心性)的滑雪者,其改变滑雪地点的可能性更小。

表 5-13 中国滑雪者"是否改变滑雪地点"决策的影响因素

类别	因素	系数	标准差	P 值
气候变化感知	经验感知	0.095	0.075	0.209
	知识感知	0.167	0.070	0.018**
	后果感知	−0.070	0.108	0.520
滑雪动机	逃离/休闲	0.032	0.087	0.718
	社会认可	0.130	0.074	0.082*
	冒险刺激	0.069	0.085	0.418
	社交	−0.054	0.078	0.493
	成就感	0.220	0.082	0.008***
	身体锻炼	0.010	0.092	0.914
参与度	吸引力	0.003	0.081	0.972
	中心性	−0.259	0.125	0.040**
	社会联系	0.100	0.089	0.263
	身份肯定	0.225	0.111	0.043**
	身份表达	−0.122	0.115	0.292
忠诚度	对改变的接受程度	0.008	0.079	0.924
	参与角色	−0.038	0.095	0.687
	选择意志	−0.017	0.070	0.806
	信息复杂度	0.066	0.083	0.423
常数项			是	
控制变量			是	
R^2			0.24	

***代表99%的置信度；**代表95%的置信度；*代表90%的置信度。

表 5-14 呈现了将"是否放弃滑雪"决策作为因变量的回归结果，对气候变化的经验和科学感知变得不显著，而后果感知的影响变得显著为正，即对气候变化的后果感知越强，滑雪者越倾向于选择放弃滑雪。对于"认可滑雪在其生活中扮演中心/重要角色的滑雪者"，以及"信息复杂度"越高的滑雪者，其更有可能选择放弃滑雪。

5.4.1.5 滑雪决策意向的影响机制

（1）信度检验

由表 5-15 可知，各变量的 Cronbach α 值均大于 0.7，表明各变量测量题项的

表 5-14　中国滑雪者"是否放弃滑雪"决策的影响因素

类别	因素	系数	标准差	P 值
气候变化感知	经验感知	0.011	0.054	0.841
	知识感知	0.027	0.050	0.598
	后果感知	0.236	0.078	0.003***
滑雪动机	逃离/休闲	0.011	0.063	0.858
	社会认可	0.012	0.052	0.812
	冒险刺激	−0.034	0.061	0.581
	社交	0.058	0.056	0.301
	成就感	0.051	0.059	0.385
	身体锻炼	0.036	0.066	0.584
参与度	吸引力	0.010	0.058	0.857
	中心性	0.165	0.090	0.068*
	社会联系	−0.021	0.064	0.747
	身份肯定	0.130	0.080	0.106
	身份表达	−0.072	0.083	0.384
忠诚度	对改变的接受程度	−0.039	0.056	0.492
	参与角色	−0.045	0.068	0.508
	选择意志	0.017	0.050	0.739
	信息复杂度	0.128	0.059	0.032**
常数项			是	
控制变量			是	
R^2			0.24	

***代表99%的置信度；**代表95%的置信度；*代表90%的置信度。

内部协调性较好，调查问卷具备可靠性和稳定性，能进行下一步的检验分析。

表 5-15　信度检验指标（滑雪者问卷）

变量	Cronbach α 值	变量	Cronbach α 值
滑雪动机	0.806	忠诚度	0.802
参与度	0.919	气候变化感知	0.716

（2）正态性检验

数据的正态性检验通过计算观测变量的偏度值与峰度值完成。根据表 5-16，

"忠诚度""参与度""滑雪动机""气候变化感知"等观测变量的偏度值的绝对值均小于3，峰度值的绝对值均小于10，符合正态分布。

表5-16 正态性检验（滑雪者问卷）

	项目	偏度值	峰度值		项目	偏度值	峰度值
忠诚度	信息复杂度	0.038	-0.471	滑雪动机	锻炼身体	0.859	1.307
	选择意志	0.370	0.882		逃离/休闲	0.517	1.745
	参与角色	-0.075	-0.332		社会认可	-0.070	-0.540
	抵制改变	0.225	-0.259		冒险刺激	0.569	0.235
参与度	身份表达	-0.278	-0.441		社交	-0.195	0.077
	身份肯定	-0.369	-0.572		成就感	0.266	0.674
	社会联系	-0.223	0.078	气候变化感知	知识感知	0.290	0.062
	中心性	-0.646	-0.124		经验感知	0.372	-0.216
	吸引力	0.022	-0.343		后果感知	-0.459	1.133

（3）实证结果及分析

表5-17可见，气候变化感知-滑雪决策的模型拟合指标具有较好的效度。由于AGFI值一般低于GFI值（Hair et al., 2011），0.8可视为是AGFI值的临界点（Waluyo et al., 2016）。

表5-17 气候变化背景下中国滑雪者决策意向模型拟合度检验

项目	绝对拟合指数			增值拟合指数			
	χ^2/df	GFI	RMSEA	AGFI	CFI	NFI	IFI
理想值	1~3	>0.9	<0.1	>0.9	>0.9	>0.9	>0.9
整体模型	1.722	0.913	0.054	0.879	0.956	0.903	0.956

图5-7中模型的路径系数反映出不同潜变量之间的标准化直接效果值。结构模型中各变量之间的作用关系与本书构建的概念模型相符，表明模型具有较强的解释能力。滑雪动机对参与度、忠诚度和气候变化感知的影响系数依次为0.78、0.62和0.26，且在0.001和0.01的水平上显著，表明滑雪动机对滑雪者参与度、忠诚度和气候变化感知均存在显著的正向影响；参与度、忠诚度对气候变化感知的影响系数依次为0.24和0.47，且在0.01的水平上显著，表明滑雪者参与度、忠诚度对气候变化感知具有显著的正向影响；参与度和忠诚度相关系数为

0.82，且在 0.001 水平上显著，表明两者具有高度相关性。气候变化感知和忠诚度对滑雪者决策的影响系数分别为 0.22 和 0.45，且在 0.01 的水平上显著，即气候变化感知和忠诚度对滑雪者决策具有显著的正向影响。而滑雪动机对滑雪决策的直接效应并不显著。

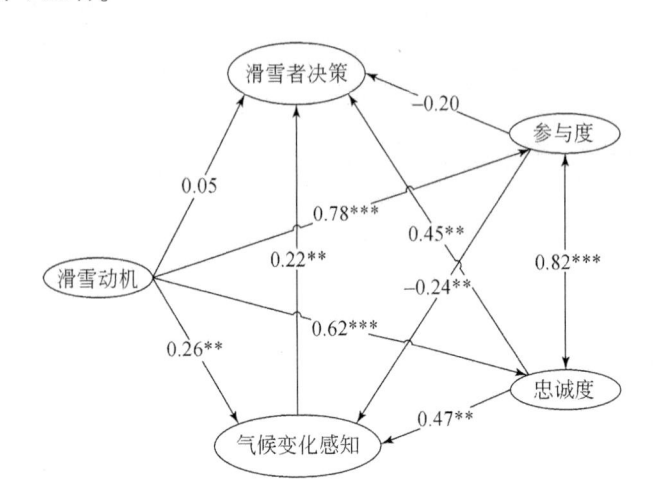

图 5-7　中国滑雪者气候变化感知与滑雪决策模型验证
*** 表示在 0.001 及以上水平显著；** 表示在 0.01 及以上水平显著；路径系数均为标准化值。

标准化路径系数是判定影响强度的依据，其值<0.1 是小效果，0.1~0.3 是中效果，0.3~0.5 是强效果，其值>0.5 则表示影响显著（Fornell and Larcker,1981）。由此可见，忠诚度对气候变化背景下滑雪者决策的作用属于强效果（0.45），而气候变化感知对滑雪者决策作用属于中效果（0.22）。根据影响系数和显著性检验，整个模型中最主要的影响路径为：滑雪动机→参与度→忠诚度→气候变化感知→滑雪决策。

为对不同等级滑雪者在气候变化背景下的决策进行深入分析，本章运用多群组分析，以滑雪者等级为调节变量，分析气候变化感知对不同等级滑雪者决策的影响。多群组模型的显著性水平高于 0.05，RMSEA 值小于 0.05 的适配标准值，GFI、CFI 值都高于 0.90 的标准值，适配良好。从图 5-8 可知，"气候变化感知""滑雪动机""参与度""忠诚度"等变量对不同等级滑雪者的影响程度和路径系数各有差异，影响路径也存在显著差别。

对于初级滑雪者而言，滑雪决策的主要影响因子为气候变化感知（0.23），显著性检验为 0.05 水平下显著，而其他变量对滑雪决策不存在显著影响。根据

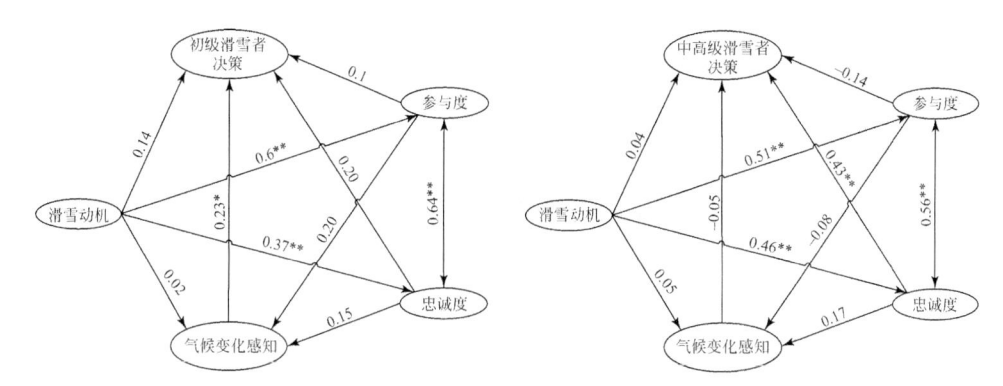

图 5-8　中国不同等级滑雪者气候变化感知与滑雪决策模型验证

＊＊表示在0.01及以上水平显著，＊表示在0.05及以上水平显著；路径系数均为标准化值。

消费者购买决策行为理论，消费者会购买感知风险最小的商品（Bettman，1973）。消费者的购买过程一般分为确认需要、收集信息、评价方案、购买决策和购买后行为五个阶段，但有时并不是完全如此，尤其是参与程度较低的购买，消费者可能会跳过或者颠倒某些阶段（高海霞，2004）。Mitchell（1995）的研究表明，感知风险水平在购买过程的各个阶段是不同的。由于没有立即解决问题的手段或不存在可利用的产品，感知风险在确认需要阶段不断增加；在收集信息后，风险逐渐减少；感知风险在方案评价阶段将继续降低；由于决策具有不确定性，因此风险在购买决策前轻微上升；若购买后消费者达到满意状态，风险将继续走低。从气候变化感知差异来看，虽然中高级滑雪者关于气候变化的感知强度略高于初级滑雪者，但气候变化风险感知更低于初级滑雪者。具体而言，中高级滑雪者在不断重复的消费、购买过程中，对气候变化的风险感知更清晰明确，并通过"购买后行为"的评价（满意与否）调整气候变化风险感知对其决策的重要程度。从中高级滑雪者不断重复的购买行为可以看出滑雪者在"购买后"达到满意或较满意状态，风险感知不断走低；反之，初级滑雪者对气候变化的影响后果相对模糊，且滑雪频次相对较少，无法通过丰富的"购买经验"客观看待气候变化的风险，可能会导致因风险认知模糊而夸大气候变化对滑雪旅游的负面影响，将气候变化风险感知作为其滑雪决策的重要影响因素。

从中高级滑雪者来看，忠诚度为滑雪决策的主要影响因子，路径值为0.42，远远高于初级滑雪者的路径值（0.20），而气候变化感知对其滑雪决策不存在显著影响。根据前文分析，初级滑雪者的忠诚度（3.04）低于中高级滑雪者的分值（3.36），表明初级滑雪者对滑雪运动及常去滑雪场的忠诚度还未完全形成，因此对其滑雪决策不存在较大影响。而中高级滑雪者已成为较为忠诚的消费者。Baloglu（2001）指出，旅游者忠诚度包括态度忠诚和行为忠诚，行为忠诚的评价标准表现为旅游者的重复购买行为或频次，而态度忠诚则是指认知、情感印象和相关信息资料搜索。因此，忠诚度是中高级滑雪者决策的重要影响因素，既影响其是否坚持滑雪运动，又影响其滑雪频次和滑雪目的地的选择。

5.4.2 气候变化对潜在滑雪者需求的潜在影响

5.4.2.1 样本特征

(1) 人口特征

非滑雪者问卷回收1341份，其中不愿意尝试滑雪运动的问卷189份。通过前文所述的三个标准剔除无效问卷（见5.3.1.3），潜在滑雪者的有效问卷1149份，有效率为85.68%。从表5-18的潜在滑雪者人口特征来看，女性份额偏高，占62.4%，表明中国女性群体对滑雪旅游关注度更高；潜在滑雪人群与现有主流滑雪人群的年龄段一致，以18~30岁（59.53%）和31~44岁的中青年为主（29.5%），同时65岁及以上的样本缺失。虽然网络问卷发放方式在一定程度可能无法涵盖老年

表5-18 中国潜在滑雪者人口特征

项目		样本数/个	占比/%	项目		样本数/个	占比/%
性别	男	432	37.6	月平均收入	5000元以下	447	38.9
	女	717	62.4		5000~9999元	369	32.11
年龄	18岁以下	6	0.52		10000~20000元	261	22.72
	18~30岁	684	59.53		20000元以上	72	6.27
	31~44岁	339	29.5	常住地	东北	51	4.44
	45~64岁	120	10.44		华东	327	28.46
	65岁及以上	0	0		华北	396	34.46
文化程度	初中及以下	3	0.26		华中	93	8.09
	高中或中专	9	0.78		华南	114	9.92
	大专或本科	540	47		西南	123	10.7
	硕士及以上	597	51.96		西北	45	3.92

群体，但造成65岁及以上的样本缺失的主要原因在于：从滑雪运动体能、技术要求和滑雪文化来看，中国老年群体参与滑雪旅游的意愿较小（在潜在滑雪者问卷回收时，65岁及以上的样本有12位，但因其均不愿意尝试滑雪运动而作为无效问卷被剔除）。

与滑雪者相同，潜在滑雪者受教育程度较高，大专/本科及以上学历占98.96%，其中硕士及以上学历为51.96%。然而潜在滑雪者收入水平较现有滑雪者较低，月平均收入少于5000元及在5000~9999元的，分别占38.9%和32.11%，这表明经济因素可能是阻碍其参与滑雪旅游的重要因素。从常住地来看，涵盖了全国所有区域，表明具有全国代表性，其中华北地区比例最高（34.46%），其次为华东（28.46%），这与吴必虎和党宁（2014）通过结合滑雪旅游潜力指数和滑雪旅游阻力指数所得出的滑雪旅游一级综合潜力市场结论一致。

（2）阻碍因素

本章采用5级李克特量表对气候变化背景下潜在滑雪者滑雪旅游阻碍因素进行测度，分值设定为非常赞同（5分）、赞同（4分）、不确定（3分）、不赞同（2分）、非常不赞同（1分）。图5-9展示了阻碍中国潜在滑雪者参与滑雪旅游的因素。其中，"居住地附近没有合适的滑雪场"被认为是最重要的阻碍因素。主要原因在于：①滑雪场分布不均匀。中国滑雪场地理分布不均匀，主要分布在北方（东北、华北及西北），占72.30%，而滑雪需求较为旺盛的华东地区的滑雪场总数及优质滑雪场数量较少。②滑雪场多偏离市中心。城郊滑雪场离市区较远，对于没有私家车的潜在滑雪者较不方便。相关研究表明，交通可达性是中国滑雪者选择滑雪场的重要影响因素（孙承华等，2017），私家车可扩大居民出游半径，反之，没有私家车以及公共交通便捷度低将限制其出游半径，这也是造成部分潜在滑雪者觉得"居住地附近没有合适的滑雪场"的原因。

"在北京读书快7年了，但至今还没去滑过一次雪，主要觉得坐车太麻烦了。比如，即使去离市区最近的XX滑雪场（室外），要倒3次车，花费两个多小时，来回就四个多小时。这样折腾太累了，想想就不愿去滑了。如果周边有合适的滑雪场（一小时左右车程），我可能会去滑雪。"【访谈对象：潜在滑雪者1】

信息传播及接收受阻。滑雪旅游近年来才在中国兴起，系统展示相关信息的平台较少；此外，潜在滑雪者并未参与过滑雪旅游，没有相关信息收集的经历，也较少主动接触滑雪旅游的相关信息，从而导致大部分潜在滑雪者对中国现有滑

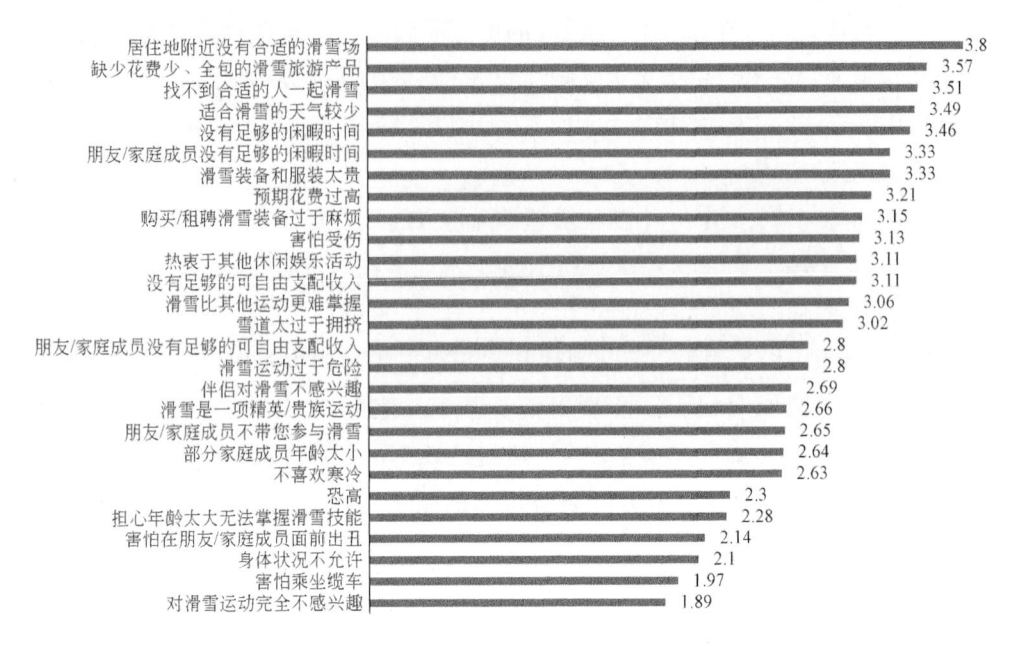

| 气候变化对中国室外滑雪场的潜在影响及应对 |

阻碍因素	评分
居住地附近没有合适的滑雪场	3.8
缺少花费少、全包的滑雪旅游产品	3.57
找不到合适的人一起滑雪	3.51
适合滑雪的天气较少	3.49
没有足够的闲暇时间	3.46
朋友/家庭成员没有足够的闲暇时间	3.33
滑雪装备和服装太贵	3.33
预期花费过高	3.21
购买/租聘滑雪装备过于麻烦	3.15
害怕受伤	3.13
热衷于其他休闲娱乐活动	3.11
没有足够的可自由支配收入	3.11
滑雪比其他运动更难掌握	3.06
雪道太过于拥挤	3.02
朋友/家庭成员没有足够的可自由支配收入	2.8
滑雪运动过于危险	2.8
伴侣对滑雪不感兴趣	2.69
滑雪是一项精英/贵族运动	2.66
朋友/家庭成员不带您参与滑雪	2.65
部分家庭成员年龄大小	2.64
不喜欢寒冷	2.63
恐高	2.3
担心年龄太大无法掌握滑雪技能	2.28
害怕在朋友/家庭成员面前出丑	2.14
身体状况不允许	2.1
害怕乘坐缆车	1.97
对滑雪运动完全不感兴趣	1.89

图 5-9　中国潜在滑雪者参与滑雪旅游的阻碍因素

雪场的地理位置并不明确，仍停留在自身对滑雪场地理分布的认知中，即认为室外滑雪场只有北方有。

"这几年，朋友圈里晒滑雪的越来越多了，我也想去尝试尝试。但因工作原因，我去东北时间不太允许，而（浙江）周边也没滑雪场。"【访谈对象：潜在滑雪者2】

综合以上原因，"居住地附近没有合适的滑雪场"被认为是阻碍其参与滑雪旅游的主要因素。

此外，潜在滑雪者对滑雪旅游产品价格甚为敏感。与一般的旅游活动相比，目前滑雪旅游在中国属于花费较高的旅游项目，除了交通和住宿费用外，还包括雪票/缆车票、租赁/购买滑雪装备及服装的费用、聘请滑雪指导员的费用等。作为初次尝试滑雪运动的滑雪者，聘请滑雪指导员尤为重要，利于保证滑雪者安全及提高滑雪体验，同时对其是否转化为滑雪爱好者起着重要作用。然而，中国仍有大部分滑雪者选择不请指导员，其中价格偏高是主要原因（孙承华等，2017）。为推动安全滑雪场建设进程以及大众滑雪旅游的推进，各滑雪场需考虑提供一些针对不同滑雪者类型的全包滑雪旅游产品。

结合前文关于中国滑雪者滑雪动机分析可知，"社交"是其参与滑雪运动的主要动机,尤其强调"熟人"社交(与家人/朋友)。潜在滑雪者有着类似的滑雪动机,因此"找不到合适的人一起滑雪"和"家人/朋友没有合适的闲暇时间"成为其参与滑雪旅游的重要阻碍因素。

(3) 滑雪动机

采用5级李克特量表对气候变化背景下潜在滑雪者滑雪旅游动机进行测度,分值设定为非常赞同(5分)、赞同(4分)、不确定(3分)、不赞同(2分)、非常不赞同(1分)。从平均得分来看(图5-10),中国潜在滑雪者的滑雪旅游参与动机与滑雪者基本一致,主要动机为休闲娱乐,其他重要动机还包括亲近及欣赏大自然、与家人和朋友共享欢乐时光、锻炼身体和享受挑战自我的乐趣。同时,和滑雪者一样,"成就感"及"社会认可"这两个维度的动机得分也比较低。虽然"社交"维度中"与家人和朋友共享欢乐时光"得分较高,但其他的得分较低(如"会见及认识新的滑雪者""和其他滑雪者交流"),这表明中国潜在滑雪者和滑雪者一样,将滑雪旅游更多视为一个"熟人"社交的娱乐活动。因此,家人和朋友的相关因素是阻碍其滑雪决策的重要因素。

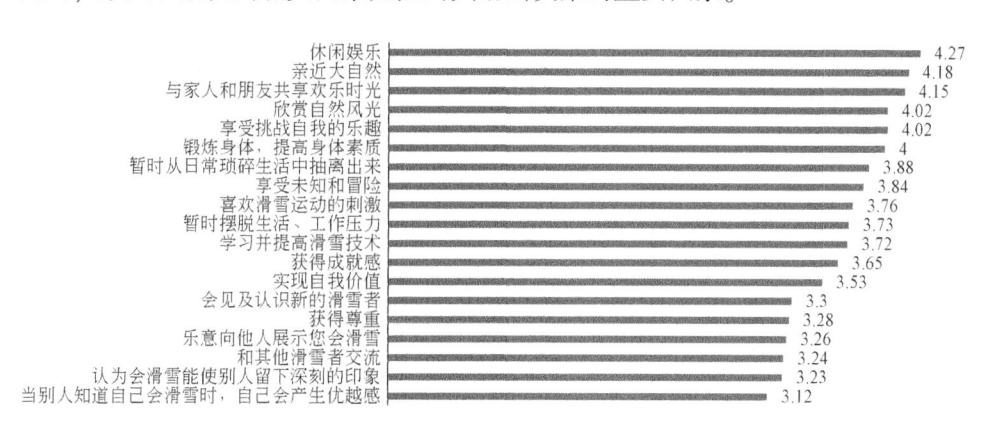

项目	得分
休闲娱乐	4.27
亲近大自然	4.18
与家人和朋友共享欢乐时光	4.15
欣赏自然风光	4.02
享受挑战自我的乐趣	4.02
锻炼身体,提高身体素质	4
暂时从日常琐碎生活中抽离出来	3.88
享受未知和冒险	3.84
喜欢滑雪运动的刺激	3.76
暂时摆脱生活、工作压力	3.73
学习并提高滑雪技术	3.72
获得成就感	3.65
实现自我价值	3.53
会见及认识新的滑雪者	3.3
获得尊重	3.28
乐意向他人展示您会滑雪	3.26
和其他滑雪者交流	3.24
认为会滑雪能使别人留下深刻的印象	3.23
当别人知道自己会滑雪时,自己会产生优越感	3.12

图 5-10 中国潜在滑雪者的滑雪动机

5.4.2.2 气候变化感知

(1) 感知情况

通过对1149份潜在滑雪者有效问卷的综合分析,初步得到潜在滑雪者对中国气候变化的感知(图5-11)。大部分潜在滑雪者认为气候已发生变化,但对气温、降水和降雪感受到的变化程度存在差别:61.5%的潜在滑雪者认为气温变暖；对气温的变化情况持不明确态度的潜在滑雪者占24.4%；14.1%的潜在滑雪者认为气温呈现变冷趋势。潜在滑雪者对降水变化感知与对气温的感知存在一定差异：认为降水增多及减少的人数分别占50.2%，5.7%；对其变化趋势不确定的潜在滑雪者较多，占44.2%。潜在滑雪者认为降雪减少与对其变化趋势不确定的人数比例与对气温的感知情况较为接近，分别占67%和26.2%；但认为降雪增加的比例与降水感知类似，仅占6.8%。通过对比可知，潜在滑雪者和滑雪者对气候变化的感知较为一致，细微差别在于潜在滑雪者对降水趋势不确定的比例占44.2%，略高于滑雪者（33.1%）。

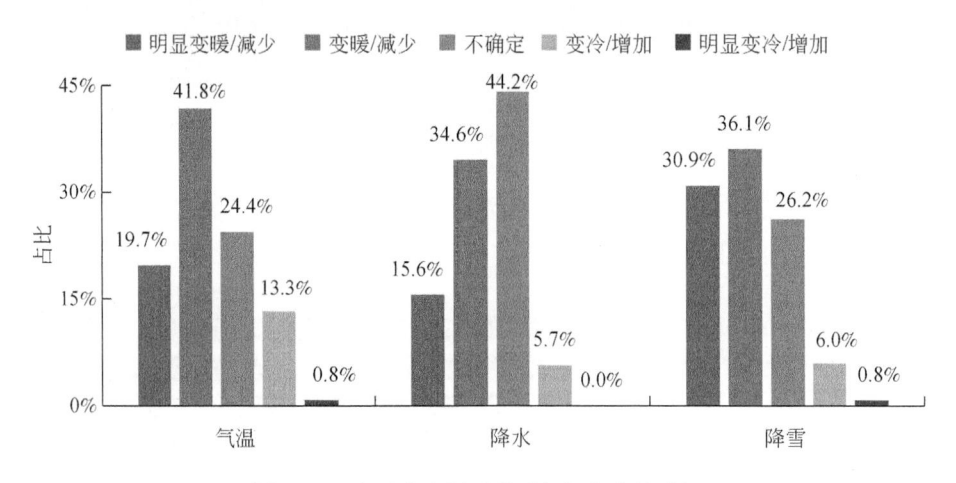

图 5-11 中国潜在滑雪者对气候变化的感知

潜在滑雪者对气候变化的感知强度亦通过式（5-1）进行计算。从经验、知识和后果的感知强度而言，潜在滑雪者的经验感知、知识感知和后果感知的分值分别为3.72、3.53和3.37。通过对比可知，潜在滑雪者的不同类型感知强度排序与滑雪者一致，均为经验感知最强，其次为知识感知，而对后果感知的分值最低。具体而言，潜在滑雪者的经验感知略低于滑雪者，知识感知和后果感知却略高于滑雪者。

（2）感知差异分析

不同区域及不同社会属性的潜在滑雪者对气候变化感知的差异见图5-12。

首先，不同区域的潜在滑雪者对于气候变化的感知存在一定的区域差异。其中东北和华北的潜在滑雪者的经验感知分值较高，分别为3.94和4；而其他区域的潜在滑雪者的经验感知较弱，均在3.5左右。从知识感知来看，东北地区的得

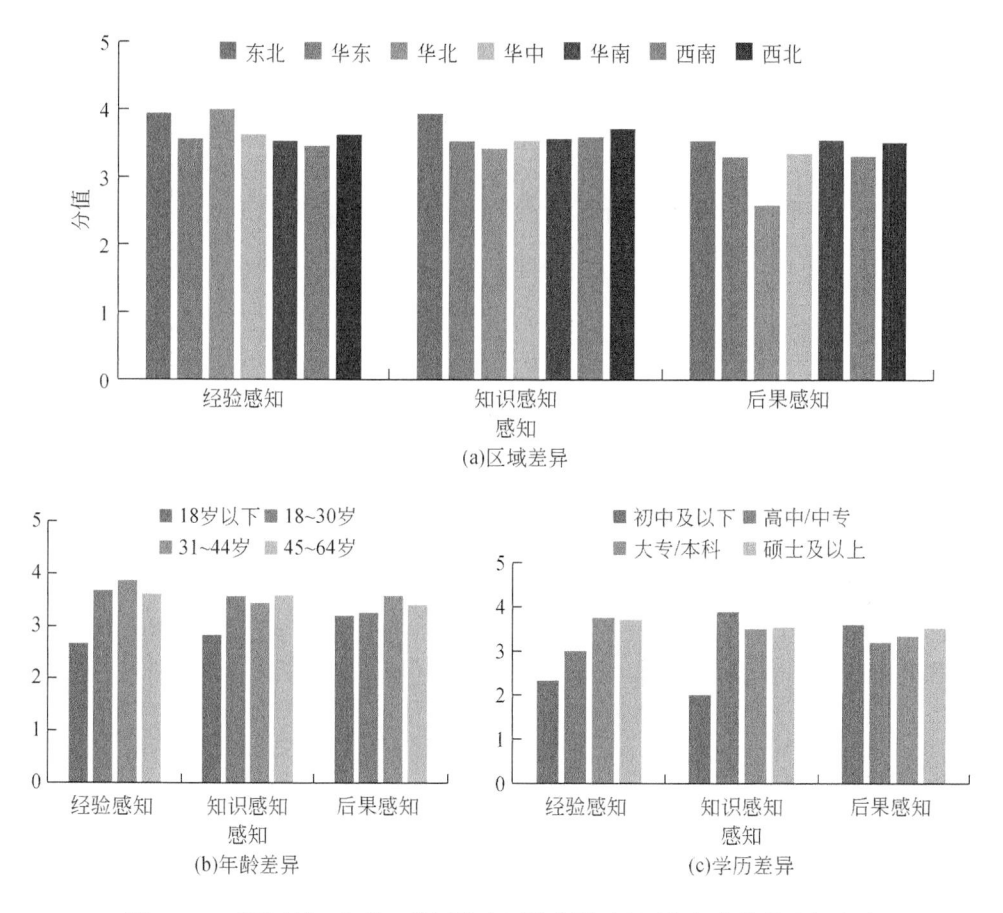

图 5-12 不同区域、年龄、学历的中国潜在滑雪者对气候变化的感知差异

分最高（3.93），而其他区域的知识感知强度接近，其中得分最低的为华北地区（3.42）。此外，华北地区对气候变化的后果感知强度也最低，仅为 2.59，而其他区域的得分均高于 3.3。与滑雪者的经验感知相比，潜在滑雪者对于气候变化感知的区域差异更不明显。

其次，不同年龄的潜在滑雪者对气候的变化程度感知存在差异。31~44 岁的潜在滑雪者在经验和后果感知强度最高，分别为 3.87 和 3.58；而知识感知强度高的为 18~30 岁和 45~64 岁的潜在滑雪者，感知强度为 3.57 和 3.59。

最后，不同学历的滑雪者对气候变化程度感知存在一定差异。虽然本科及以上的潜在滑雪者对气候变化的感知差异较少，但本科以下的潜在滑雪者对气候变化感知存在明显差异。其中初中及以下的潜在滑雪者对经验、知识的感知强度最低，分别为 2.33 和 2，但其在后果感知得分最高（3.6）；与滑雪者一样，高中/中专的潜在滑雪者对于气候变化的知识感知最高，为 3.89。

（3）影响因素分析

如表 5-19 所示，潜在滑雪者的性别、年龄、常住地和滑雪动机对气候变化感知均存在显著影响。同时，年龄、滑雪动机与气候变化感知的相关系数较大，与其他研究成果的结论一致（Gossling et al., 2007；Dearden and Manopawitr, 2010）。

表 5-19 中国潜在滑雪者气候变化感知的影响因素

项目		经验感知	知识感知	后果感知
人口特征	性别	−0.097	0.001	0.102*
	年龄	−0.059	0.015	0.150**
	文化水平	−0.018	−0.044	0.039
	收入水平	−0.080	0.063	−0.010
	常住地	0.102*	−0.021	0.032
阻碍因素	个人内在阻碍	0.041	−0.043	0.057
	外在结构阻碍	0.033	−0.023	0.033
	人际阻碍	0.048	−0.006	−0.011
滑雪动机	锻炼身体	0.139**	0.133**	−0.148**
	逃离/休闲	0.092	0.099	−0.058
	社会认可	0.037	0.020	0.063
	冒险刺激	0.098	0.147**	−0.026
	社交	0.156**	0.103**	−0.005
	成就感	0.132**	0.158**	−0.026

**在 0.01 级别（单尾）相关性显著；* 在 0.05 级别（单尾）相关性显著。

从不同类型的气候变化感知来看，人口特征因素（年龄、性别、常住地）主要对经验感知和后果感知存在显著影响；而滑雪动机主要对经验感知和知识感知存在显著的相关关系。此外，阻碍因素对气候变化感知并不存在显著影响。

5.4.2.3 滑雪决策意向

与滑雪者决策意向评价一致，通过 5 级李克特量表对气候变化背景下潜在滑雪者决策意向进行测评，分值设定为非常赞同（5 分）、赞同（4 分）、不确定

(3分)、不赞同（2分）、非常不赞同（1分）。从平均得分来看（表5-20），中国潜在滑雪者在气候变化背景下的决策与滑雪者较为一致，比较倾向选择"不改变"、"时间替代"和"空间替代"这三种策略，而不太会选择"活动替代"，表明气候变化并非其是否参与滑雪活动的决定因素。

表 5-20 中国潜在滑雪者的滑雪决策意向

决策类别	样本/个					平均分
	非常赞同	赞同	不确定	不赞同	非常不赞同	
不改变	132 (11.49%)	373 (32.38%)	423 (36.81%)	189 (16.45%)	33 (2.87%)	3.33
时间替代	153 (13.32%)	618 (53.79%)	303 (26.37%)	60 (5.22%)	15 (1.31%)	3.73
空间替代	138 (12.01%)	606 (52.74%)	342 (29.77%)	45 (3.92%)	18 (1.57%)	3.7
活动替代	72 (6.27%)	180 (15.67%)	513 (44.65%)	315 (27.42%)	69 (6.01%)	2.89

为更加清晰明确气候变化背景下中国潜在滑雪者决策意向，将表5-20的五种态度倾向简化为三种：同意、不确定和不同意（图5-13），并从问卷和访谈所获取的信息分别探讨不同决策意向的影响因素及形成原因。

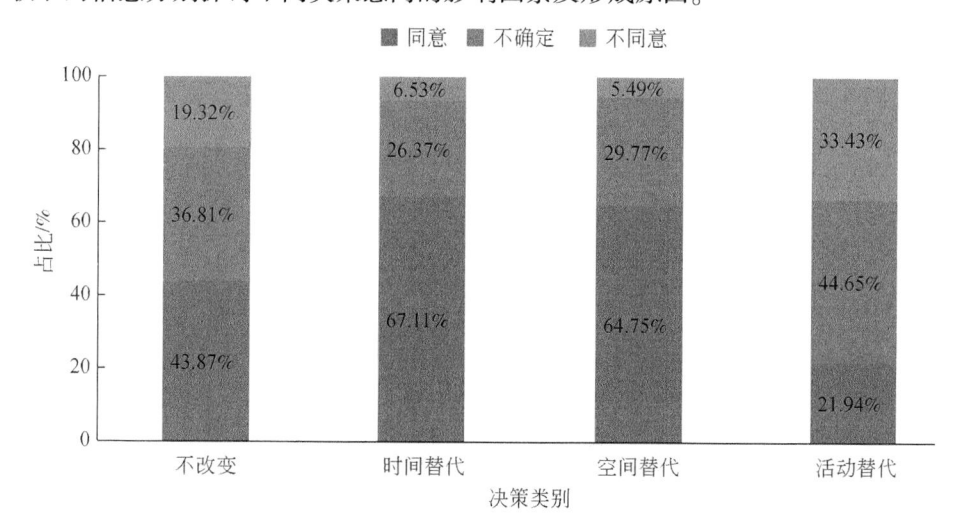

图 5-13 中国潜在滑雪者在气候变化背景下的滑雪决策意向

43.87%的潜在滑雪者认为未来气候变化对其滑雪决策没有太大影响,而19.32%认为该策略在气候变化背景下是不可取的,滑雪决策应根据气候变化做出相应调整。总体而言,近一半的潜在滑雪者会选择"不改变"策略;在未来气候变化背景下,有67.11%的潜在滑雪者会采用"时间替代"策略,即更换滑雪时间,该策略选择的比例与"不改变"策略选择比例并不矛盾,是因为该策略选择是基于原定滑雪时间在气候变化背景下无法进行滑雪运动或者无法获得良好滑雪体验时而不得不作出的选择。64.75%的潜在滑雪者会在未来气候变化背景下倾向于选择"空间替代"策略,即更换滑雪地点。与时间替代策略一样,该策略选择的比例与"不改变"策略选择比例并不矛盾,是因为该策略选择是基于原定滑雪地点在气候变化背景下无法进行滑雪运动或者无法获得良好滑雪体验时而不得不作出的选择。从"活动替代"策略来看,33.43%的潜在滑雪者认为滑雪运动不能被其他休闲娱乐所取代的,而21.94%的潜在滑雪者认为在未来气候变化背景下其会放弃滑雪活动。

与滑雪者相比,潜在滑雪者在气候变化背景下坚持滑雪运动的比例更低。同时,潜在滑雪者选择"活动替代"的不确定性的人数更多。主要原因在于潜在滑雪者未参与过滑雪运动,一方面对滑雪运动不存在复杂的感情,另一方面无法预判对滑雪运动是否喜爱,因此关于是否坚持参与该项运动更加难以判断。

5.4.2.4 滑雪决策意向的影响因素

表5-21呈现了将"是否改变滑雪时间"决策作为因变量的回归结果。研究结果表明,对气候变化的科学感知和后果感知会显著影响潜在滑雪者的这一决策,越感知到这种变化,潜在滑雪者越倾向于改变滑雪时间。此外,如果潜在滑雪者认同"逃离/休闲"是主要的滑雪动机,则其更有可能会选择改变滑雪时间;其他的滑雪动机和阻碍因素对改变滑雪时间的决策没有显著的影响。

表5-22呈现了将"是否改变滑雪地点"决策作为因变量的回归结果,不同于表5-21中的结果,气候变化的科学感知和后果感知的影响不再显著,而经验感知的影响显著为正,即对气候变化的经验感知越强,潜在滑雪者越倾向于改变滑雪地点。如果潜在滑雪者认可"成就感"是其滑雪的主要动机之一,则其更有可能在气候变化背景下改变滑雪地点。

表5-21 中国潜在滑雪者"是否改变滑雪时间"决策的影响因素

类别	因素	系数	标准差	P值
气候变化感知	经验感知	0.082	0.054	0.13
	科学感知	0.122	0.051	0.016**
	后果感知	0.155	0.081	0.057*
滑雪动机	逃离/休闲	0.129	0.069	0.063*
	社会认可	0.015	0.06	0.802
	冒险刺激	0.037	0.066	0.576
	社交	−0.023	0.059	0.692
	成就感	0.073	0.065	0.262
	身体锻炼	0.043	0.063	0.496
制约因素	个人内在制约	−0.064	0.097	0.515
	人际制约	0.002	0.054	0.97
	结构性制约	−0.031	0.078	0.689
常数项			是	
控制变量			是	
R^2			0.111	

**代表95%的置信度；*代表90%置信度。

表5-22 中国潜在滑雪者"是否改变滑雪地点"决策的影响因素

类别	因素	系数	标准差	P值
气候变化感知	经验感知	0.122	0.055	0.028**
	科学感知	0.082	0.052	0.116
	后果感知	0.093	0.083	0.265
滑雪动机	逃离/休闲	0.096	0.071	0.179
	社会认可	0.049	0.061	0.426
	冒险刺激	0.006	0.067	0.931
	社交	−0.015	0.061	0.809
	成就感	0.114	0.067	0.088*
	身体锻炼	0.006	0.065	0.921
制约因素	个人内在制约	−0.067	0.1	0.503
	人际制约	−0.046	0.055	0.404
	结构性制约	−0.1	0.08	0.213

续表

类别	因素	系数	标准差	P 值
常数项			是	
控制变量			是	
R^2			0.094	

**代表95%的置信度；*代表90%置信度。

表 5-23 呈现了将"是否放弃滑雪"决策作为因变量的回归结果，气候变化的经验感知和科学感知影响不再显著，而后果感知的影响显著为正。对气候变化的后果感知越强，潜在滑雪者越倾向于选择放弃滑雪。对于将"身体锻炼"作为滑雪动机，以及个人内在制约因素是重要阻碍因素的潜在滑雪者，更有可能做出放弃滑雪的选择。

表 5-23 中国潜在滑雪者"是否放弃滑雪"决策的影响因素

类别	因素	系数	标准差	P 值
气候变化感知	经验感知	0.035	0.045	0.446
	科学感知	0.069	0.043	0.107
	后果感知	0.230	0.068	0.001***
滑雪动机	逃离/休闲	0.008	0.058	0.886
	社会认可	0.014	0.050	0.784
	冒险刺激	-0.028	0.055	0.609
	社交	-0.013	0.050	0.799
	成就感	-0.052	0.055	0.347
	身体锻炼	0.180	0.053	0.001***
制约因素	个人内在制约	0.244	0.082	0.003***
	人际制约	-0.019	0.045	0.682
	结构性制约	0.116	0.066	0.077*
常数项			是	
控制变量			是	
R^2			0.189	

***代表99%的置信度；*代表90%置信度。

5.4.2.5 滑雪决策意向的影响机制

(1) 信度检验

由表5-24可知,各变量的Cronbach α值均大于0.7,表明各变量测量题项的内部协调性较好,调查问卷具备可靠性和稳定性,能进行下一步的检验分析。

表5-24 信度检验指标(潜在滑雪者问卷)

变量	Cronbach α值	变量	Cronbach α值	变量	Cronbach α值
滑雪动机	0.908	气候变化感知	0.731	阻碍因素	0.861

(2) 正态性检验

数据的正态性检验通过计算观测变量的偏度值与峰度值完成。根据表5-25,"滑雪阻碍因素""滑雪动机""气候变化感知"等观测变量的偏度值的绝对值均小于3,峰度值绝对值均小于10,符合正态分布。

表5-25 正态性检验(潜在滑雪者问卷)

	变量	偏度值	峰度值		变量	偏度值	峰度值
阻碍因素	人际阻碍	0.199	0.237	滑雪动机	锻炼身体	0.887	1.509
	外在结构阻碍	0.204	-0.098		休闲/逃离	0.562	1.726
	个人内在阻碍	-0.066	0.299		社会认可	0.017	-0.629
气候变化感知	知识感知	0.179	-0.206		冒险刺激	0.620	0.545
	经验感知	0.018	-0.373		社交	0.029	0.098
	后果感知	-0.480	0.748		成就感	0.301	0.465

(3) 实证结果及分析

由表5-26可见,潜在滑雪者气候变化感知-滑雪决策模型拟合指标具有较好的效度,绝对拟合指数和增值拟合指数均达到理想值。

图5-14中模型的路径系数反映出不同潜变量之间的标准化直接效果值。由此看出,"阻碍因素"对"潜在滑雪者的决策"的直接效应最为显著(0.14),达0.05显著性水平。而"滑雪动机"和"气候变化感知"对滑雪决策影响不显著。可见,潜在滑雪者气候变化感知-滑雪决策模型中最主要的影响路径为:阻碍因素→滑雪决策。

表5-26 气候变化背景下中国潜在滑雪者决策意向模型拟合度检验

项目	绝对拟合指数			增值拟合指数			
	χ^2/df	GFI	RMSEA	AGFI	CFI	NFI	IFI
理想值	1~3	>0.9	<0.1	>0.9	>0.9	>0.9	>0.9
整体模型	1.780	0.961	0.045	0.939	0.963	0.921	0.964

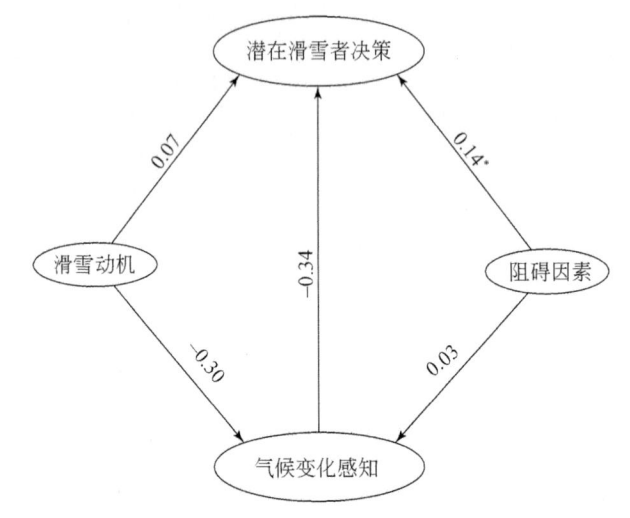

图5-14 中国潜在滑雪者气候变化感知与滑雪决策模型验证

*表示在0.05及以上水平显著；路径系数均为标准化后的值

5.5 本章小结

本章基于现实需求和潜在需求全面评估气候变化对滑雪旅游需求的影响，首先，测度滑雪者/潜在滑雪者对气候变化的感知程度；其次，探明滑雪者/潜在滑雪者在气候变化背景下的滑雪决策意向；最后，揭示滑雪者/潜在滑雪者的气候变化感知对其滑雪决策的影响机制，并探究影响滑雪决策的主要因素，主要结论如下。

1) 虽然滑雪者和潜在滑雪者均认为"气候已发生变化"，但其对气候变化风险感知强度不同。具体而言，初级滑雪者对气候变化的风险感知高于中高级滑雪者，该结论符合消费者购买决策行为理论，即购买行为会使得风险感知降低（Mitchell，1995）。

2) 滑雪者与潜在滑雪者的气候变化感知较为一致，但不同区域及社会属性促使气候变化感知差异的形成。潜在滑雪者对不同类型气候变化感知强度与滑雪者一致,均为经验感知最强,其次为知识感知,而对后果感知最弱。从感知差异来看,中国气候变化的敏感区域的滑雪者/潜在滑雪者的经验感知更强,如东北、西北地区;此外,45~64 岁年龄的滑雪者/潜在滑雪者的经验感知强度远远高于 18 岁以下滑雪者,然而 18 岁以下滑雪者/潜在滑雪者知识感知最强。

3)滑雪者和潜在滑雪在气候变化背景下的滑雪决策意向较为一致,主要倾向于采取空间替代,其次为时间替代、不改变及活动替代策略。然而,潜在滑雪者在气候变化背景下坚持滑雪运动的比例更低,且对活动替代策略持不确定态度的比例更高。

4)滑雪者气候变化感知-滑雪决策模型中最主要影响路径为:滑雪动机→参与度→忠诚度→气候变化感知→滑雪决策。此外,滑雪动机和忠诚度对气候变化感知存在显著的正向影响,而参与度对其呈负向影响。从作用效果来看,忠诚度对滑雪者决策的作用效果高于气候变化感知。

5)不同等级滑雪者在气候变化背景下的滑雪决策的主要影响因素不同,初级滑雪者主要受气候变化感知影响,而忠诚度是中高级滑雪者决策的重要影响因素,表明初级滑雪者需求在气候变化背景下更为敏感。

6)潜在滑雪者虽然气候变化感知较强,但阻碍因素是影响其滑雪决策的关键因素。潜在滑雪者的气候变化感知对其滑雪决策不存在显著影响,表明潜在滑雪者的滑雪需求对气候变化并不敏感。

第 6 章　中国室外滑雪场应对气候变化的对策

基于"多方参与–效益优先–分类应对"思路，提出中国室外滑雪场应对气候变化的策略。首先，从政府、企业、居民和其他非营利性机构等不同主体出发，构建多方参与的应对格局；其次，综合考虑成本–收益，构建室外滑雪者在气候变化背景下的效益优先决策机制，并评估主要措施的应对效果；最后，将气候变化背景下中国滑雪目的地划分为高风险、中风险、低风险区域，结合各个区域特点，确定分类应对的策略。

6.1　应　对　策　略

6.1.1　应对体系

中国室外滑雪场在气候变化背景下的可持续发展需要多方参与，形成协同推进格局，参与主体应包括政府、滑雪场经营者、滑雪者、滑雪协会、媒体、金融部门和当地居民等（图6-1）。整体而言，多方参与模式形成的基础在于拥有共同的问题意识，即认同气候变化对室外滑雪场造成严重影响，而后形成包含各种利益群体的行动主体，共同商定和执行推进室外滑雪场可持续发展的行动方案。

从单个行动主体来看，应对气候变化的措施具有差异性。从滑雪场经营者角度来看，主要应对措施包括开设室内滑雪场、采取技术措施（人工造雪、人工降雨降雪、发展滑雪斜坡）和经验措施（滑雪场集团化、娱乐活动多样化、市场营销、盈利多元化）；从政府角度来看，主要应对措施为对室外滑雪场进行财政补贴（如能源成本、公共土地租赁、基础设施拨款），积极支持室外滑雪场的发展；从滑雪协会角度来看，主要应对措施是对公众进行教育和温室气体减排的游说，通过减少碳排放来降低气候变化对室外滑雪场的影响；从金融部门角度来

第 6 章 | 中国室外滑雪场应对气候变化的对策

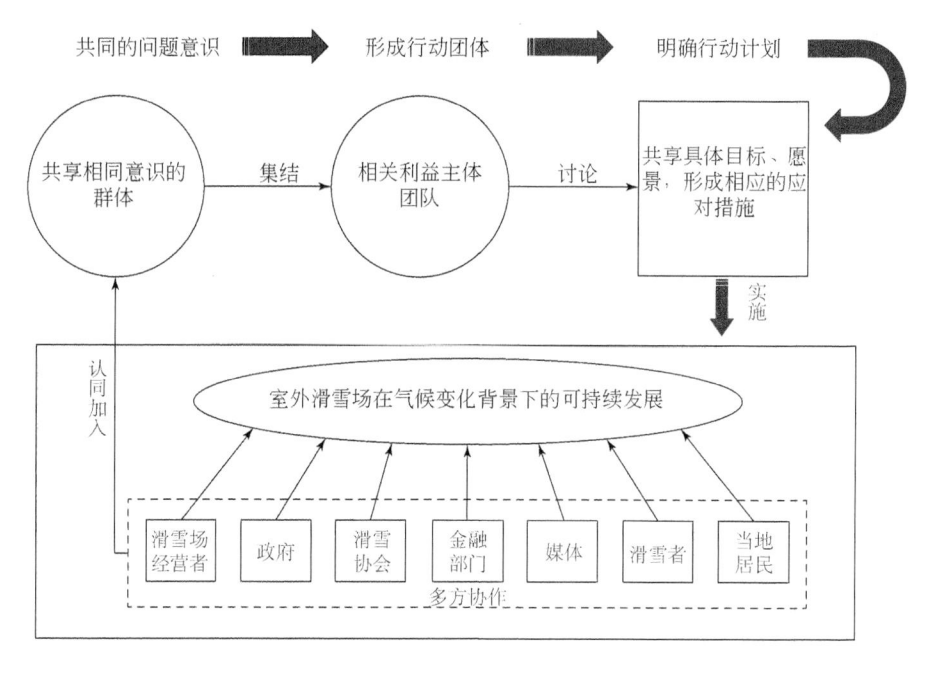

图 6-1 室外滑雪场可持续发展的多方参与框架

看,主要应对措施为发展气候指数保险,弥补室外滑雪场因气候变化带来的损失;从媒体角度来看,主要应对措施是改进天气报道,提升预警能力,应对气候变化;从滑雪者角度来看,可通过改变滑雪时间、改变滑雪地点来应对气候变化,而不是放弃滑雪活动;从当地居民角度来看,应积极践行低碳生活理念,通过个人实际行动减少气候变化对室外滑雪场的影响。

6.1.2 决策流程

气候变化背景下,室外滑雪场是否继续开展滑雪活动是其首要考虑的问题。虽然由于未来气候变化对滑雪产业的影响有诸多不确定因素,但管理者可以从收益和成本视角进行决策。具体而言,滑雪场管理者应该从需求和供应进行综合考虑,在需求方面主要考虑现在及未来是否有足够的滑雪运动参与者,而供给方面主要考虑是否有可靠的自然积雪资源以及是否有人工造雪的条件(图 6-2)。同时,还需考虑竞争对手是如何适应当前气候变化的。整体而言,如果商业模式可以盈利,室外滑雪场可以继续开展以滑雪活动,积极采取措施应对气候变化;如果商业模式不盈利，则需考虑终止滑雪活动。

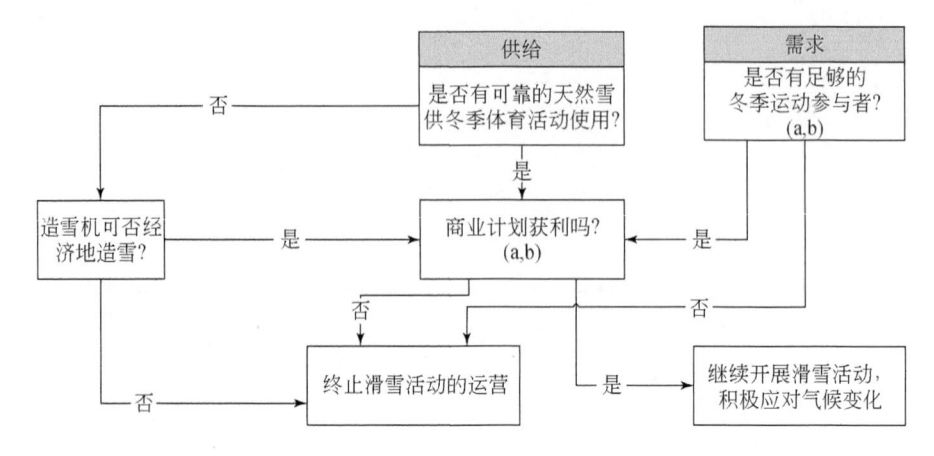

图 6-2　室外滑雪场经营者应对气候变化的决策流程

a：考虑竞争者受气候变化的影响程度；
b：考虑未来人口结构、社会运动偏好等变化

资料来源：根据 Dawson 和 Scott（2013）修改绘制

6.1.3　主要措施

基于决策流程，在明确室外滑雪场将持续开展滑雪活动的基础上，则需采取相应措施积极应对气候变化。从现有国际经验而言，室外滑雪场应对气候变化的主要措施包括加大人工造雪量、提升人工造雪技术、开展夜间滑雪、丰富依赖积雪的其他旅游产品、扩大可滑雪面积、开发多业态四季经营模式、更新营销策略等，这些措施的优缺点见表 6-1（Rodrigues et al，2018）。

6.1.4　措施选择

综合考虑主要应对措施的优缺点，结合中国实情，以及气候变化对中国室外滑雪场供给和需求的分析结果（本书第 4 章和第 5 章），中国室外滑雪场应对气候变化的主要措施可分为供给和需求两方面。

表6-1 室外滑雪场应对气候变化主要措施的优缺点

适应措施	优点	缺点
加大人工造雪量	·娱乐和经济效益 ·利用人工造雪的水扑救森林火灾或其他娱乐用途	·水资源消耗 ·CO_2排放增加 ·对土壤造成影响 ·对动植物造成影响 ·景观退化 ·机会成本 ·投资无回报的风险 ·人工造雪施工相关的建筑垃圾增加
提升人工造雪技术	·CO_2减少排放 ·降低水资源压力 ·节省费用	·机会成本 ·技术过时可能产生环境成本（如废弃物增加） ·与技术制造相关的材料和能源消耗 ·可能在未来气候条件下难以实现造雪而形成投资回报不足
开展夜间滑雪	·更好地分配滑雪场的承载能力 ·娱乐和经济效益	·能源消耗增加 ·噪声和视觉污染 ·较高的事故风险
丰富依赖积雪的其他旅游产品	·减少其他活动造成的环境压力 ·减少对其他活动的经济依赖	·材料、水和能源资源消耗较高 ·对动植物造成影响 ·景观退化 ·土地使用冲突
扩大可滑雪面积	·娱乐和经济效益	·增加水和能源消耗 ·土地使用冲突 ·建筑工程造成建筑垃圾增加 ·机械设备使用造成的粉尘、噪声和污染物的排放增加 ·对土壤造成影响 ·对动植物造成影响 ·景观退化
开发多业态四季经营模式	·娱乐和经济效益 ·支持经济可持续发展 ·根据自然环境调整娱乐活动，降低对环境的影响 ·调整娱乐活动适应气候变化	·相关建筑工程使材料、水和能源消耗较高 ·改建度假村的建筑工程造成废弃物增加
更新营销策略	·娱乐和经济效益	·营销策略执行产生较高的材料和能源消耗

6.1.4.1 减缓气候变化对室外滑雪场供给影响的应对措施

(1) 提升人工造雪能力

加大人工造雪量。人工造雪是滑雪场经营者应对气候变化的主要措施,对降低滑雪场在气候变化背景下的脆弱性具有重要作用。根据瑞士索道协会的数据,在 2020~2021 年的冬季,瑞士阿尔卑斯山 53% 的滑雪场需进行人工造雪。对于中国而言,人工造雪是目前大多数室外滑雪场运营的前提条件,在未来气候变化背景下,人工造雪需求量将不断上升,必然需要加大人工造雪。需要指出的是,由于人工造雪有许多限制性条件(如零度以下的气温、大量淡水),人工造雪并不是滑雪产业应对气候变化的万能策略,不能完全解决未来滑雪季节缩短的问题。以中国为例,在 2080s 的高排放情景下(RCP8.5),即使人工造雪技术提升,中国不同区域的滑雪季节长度减少比例仍为 8%~86%。此外,人工造雪的费用极高,涉及供水系统的建设、雪炮购买及安装等。如西班牙的(La Molina)滑雪场,每年平均人工造雪量为 625305 m^3,人工造雪成本达 553773 欧元(约 0.9 欧元/m^3)。在中国,大型滑雪场单个雪季的人工造雪成本在 2000 万元以上(中国日报网,2018)。同时,人工造雪具有耗水多、耗电大、噪声大和地面结冰不易融化等特点,对生态环境造成较大的负面影响。因此,室外滑雪场经营者在采取该措施时,应建立完善的环境保护政策体系和管理体系,既选择低能耗的造雪系统,又要采取雨水集蓄利用等生态化的运营措施,实现室外滑雪场与生态环境协调发展的目标。

人工造雪技术革新。人工造雪技术的提升方向为:使造雪机能在较高的温度下实现人工造雪,且水资源和能源消耗降低。目前国内外人工造雪技术大多针对 0℃ 以下环境,虽然也有能在 2℃ 造雪的设备,但对天气条件要求相当严苛。许多国家正致力于研究开发能在 0℃ 以上进行人工造雪的技术。例如,针对 2022 年北京冬奥会的实际需求,中国研发了零度以上环保造雪设备,能在 0~15℃ 甚至更高温度环境下人工造雪、储雪和供热一体化(北京日报,2018)。此外,人工造雪技术进步的另一种创新是自动人工造雪系统,它的最大优点是能精准识别天气,利用最有利的天气条件进行人工造雪,从而实现低能耗、大造雪量的效果。

(2) 维持滑雪季节长度

开展夜间滑雪活动。滑雪场应积极探索开发夜间滑雪旅游产品,这项措施有助于弥补气候变化造成的滑雪季节缩短及营业收入减少的损失。中国越来越多的室外滑雪场陆续开放夜场，发展夜经济。需要指出的是，不是所有室外滑雪场都适合开展夜间滑雪项目，而需要依据客户群定位、客源距离，以及客流量等因素综合权衡。此外，由于夜间可能出现的不利天气更多，滑雪场应加强夜间气候条件的监控，建立完善的安全巡逻系统，并实时调整夜间滑雪活动的开放时间，以降低事故发生概率。

向高海拔地区扩大滑雪面积。室外滑雪场向积雪更可靠、滑雪季节更长的高海拔地区扩展是适应气候变化的基本措施。然而，高山生态环境的脆弱性与海拔成正比，室外滑雪场在采取这项措施时，应进行环境影响评估，对室外滑雪场扩展项目实施后可能造成的环境影响进行分析、预测和评估，并提出预防/减轻不良环境影响的对策和措施。

（3）降低对气候变化敏感性

丰富依赖冰雪的其他旅游产品。室外滑雪场应以经营滑雪为主，采取灵活多样的经营方式，将冰雪与艺术、体育、娱乐、文化、旅游、经贸、研修等融为一体，开发适应未来气候变化情景的其他冰雪依赖型旅游产品，如冰橇、雪橇、主题公园或溜冰场等，既能降低对气候变化的敏感性，又能吸引多样化的游客群体。

开发多业态四季经营模式。滑雪场应加强开发春、夏、秋三季的营业项目，实现从传统雪场的单一经营方式较快地转型为四季运营模式，打造如山地户外类、儿童教育营地类、雪场地产类、高尔夫类以及水上乐园等多业态发展方式。综合业态的开展应注重环境保护，通过生态环境多样性建设，保证滑雪场地四季美景。同时，滑雪场应根据市场定位与其所在区域的特点有机融合，打造具有特色吸引力、避免雷同的滑雪度假区运营，并在服务最优化的基础上，结合滑雪度假区的不同区域性特征，形成独有的市场竞争优势。此外，可通过相关旅游套餐的推介增加室外滑雪场的吸引力，使滑雪者的停留时间延长及消费增加。

6.1.4.2 减缓气候变化对室外滑雪场需求影响的应对措施

（1）提升滑雪者参与度

提高滑雪者参与率和滑雪频次。虽然2021~2022年滑雪季中国滑雪人次为2076万，但中国滑雪市场以初级体验者为主。同时，中国滑雪转化率较低，即一次性体验滑雪者较多。根据《2019中国滑雪产业白皮书》，一次性体验滑雪者在滑雪人群中的占比为72.04%。因此，室外滑雪场应致力于解决谁去滑、何时滑两大核心问题。主要措施为：深入推广普及滑雪运动，提高滑雪人口渗透率；不断提升滑雪转化率，将庞大的滑雪体验者群体转化为稳定的滑雪人口，提升人均滑雪频次；落实带薪休假，探索设立各地特色的冰雪日和雪假制度，合理推进周末/假期滑雪高峰有效分流；更新营销策略，基于滑雪者需求变化及区域竞争环境分析，将传统的营销理念与体验式营销、关系营销、绿色营销有机结合，以吸引滑雪者。通过扩大滑雪群体及滑雪时间灵活，从本质上增加滑雪者参与率和滑雪频次，才能有可能提升滑雪者参与度，增加滑雪者对滑雪运动的依恋等，从而降低气候变化对室外滑雪场滑雪需求的潜在影响。

强化滑雪对于滑雪者的重要性。提升滑雪者参与度的关键在于滑雪者对滑雪运动的重视。因此，应注重提高滑雪对于滑雪者的中心性和身份表达。主要措施包括：打造家庭友好型滑雪胜地，除了有针对不同家庭成员的休闲娱乐项目，还需开设系统化儿童滑雪培训项目及看护服务，通过家庭的联结巩固滑雪的中心性；搭建滑雪社群，以便滑雪者获取信息和交流感情，从而形成滑雪者共同体，提升滑雪者归属感和身份认同，强化滑雪者的身份表达。

（2）提高滑雪者忠诚度

提升滑雪者满意度。滑雪者满意度是忠诚度的基础，室外滑雪场应着力优化软环境，通过细化服务内容、丰富雪场活动、优化产品供给结构、塑造滑雪品牌等措施，实现滑雪场的转型升级和提质增效，推进文体旅产业融合，有效提升滑雪者体验感和满意度。同时，完善滑雪者意见反馈平台，将滑雪者意见反馈——净推荐值（net promoter score，NPS）作为管理工具，衡量滑雪者的满意度。例如，可通过官方网站、线上票务系统、滑雪社区服务平台等渠道获取消费者的意见反馈，找到推荐型消费者的比例，并采取相应措施巩固并提高该部分人群的比例。同时，加强与贬低型消费者的直接沟通，解决好投诉问题，维护好度假区的口碑，通过提升室外滑雪场的服务质量来提高滑雪者的重复到访率。

增加滑雪者黏性。忠诚计划是增加收入和激发顾客忠诚度最有效的策略之一，其核心是奖励那些不断与品牌进行互动的消费者，即顾客向品牌购买或互动得越多，赢取的奖励就越多。实施顾客忠诚计划，将会带来更多的顾客推荐、更高的顾客留存率、更多的销售额，以及更有效的品牌宣传。不同室外滑雪场可根据实际情况，分别实行积分制忠诚计划（滑雪者通过积累积分，兑换赠品、返现和额外津贴等）、等级忠诚计划（滑雪者根据其等级获得不同福利）、付费忠诚计划（收取参与费为滑雪者提供即时或持续性福利）和价值忠诚计划（将一定比例的购买金额捐赠给慈善机构或福利项目）。

（3）化解潜在滑雪者的滑雪阻碍因素

突破结构性制约。根据《中国滑雪产业白皮书》，中国绝大部分省级行政区均有室外滑雪场，但由于信息传播有限或接收受阻，导致居住地附近没有合适的滑雪场成为阻碍潜在滑雪者参与滑雪运动的最重要因素。同时，潜在滑雪者对滑雪旅游产品价格非常敏感。因此，室外滑雪场应充分利用网络营销即时性、经济性、精准性、互动性等特点，提升潜在滑雪者关注度，与周边旅游项目结合打造特色服务，通过价格折扣、优惠、赠送等推广活动吸引潜在滑雪者，并可对第一次滑雪者赠送免费的初级滑雪教学课程，进一步扩大区域内滑雪消费群体。

减少人际间制约。针对找不到合适的人一起滑雪这一主要的人际间制约因素，室外滑雪场可开展滑雪推荐员计划，对滑雪者推荐自己未尝试过滑雪运动的朋友/家人来滑雪的行为给予奖励；对于单独滑雪者，可设置交友平台和社交空间，方便第一次尝试滑雪的个体能快速寻找到合适的伙伴一起体验滑雪的乐趣。

6.2 主要策略应对效果

6.2.1 主要应对策略

如前所述，人工造雪是减缓气候变化对室外滑雪场供给影响的主要措施，对降低室外滑雪场在气候变化背景下的脆弱性和敏感性具有重要作用。由于中国室外滑雪场现有人工造雪量已较大，仅通过增加人工造雪时间和造雪机数量应对气候变化作用有限且运营成本高，主要应对措施应为提升人工造雪技术（方琮等，2020），即造雪机能在更高的温度下实现人工造雪，同时降低水资源和能源消耗。具体而言，人工造雪技术提升主要通过增加适宜人工造雪的时间从而提高人工造雪量，增加滑雪场的滑雪季节长度，即人工造雪技术通过改变气候变化背景下人工造雪能力而引起滑雪季节长度变化。其中，人工造雪能力是根据室外滑雪场雪道海拔分布模拟的人工造雪量加权平均值，代表特定人工造雪技术条件下整个滑雪场人工造雪量的平均水平。

6.2.2 应对效果评估

本节主要分析人工造雪技术提升这一策略的应对效果，基于日值气象观测数据（1981~2010年）和IPCC第五次评估最新发布的未来中高排放情景数据（RCP4.5、RCP8.5），选取人工造雪能力和滑雪季节长度两个指标，通过改进的SkiSim 2.0模型评估人工造雪技术提升（人工造雪适宜温度由现有的-5℃提升到-2℃）对中国滑雪场减缓气候变化潜在影响的作用，阐明人工造雪技术提升对不同区域滑雪场的意义及有效时限，明确该策略的应对效果，旨在为不同区域滑雪场有效应对未来可能发生的气候变化提供科学依据。

(1) 人工造雪技术提升对人工造雪能力的影响

在未来气候变化背景下，中国不同省份人工造雪能力将受到不同程度的影响。与现有人工造雪技术相比，人工造雪技术提升将使得中国所有区域滑雪场的人工造雪能力提高（图6-3），但对不同区域的作用大小不同。具体而言，对于气候变化背景下人工造雪能力下降的区域而言，提升的人工造雪技术将使得其人工造雪能力大幅度提高；而对于气候变化背景下人工造雪能力提高的区域而言，人工造雪技术革新对其人工造雪能力进一步提升的作用较小。例如，北京、山东、河南在部分时期人工造雪能力并未下降反而呈现小幅度上升趋势，而人工造雪技术提升对西北和东北区域的人工造雪能力的影响仅呈现小幅度提升，主要原因在于人工造雪适宜温度提升3℃（由-5℃提升至-2℃）将使得华东、华中等地区适宜人工造雪的时间大幅度增加，而对东北、西北等地区适宜人工造雪时间的影响较小。

(2) 人工造雪技术提升对滑雪季节长度的影响

若人工造雪技术提升，中国主要省份的滑雪季节长度在未来不同时段和排放情景下都将增加。从滑雪天数减少比例来看（表6-2），在大部分时期和情景下，人工造雪技术提升使得敏感性高区域的滑雪季节减少比例降低一半以上，如北京、河南、山东。然而，在2080s的高排放情景下（RCP8.5），人工造雪技术提升对滑雪季节长度增加作用较小。以北京为例，即使人工造雪技术提升，其滑雪季节长度减少比例仍高达86%。

第6章 | 中国室外滑雪场应对气候变化的对策

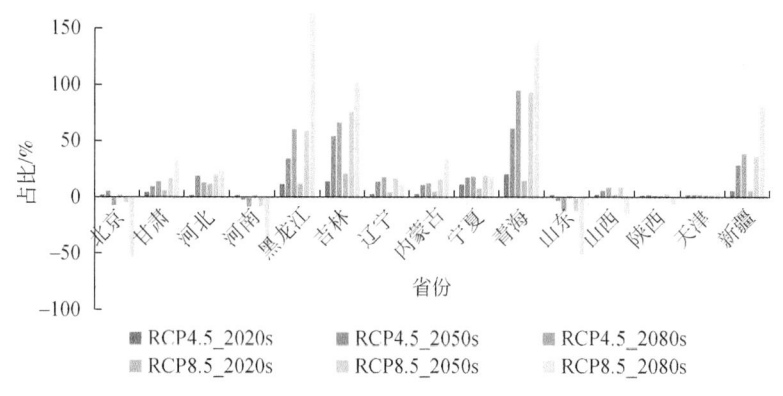

图 6-3 人工造雪技术提升对人工造雪能力的影响

表 6-2 不同人工造雪技术下中国主要省份室外滑雪场滑雪季节长度变化比例

(单位:%)

区域	省份	RCP4.5						RCP8.5					
		2020s		2050s		2080s		2020s		2050s		2080s	
		现有	提升	现有	提升	现有	提升	现有	提升	现有	提升	现有	提升
华北	北京	-19	-7	-61	-21	-80	-39	-22	-8	-79	-37	-97	-86
	山西	-8	-4	-23	-11	-40	-16	-8	-5	-40	-17	-68	-54
	天津	-5	-4	-14	-10	-22	-15	-6	-5	-23	-16	-64	-35
	内蒙古	-1	-1	-4	-4	-6	-6	-1	0	-6	-6	-13	-12
	河北	-7	-3	-15	-7	-20	-13	-7	-2	-19	-13	-31	-27
东北	黑龙江	-1	-1	-4	-3	-5	-4	-2	-1	-5	-5	-10	-8
	吉林	-2	-1	-5	-3	-9	-6	-2	-1	-9	-5	-17	-14
	辽宁	-4	-4	-13	-10	-19	-13	-6	-5	-19	-14	-33	-32
西北	新疆	-2	-2	-5	-4	-7	-6	-2	-2	-8	-6	-16	-13
	甘肃	-5	-3	-9	-8	-13	-12	-4	-3	-13	-11	-25	-22
	宁夏	-3	-3	-10	-10	-14	-14	-4	-4	-14	-14	-30	-25
	青海	-1	-1	-5	-4	-8	-6	-2	-2	-8	-6	-21	-17
	陕西	-8	-5	-23	-11	-34	-17	-9	-6	-36	-17	-65	-41
华东	山东	-18	-7	-54	-23	-76	-39	-23	-7	-75	-38	-95	-85
华中	河南	-21	-8	-51	-20	-66	-33	-22	-8	-68	-35	-92	-75

注：现有代表现有的人工造雪技术；提升代表提升后的人工造雪技术。

气候变化对中国室外滑雪场的潜在影响及应对

从增加天数来看（表6-3），人工造雪技术提升对敏感性高的滑雪场更为重要，如北京、山东、河南滑雪季节长度最多可增加47d、41d和42d；而敏感性低的省份，滑雪季节长度增加较少。以黑龙江为例，人工造雪技术的提升仅能使其滑雪季节长度增加3~6d。

表6-3 人工造雪技术提升使中国主要省份室外滑雪场滑雪季节长度增加的情况

（单位：d）

区域	省份	RCP4.5			RCP8.5		
		2020s	2050s	2080s	2020s	2050s	2080s
华北	北京	29	47	45	31	46	12
	山西	13	22	34	13	33	20
	天津	8	11	15	9	15	35
	内蒙古	4	5	5	6	5	7
	河北	15	20	17	15	17	12
东北	黑龙江	4	4	5	4	4	6
	吉林	5	7	7	5	9	8
	辽宁	11	14	16	12	16	10
西北	新疆	5	6	7	5	7	8
	甘肃	10	10	9	10	10	11
	宁夏	11	11	10	11	11	15
	青海	5	7	8	6	8	10
	陕西	13	23	29	14	31	34
华东	山东	32	41	41	34	41	11
华中	河南	32	42	41	32	41	19

基于滑雪场尺度，图6-4和图6-5分别展示了中等温室气体排放情景（RCP4.5）和最高温室气体排放情景（RCP8.5）下现有和提升人工造雪技术的中国滑雪季节长度对比。由图6-4（a）可知，在RCP4.5中排放情景下，若人工造雪技术不提高，在2020s山东、北京和河北等地区部分滑雪场滑雪季节长度将低于60d；至2050s，滑雪季节长度低于60d的滑雪场数量增多，波及的省份增加，如山西和陕西省［图6-4（c）］；在2080s，虽然滑雪季节长度低于60d的滑雪场分布格局没有变化，但滑雪季节长度低于100d的滑雪场数量明显增多，主要是新疆［图6-4（e）］。若人工造雪技术提升，在2020s滑雪季节长度高于80d的滑雪场

数量高达98%［图6-4（b）］；山东、北京和河北等地区大部分滑雪场的滑雪季节长度在2050s依旧能保持60d以上［图6-4（d）］；至2080s，滑雪季节长度低于60d的滑雪场数量相对较少，仅占总数的9%，且新疆所有滑雪场滑雪季节长度均将高于100d［图6-4（f）］。

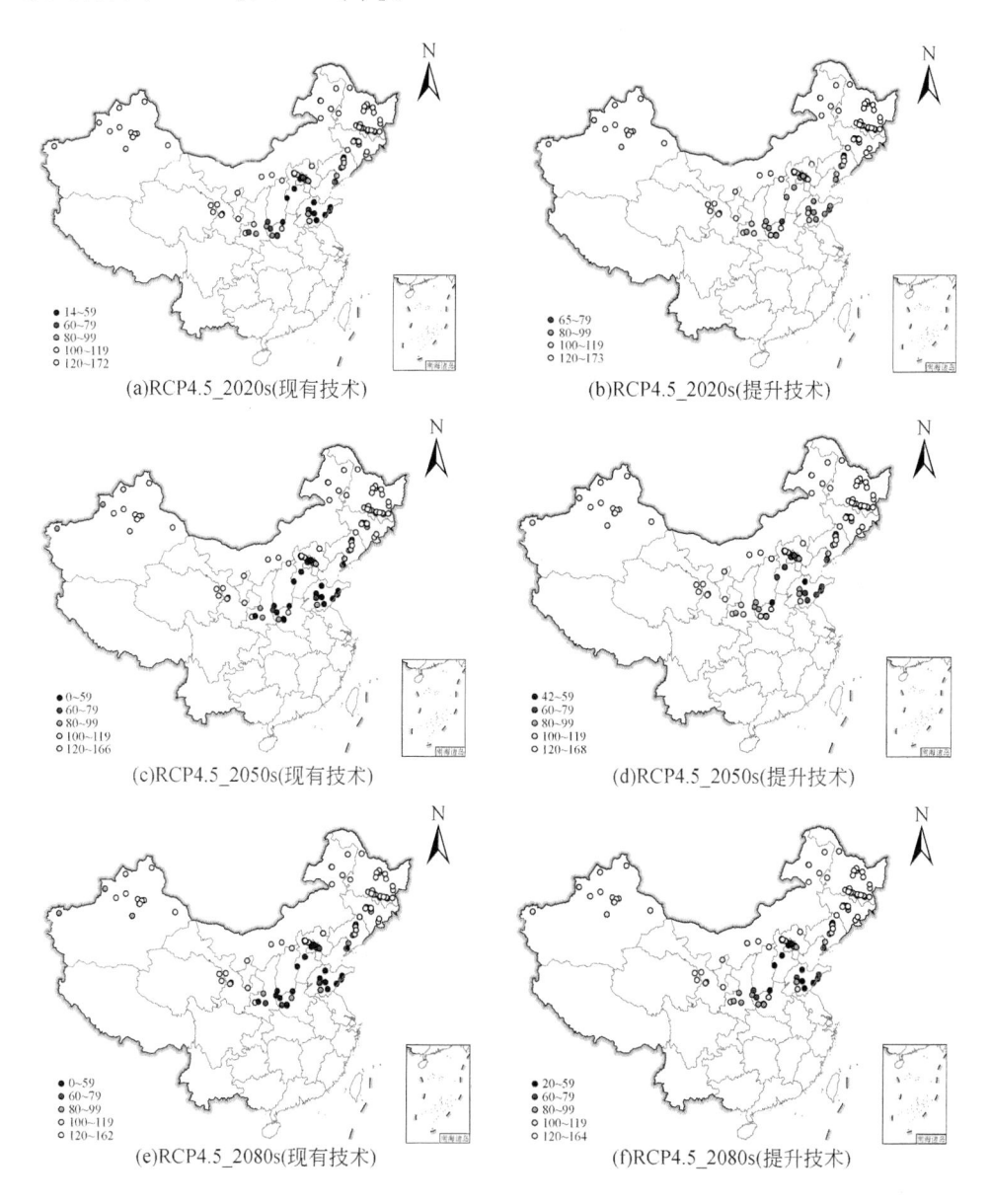

图6-4　人工造雪技术提升对中国主要室外滑雪场滑雪季节长度的影响（RCP4.5）

气候变化对中国室外滑雪场的潜在影响及应对

RCP8.5 高排放情景下的气候变化对中国滑雪场滑雪季节长度造成的负面影响更大（图 6-5）。由图 6-5（a）可知，若维持现有人工造雪技术，2020s 山东、北京和河北等地大部分滑雪场滑雪季节长度将低于 60d；在 2050s，河南、山西

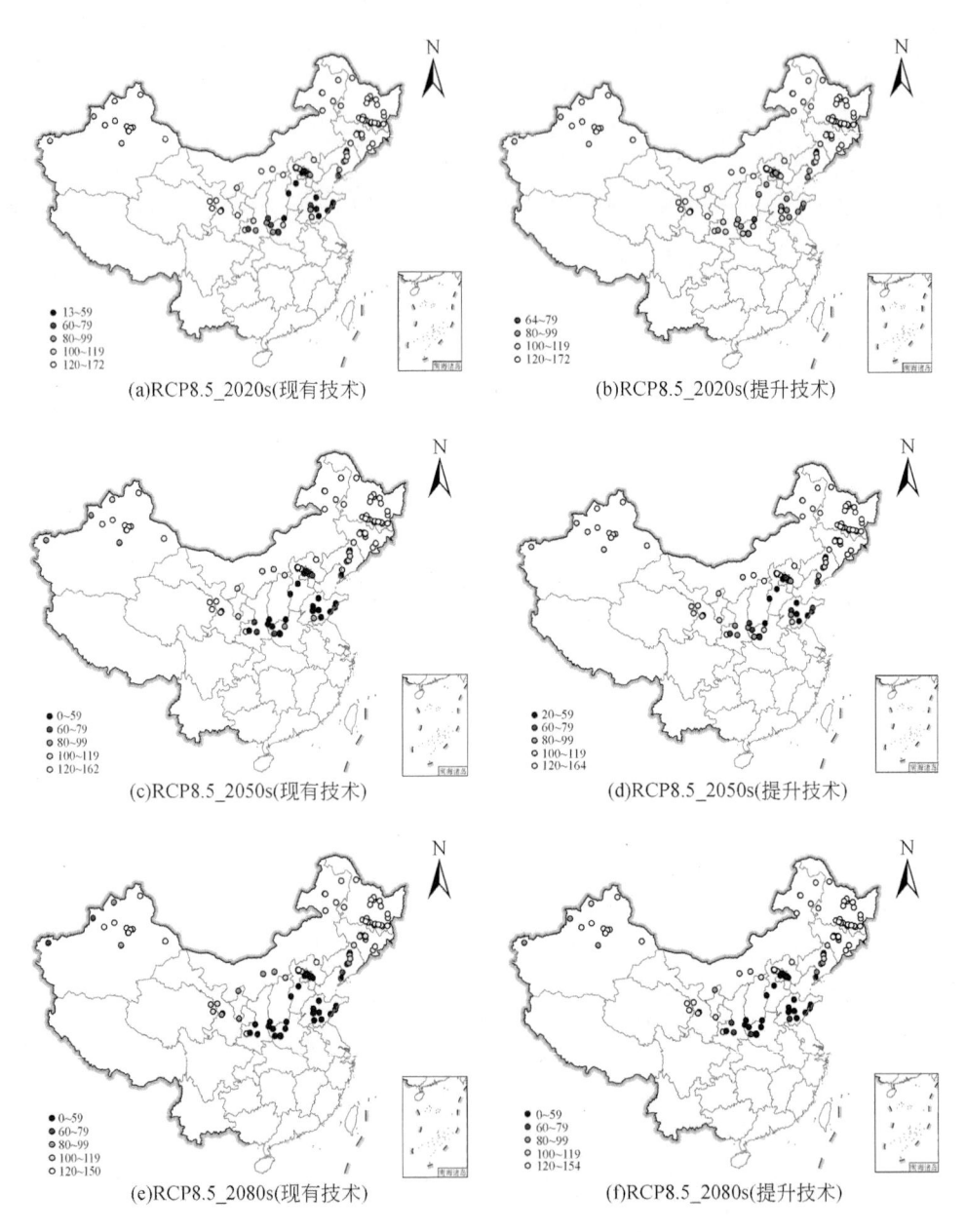

图 6-5 人工造雪技术提升对中国主要室外滑雪场滑雪季节长度的影响（RCP8.5）

等地滑雪季节长度低于60d的滑雪场数量明显增加,且新疆部分滑雪场滑雪季节长度低于100d[图6-5(c)];至2080s,虽然黑龙江和吉林的滑雪季节长度仍能保持在120d以上,但其他区域滑雪场滑雪季节长度明显缩短,尤其是西北区域[图6-5(e)]。若人工造雪技术提升,2020s所有滑雪场的滑雪季节长度将高于65d[图6-5(b)];至2050s,滑雪季节长度低于60d的滑雪场数量仅占总数的9%,且新疆所有滑雪场滑雪季节长度将高于100d[图6-5(d)];东北所有滑雪场滑雪季节长度在2080s能维持在120d以上,且西北大部分滑雪场滑雪季节长度高于80d[图6-5(f)]。

研究结果表明,提升的人工造雪技术在不同温室气体排放情景和不同时期将增加所有滑雪场的滑雪季节长度,尤其是受气候变化影响较大的滑雪场。例如,在RCP4.5中排放情景下,若维持现有人工造雪技术,2050s西北地区部分滑雪场的滑雪季节长度将低于100d(如新疆);而提升的人工造雪技术将使得黄河以北地区滑雪场的滑雪季节长度即使在2080s仍高于100d。在RCP8.5高排放情景下,若人工造雪技术未提升,2020s华北和华中部分滑雪场的滑雪季节长度将低于60d;而人工造雪技术提升将使得同时期所有滑雪场的滑雪季节长度均高于65d(图6-5)。相比而言,提升的人工造雪技术对受气候变化影响较小的滑雪场作用甚微。例如,无论人工造雪技术是否提升,东北大部分滑雪场滑雪季节长度都能维持在120d以上。

此外,通过对比现有和提升人工造雪技术水平下中国滑雪季节长度分布情况可知,不同温室气体排放情景下人工造雪技术的提升并没有改变中国滑雪场滑雪季节长度的分布格局(图6-4,图6-5)。未来滑雪季节长度低于60d的滑雪场仍然主要位于北京、山东等地区,而滑雪季节长度能维持100d以上的滑雪场主要分布在东北和新疆。无论人工造雪技术是否提升,中国滑雪季节长地理分界线始终为长白山-阴山-祁连山-天山,该线北部的滑雪季节长度均大于120d,而该线南部的滑雪季节长度大部分低于100d。主要原因在于滑雪季节长度根本上仍取决于地理环境条件,这也是滑雪场选址和建设的基本前提。研究表明,无论是政府对产业要素的调控,还是市场对产业要素的配置,滑雪场依旧受控于冰雪、气候、地形等自然因素。

6.3 不同区域应对策略

6.3.1 类型划分

根据表6-2可知，在所有时期（2020s、2050s、2080s）和不同温室气体排放情景（RCP4.5、RCP8.5），滑雪季节长减少比例高的省份均是北京、山东、河南，其次为山西和陕西，减少比例小的省份为新疆、内蒙古、吉林、黑龙江等。在大部分情景下，甘肃、青海和宁夏滑雪季节长减少比例较小，而天津、河北和辽宁的减少比例处于中等水平。此外，中国高质量室外滑雪场主要集中在北京—张家口、吉林省、新疆阿勒泰三大区域，深受滑雪者喜爱（方琰等，2023）。

结合不同省份滑雪需求（年滑雪人次）和人工造雪成本（工业用水价格），可将不同区域划分为六个类型（表6-4）。类型一为气候变化敏感性高或较高、滑雪人次多或者一般，且人工造雪成本高的区域，包括北京、陕西、山东和河南；类型二为气候变化敏感性一般、滑雪人次多，且人工造雪成本一般的区域，仅有河北；类型三为气候变化敏感性一般、滑雪人次少，且人工造雪成本高的区域，仅有天津；类型四为气候变化敏感性低、滑雪人次多，且人工造雪成本低或者一般的区域，包括黑龙江、吉林、新疆和内蒙古；类型五为气候变化敏感性较高/一般、滑雪人次少或者一般，且人工造雪成本一般的区域，包括山西、辽宁；类型六为气候变化敏感性较低、滑雪人次较少，且人工造雪成本较低或一般的区域，包括甘肃、宁夏和青海。

表6-4 不同区域室外滑雪场类型划分

区域	省份	气候变化敏感性	滑雪人次（2019年数据/万人次）	工业用水价格（元/m³）	相应类型
华北	北京	高	多（189）	高（6.21）	类型一
	山西	较高	一般（95）	一般（4）	类型五
	天津	一般	少（46）	高（7.85）	类型三
	内蒙古	低	多（101）	一般（4.10）	类型四
	河北	一般	多（243）	一般（4.80）	类型二

续表

区域	省份	气候变化敏感性	滑雪人次（2019年数据/万人次）	工业用水价格（元/m³）	相应类型
东北	黑龙江	低	多（186）	低（2.5）	类型四
东北	吉林	低	多（215）	低（2.46）	类型四
东北	辽宁	一般	少（67）	一般（3）	类型五
西北	新疆	低	多（122）	低（2.7）	类型四
西北	甘肃	较低	少（60）	低（2.69）	类型六
西北	宁夏	较低	少（22）	低（2.20）	类型六
西北	青海	较低	少（15）	一般（3.43）	类型六
西北	陕西	较高	一般（74）	高（5）	类型一
华东	山东	高	一般（88）	高（5.95）	类型一
华中	河南	高	一般（96）	高（5.95）	类型一

6.3.2 组合策略

基于前述主要措施的应对效果分析可知，提升人工造雪技术可在不同温室气体排放情景和不同时期增加中国所有滑雪场的滑雪季节长，尤其是受气候变化影响较大的滑雪场，但对受气候变化影响较小的滑雪场作用甚微。因此，从供给视角而言，受气候变化影响较大的区域，主要采用人工造雪技术革新措施；受气候变化影响较小且人工造雪成本较低的区域主要采用增加人工造雪措施；针对滑雪需求大且敏感性较高的区域，可开展夜间滑雪和开发多业态四季经营模式，而滑雪需求一般且敏感性较低的区域，可丰富其他依赖积雪的旅游产品。

从需求视角而言，滑雪人次多的区域主要是提升滑雪者忠诚度，包括提升滑雪者满意度、增加滑雪者黏性。滑雪人次一般的区域重点是提升滑雪者参与度，包括提高滑雪者参与率和滑雪频次、强化滑雪对于滑雪者的重要性。滑雪人次低的区域主要是挖掘潜在滑雪需求市场，通过突破结构性制约和减少人际间制约，将潜在滑雪者转换为滑雪者。

基于以上分析，针对不同类型区域的应对措施见表6-5。需说明的是，以下为不同类型区域最重要的应对气候变化的措施组合，并不代表其他措施不能采用。

表 6-5 基于类型划分的应对措施组合

项目	类型一	类型二	类型三	类型四	类型五	类型六
区域	北京、陕西、山东、河南	河北	天津	黑龙江、吉林、新疆、内蒙古	山西、辽宁	甘肃、宁夏、青海
供给视角	·人工造雪技术革新 ·开展夜间滑雪 ·开发多业态四季经营模式	·开展夜间滑雪 ·丰富其他依赖积雪的旅游产品 ·开发多业态四季经营模式	·丰富其他依赖积雪的旅游产品 ·开发多业态四季经营模式	·增加人工造雪 ·开展夜间滑雪 ·丰富其他依赖积雪的旅游产品	·增加人工造雪 ·丰富其他依赖积雪的旅游产品	·丰富其他依赖积雪的旅游产品 ·开发多业态四季经营模式
需求视角	·提升滑雪者满意度 ·增加滑雪者黏性	·提升滑雪者满意度 ·增加滑雪者黏性	·提高滑雪者参与率和滑雪频次 ·强化滑雪对于滑雪者的重要性	·提升滑雪者满意度 ·增加滑雪者黏性	·提升滑雪者参与度 ·突破潜在滑雪者结构性制约 ·减少潜在滑雪者人际间制约	·突破潜在滑雪者结构性制约 ·减少潜在滑雪者人际间制约

6.4 本章小结

本章系统分析国外室外滑雪场应对气候变化的主要措施及其优缺点，在评估主要应对措施的应对效果的基础上，依据评估结果、滑雪需求和区域特点划分不同类型，针对不同类型提出相应应对措施组合，主要结论如下。

1）推动中国室外滑雪场在气候变化背景下的可持续发展需要多方参与，形成协同推进格局，参与主体应包括政府、滑雪场经营者、滑雪者、滑雪协会、媒体、金融部门和当地居民等，其中滑雪场经营者的主要应对措施包括加大人工造雪、人工造雪技术提升、开展夜间滑雪、丰富依赖积雪的其他旅游产品、扩大可滑雪面积、开发多业态四季经营模式和更新营销策略。

2）不同措施对中国不同区域室外滑雪场应对气候变化的效果不同，以人工造雪技术提升为例，受气候变化影响越大的滑雪场，人工造雪技术提升对其作用越大；受气候变化影响小的滑雪场，人工造雪技术提升对其作用甚微。如北京、山东、河南的可滑雪天数最多可增加47d、41d和42d；而东北和新疆的滑雪场受气候变化影响较小，人工造雪技术提升对其作用有限，黑龙江的滑雪季节长度仅增加3~6d。

3）根据受气候变化的影响程度、不同省份滑雪需求和人工造雪成本，中国不同区域室外滑雪场可分为六个类型。类型一为气候变化敏感性高或较高、滑雪人次多或者一般，且人工造雪成本高的区域，包括北京、陕西、山东和河南，主要采取人工造雪技术革新、开展夜间滑雪、开发多业态四季经营模式、提升滑雪者满意度、增加滑雪者黏性等措施；类型二为气候变化敏感性一般、滑雪人次多，且人工造雪成本一般的区域，仅有河北，主要采取开展夜间滑雪、丰富依赖积雪的其他旅游产品、开发多业态四季经营模式、提升滑雪者满意度、增加滑雪者黏性等措施；类型三为气候变化敏感性一般、滑雪人次少，且人工造雪成本高的区域，包括天津，主要采取丰富依赖积雪的其他旅游产品、开发多业态四季经营模式、提高滑雪者参与率和滑雪频次、强化滑雪对于滑雪者的重要性等措施；类型四为气候变化敏感性低、滑雪人次多，且人工造雪成本低/一般的区域，包括黑龙江、吉林、新疆和内蒙古，主要采取增加人工造雪、开展夜间滑雪、丰富依赖积雪的其他旅游产品、提升滑雪者满意度、增加滑雪者黏性等措施；类型五为气候变化敏感性较高/一般、滑雪人次少/一般，且人工造雪成本一般的区域，包括山西和辽宁，主要增加人工造雪、丰富依赖积雪的其他旅游产品、提升滑雪者满意度、突破潜在滑雪者结构性制约和人际间制约等措施。类型六为气候变化敏感性较低、滑雪人次较少，且人工造雪成本较低/一般的区域，包括甘肃、宁夏、青海，主要采取丰富依赖积雪的其他旅游产品、开发多业态四季经营模式、突破潜在滑雪者结构性制约和人际间制约等措施。

参考文献

保继刚，楚义芳.2005.旅游地理学.北京：高等教育出版社.

北京日报.2018.北京冬奥会首套零度以上环保造雪设备研发成功.http://kjsh.people.cn/n1/2018/0316/c404389-29871566.html[2024-12-8].

车涛.2019.1979—2016年中国雪深长时间序列数据集.国家冰川冻土沙漠科学数据中心（http://www.ncdc.ac.cn）.https://cstr.cn/CSTR:11738.11.ncdc.Westdc.2020.63.

陈胜可.2010.SPSS统计分析从入门到精通（第3版）.北京：清华大学出版社.

崔玉环，叶柏生，王杰，等.2010.乌鲁木齐河源1号冰川度日因子时空变化特征.冰川冻土，32（2）：265-274.

方琰，Scott D，Steiger，R，等.2020.气候变化背景下人工造雪技术提升对中国滑雪季节长度的影响，资源科学，42（6）：1210-1222.

方琰，徐海滨，蒋依依.2023.多源数据融合的中国滑雪场空间活力评价研究.地理研究，42（2）：389-406.

方琰.2020.2019—2020年中国滑雪旅游产业发展现状与趋势//张健，蒋依依.体育旅游绿皮书2019—2020.北京：社会科学文献出版社.

方琰.2020.2020—2021年中国冰雪旅游发展现状与展望//张健，蒋依依.体育旅游绿皮书2019—2020.北京：社会科学文献出版社.

冯曦，王船海，李书建，等.2013.基于能量平衡法的融雪模型多时间尺度模拟.河海大学学报（自然科学版），41（1）：26-31.

高海霞.2004.消费者购买决策的研究——基于感知风险.企业经济，1：92-93.

高鑫，张世强，叶柏生，等.2011.河西内陆河流域冰川融水近期变化.水科学进展，22（3）：344-350.

韩春坛，陈仁升，刘俊峰，等.2010.固液态降水分离方法探讨.冰川冻土，20（1）：249-256.

韩杰，韩丁.2001.中外滑雪旅游的比较研究.人文地理，16（3）：26-30.

贺瑞敏，刘九夫，王国庆，等.2008.气候变化影响评价中的不确定性问题.中国水利，（2）：62-64.

洪娟.2015.基于风险观的公众气候变化感知与响应.长春：东北师范大学硕士学位论文.

参考文献

侯杰泰，温忠麟，成子娟．2004．结构方程模型及其应用．北京：教育科学出版社．

李克让，陈育峰．1996．全球气候变化影响下中国森林的脆弱性分析．地理学报，（S1）：40-49．

刘俊峰，杨建平，陈仁升，等．2006．SRM 融雪径流模型在长江源区冬克玛底河流域的应用．地理学报，61（11）：1149-1159．

刘时银，丁勇建，叶佰生．1996．度日因子用于乌鲁木齐河源 1 号冰川物质平衡计算的研究．//第五届全国冰川冻土学大会论文集（上册）．兰州：甘肃文化出版社．

陆林，刘莹莹，吕丽．2011．旅游地旅游者忠诚度机制模型及实证研究——以黄山风景区为例．自然资源学报，26（9）：1475-1483．

吕新苗，吴绍洪，杨勤业．2003．全球环境变化对我国区域发展的可能影响评述．地理科学进展，22（3）：260-269．

旅游消费者研究院．2021．2021 中国滑雪度假消费发展报告．http://field.10jqka.com.cn/20211226/c635441571.shtml［2022-1-06］．

谯程骏，何晓波，叶柏生．2010．唐古拉山冬克玛底冰川雪冰度日因子研究．冰川冻土，32（2）：257-264．

秦大河，Stocker T．2014．IPCC 第五次评估报告第一工作组报告的亮点结论．气候变化研究进展，10（1）：1-6．

秦大河．2008．气候变化科学的最新进展．科技导报，26（7）：3．

粟路军，黄福才．2011．服务公平性，消费情感与旅游者忠诚关系——以乡村旅游者为例．地理研究，30（3）：463-476．

孙葆丽，沈鹤军，王月，等．2020．奥林匹克运动可持续发展深化改革研究．天津体育学院学报，35（1）：1-6．

孙承华，伍斌，魏庆华，等．2016．中国滑雪产业发展报告（2016）．北京：社会科学文献出版社．

孙承华，伍斌，魏庆华，等．2017．中国滑雪产业发展报告（2017）．北京：社会科学文献出版社．

孙承华，伍斌，魏庆华，等．2018．中国滑雪产业发展报告（2018）．北京：社会科学文献出版社．

孙东喜．2015．滑雪旅游动机问题研究．现代国企研究，（24）：185．

孙双明，刘波，郭振，等．2019．改革开放以来中国滑雪场空间分布特征演变及影响因素研究．沈阳体育学院学报，38（6）：8．

腾讯易观．2018．2018 中国冰雪产业白皮书．https://www.xdyanbao.com/doc/ezv1gon64k?bd_vid=12169810206478572881［2022-9-8］．

王济川，王小倩，姜宝法．2011．结构方程模型：方法与应用．北京：高等教育出版社．

王世金,徐新武,邓婕,等.2017.中国滑雪旅游目的地空间格局、存在问题及其发展对策.冰川冻土,39(4):902-909.

王玉爽.2015.陕北地区公众气候变化感知与适应行为耦合关系研究.长春:东北师范大学硕士学位论文.

王芝兰,王小平,李耀辉.2013.青藏高原积雪被动微波遥感资料与台站观测资料的对比分析.冰川冻土,35(4):783-792.

吴必虎,党宁.2004.中国滑雪旅游市场需求研究.地域研究与开发,23(6):78-82.

吴明隆.2010.结构方程模型:AMOS的操作与应用(第二版).重庆:重庆大学出版社.

吴倩如,康世昌,高坛光,等.2010.青藏高原纳木错流域扎当冰川度日因子特征及其应用.冰川冻土,32(5):891-897.

伍斌,魏庆华.2020.中国滑雪产业白皮书(2019年度报).https://www.sohu.com/a/376520666_503564[2022-2-16].

伍斌,魏庆华.2021.中国滑雪产业白皮书(2020年度报告).http://www.pinchain.com/article/250554[2022-2-18].

向竣文,张利平,邓瑶,等.2021.基于CMIP6的中国主要地区极端气温/降水模拟能力评估及未来情景预估.武汉大学学报(工学版),54(1):46-57.

杨建明,万春燕.2010.全球气候变化对冬季滑雪旅游的影响.气候变化研究进展,6(5):356-361.

杨森林,等.1999.中国旅游业国际竞争策略.上海:立信会计出版社.

杨威.2001.访谈法解析.齐齐哈尔大学学报:哲学社会科学版,4:114-117.

尹雄锐,章光新,杨帆,等.2011.东北半干旱地区流域分布式水文模拟——以洮儿河流域为例.吉林大学学报(地球科学版),41(1):137-144.

袁方,王汉生.2004.社会研究方法教程.北京:北京大学出版社.

袁焰.2006.健身运动参与动机对心理健康的影响.哈尔滨体育学院学报,(6):122-123.

张宏梅,陆林.2005.近10年国外旅游动机研究综述.地域研究与开发,24(2):60-64.

张军涛,李哲,郑度.2002.温度与降水变化的小波分析及其环境效应解释.地理研究,21(1):54-60.

张琳娜,郭锐,曾剑,等.2013.北京地区冬季降水相态的识别判据研究.高原气象,32(6):1780-1786.

张雪婷,李雪梅,高培,等.2017.基于不同方法的中国天山山区降水形态分离研究.冰川冻土,39(2):235-244.

张毅.2013.我国滑雪产业可持续发展路径研究.体育文化导刊,8:86-89.

张勇,刘时银,丁永建.2006.中国西部冰川度日因子的空间变化特征.地理学报,61(1):89-98.

参 考 文 献

章诞武, 丛振涛, 倪广恒. 2013. 基于中国气象资料的趋势检验方法对比分析. 水科学进展, 24（4）：490-496.

章诞武, 丛振涛, 倪广恒. 2016. 1956—2010 年中国降雪特征变化. 清华大学学报（自然科学版）, 56（4）：381-386.

中国气象局. 2017. 中华人民共和国气象行业标准——滑雪气象指数（QX/T 386-2017. http://www.cma.gov.cn/root7/auto13139/201801/P020180117582991585090.pdf[2022-3-12].

中国气象局气候变化中心. 2018. 2018 年中国气候变化蓝皮书. 北京：科学出版社.

中国气象局气候变化中心. 2021. 2021 年中国气候变化蓝皮书. 北京：科学出版社.

中国日报网. 2018. 在重庆造雪：人造雪好于天然雪, 一个冬天的造雪成本上千万 https://baijiahao.baidu.com/s?id=1620598293543558593&wfr=spider&for=pc[2024-12-8].

周波涛, 钱进. 2021. IPCC AR6 报告解读：极端天气气候事件变化. 气候变化研究进展, 17（6）：713-718.

周庚梅. 2016. 受教育程度对滑雪旅游参与度影响研究. 哈尔滨：黑龙江大学博士学位论文.

周旗, 郁耀闯. 2009. 关中地区公众气候变化感知的时空变异. 地理研究, 28（1）：45-54.

周天军, 陈梓明, 陈晓龙, 等. 2021. IPCC AR6 报告解读：未来的全球气候——基于情景的预估和近期信息. 气候变化研究进展, 17（6）：652-663.

Abegg B, Agrawala S, Crick F, et al. 2007. Climate change impacts and adaptation in winter tourism. In：Agrawala S.（Ed.）. *Climate change in the European Alps：Adapting winter tourism and natural hazards management*, 25-58.

Abegg B, Elsasser H. 1996. Climate, weather, and tourism in the Swiss Alps. *Geographische Rundschau*, 48（12）：737-742.

Abegg B, König U, Maisch M. 1994. Klimaänderung und Gletscherskitourismus. *Geographica Helvetica*, 49（3）：103-114.

Agrawala S. 2007. *Climate change in the European Alps：adapting winter tourism and natural hazards management*. Paris：Organisation for Economic Cooperation and Development（OECD）.

Alexandris K, Funk D C, Pritchard M. 2011. The impact of constraints on motivation, activity attachment, and skier intentions to continue. *Journal of Leisure Research*, 43（1）：56-79.

Alexandris K, Kouthouris C, Girgolas G. 2007. Investigating the relationships among motivation, negotiation, and alpine skiing participation. *Journal of Leisure Research*, 39（4）：648-667.

Alexandris K, Kouthouris C, Meligdis A. 2006. Increasing customers' loyalty in a skiing resort：The contribution of place attachment and service quality. *International journal of contemporary hospitality management*, 18（5）：414-425.

Alexandris K, Tsorbatzoudis C, Grouios G. 2002. Perceived constraints on recreational sport participation：Investigating their relationship with intrinsic motivation, extrinsic motivation and amo-

tivation. Journal of Leisure Research, 34（3）：233-252.

Andersen P A, Buller D B, Scott M D, et al. 2004. Prevalence and diffusion of helmet use at ski areas in Western North America in 2001-02. *Injury Prevention*, 10（6）：358-362.

Baloglu S. 2001. An investigation of a loyalty typology and the multidestination loyalty of international travelers. *Tourism Analysis*, 6（1）：41-52.

Barber M. 2015. Ski industry expert says 31% of today's ski areas are dying. https：//ski. curbed. com/2015/1/29/9997450/ski-industry-expert-says-31-of-todays-ski-areas-are-dying［2022-1-16］.

Behringer J, Buerki R, Fuhrer J. 2000. Participatory integrated assessment of adaptation to climate change in Alpine tourism and mountain agriculture. *Integrated assessment*, 1（4）：331-338.

Bettman J R. 1973. Perceived risk and its components：A model and empirical test. *Journal of marketing research*, 10（2）：184-190.

Bigano A, Goria A, Hamilton J M, et al. 2005. The effect of climate change and extreme weather on tourism. In：Lanza A, Markandya A, Pigliaru F. *The Economics of Tourism and Sustainable Development*. Williston：Edward Elgar.

Bloch P H, Black W C, Lichtenstein D. 1989. Involvement with the equipment component of sport：Links to recreational commitment. *Leisure Sciences*, 11（3）：187-200.

Boothby J, Tungatt M F, Townsend A R. 1981. Ceasing participation in sports activity：Reported reasons and their implications. *Journal of Leisure Research*, 13（1）：1-14.

Bord R J, Fisher A, Robert E O. 1998. Public perceptions of global warming：United States and international perspectives. *Climate research*, 11（1）：75-84.

Bryan H. 1977. Leisure value systems and recreational specialization：The case of trout fishermen. *Journal of Leisure Research*, 9（3）：174-187.

Campos Rodrigues L, Freire-González J, González Puig A, et al. 2018. Climate change adaptation of Alpine ski tourism in Spain. *Climate*, 6（2）：29.

Che T, Li X, Jin R, et al. 2008. Snow depth derived from passive microwave remote-sensing data in China. *Annals of Glaciology*, 49：145-154.

Chen R S, Liu J F, Song Y X. 2014. Precipitation type estimation and validation in China. *Journal of Mountain Science*, 11（4）：917-925.

Clark M, Hreinsson E Ö, Martinez G, et al. 2009. Simulations of seasonal snow for the South Island, New Zealand. *Journal of Hydrology (New Zealand)*, 48（2）：41-58.

Crawford D W, Godbey G. 1987. Reconceptualizing barriers to family leisure. *Leisure Sciences*, 9（2）：119-127.

Crawford D W, Jackson E L, Godbey G C. 1991. A hierarchical model of leisure constraints. *Leisure Sciences*, 13（4）：309-320.

Damm A, Greuell W, Landgren O, et al. 2017. Impacts of +2℃ global warming on winter tourism demand in Europe. *Climate Services*, 7: 31-46.

Damm A, Köberl J, Prettenthaler F. 2014. Does artificial snow production pay under future climate conditions? —A case study for a vulnerable ski area in Austria. *Tourism Management*, 43: 8-21.

Dawson J, Havitz M, Scott D. 2011. Behavioral adaptation of alpine skiers to climate change: Examining activity involvement and place loyalty. *Journal of Travel & Tourism Marketing*, 28 (4): 388-404.

Dawson J, Scott D, McBoyle G. 2009. Climate change analogue analysis of ski tourism in the northeastern USA. *Climate Research*, 39 (1): 1-9.

Dawson J, Scott D. 2007. Climate change vulnerability of the Vermont ski tourism industry (USA). *Annals of Leisure Research*, 10 (3-4): 550-572.

Dawson J, Scott D. 2010. Systems analysis of climate change vulnerability for the US Northeast ski sector. *Tourism and Hospitality Planning & Development*, 7 (3): 219-235.

Dawson J, Scott D. 2013. Managing for climate change in the alpine ski sector. *Tourism Management*, 35: 244-254.

Dearden P, Manopawitr P. 2010. Climate change—coral reefs and dive tourism in South-east Asia. In: Jones A, Phillips M (Eds.). *Disappearing Destinations*. Wallingford: CABI Publishing.

Deci E L, Ryan R M. 1980. The empirical exploration of intrinsic motivational processes. *Advances in Experimental Social Psychology*, 13: 39-80.

Decrop A. 2006. *Vacation decision making*. Wallingford: CABI Publishing.

Demiroglu O C, Kučerová J, Ozcelebi O. 2015. Snow reliability and climate elasticity: Case of a Slovak ski resort. *Tourism Review*, 70 (1): 1-12.

Deng J, Che T, Hu Y X, et al. 2023. Climate change risk assessment for ski areas in China. *Advances in Climate Change Research*, 14 (2): 300-312.

Dimanche F, Havitz M E, Howard D R. 1991. Testing the involvement profile (IP) scale in the context of selected recreational and touristic activities. *Journal of Leisure Research*, 23 (1): 51-66.

Dimanche F, Havitz M E. 1995. Consumer behavior and tourism: Review and extension of four study areas. *Journal of Travel & Tourism Marketing*, 3 (3): 37-57.

Dimanche F, Samdahl D. 1994. Leisure as symbolic consumption: A conceptualization and prospectus for future research. *Leisure Sciences*, 16 (2): 119-129.

Elsasser H, Bürki R. 2002. Climate change as a threat to tourism in the Alps. *Climate Research*, 20 (3): 253-257.

Falk M. 2010. A dynamic panel data analysis of snow depth and winter tourism. *Tourism Management*, 31 (6): 912-924.

Falk M. 2011. International price differences in ski lift tickets. *Swiss Journal of Economics and Statistics*, 147 (3): 303-336.

Fang Y, Jiang Y Y, Tsai C H, et al. 2021. Spatial patterns of China's ski resorts and their influencing factors: A geographical detector study. Sustainability, 13: 4232.

Fang Y, Scott D, Steiger R. 2021. The impact of climate change on ski resorts in China. International Journal of Biometeorology, 65: 677-689.

Fang Y, Scott D, Steiger R. 2024. Assessing potential impacts of climate change on China's ski season length: A data-constrained approach. Theoretical and Applied Climatology: 1-12.

Fang Y, Scott D, Steiger R. 2021. The impact of climate change on ski resorts in China. International Journal of Biometeorology, 65: 677-689.

Fang Y, Wang H, Jiang Y, et al. 2023. Weather conditions and ski resorts' vitality: Linear and nonlinear effects. Journal of Outdoor Recreation and Tourism, 44: 100674.

Fang Y, Zheng H, Wang M, et al. 2024. Skiers' perception of climate change in China: The role of activity involvement and place loyalty. Journal of Outdoor Recreation and Tourism, 45: 100730.

Fornell C, Larcker D F. 1981. Evaluating structural equation models with unobservable variables and measurement error. *Journal of Marketing Research*, 18 (1): 39-50.

Fukushima T, Kureha M, Ozaki N, et al. 2002. Influences of air temperature change on leisure industries-case study on ski activities. *Mitigation and Adaptation Strategies for Global Change*, 7 (2): 173-189.

Gahwiler P, Havitz M E. 1998. Toward a relational understanding of leisure social worlds, involvement, psychological commitment, and behavioral loyalty. *Leisure Sciences*, 20 (1): 1-23.

Galloway R W. 1988. The potential impact of climate changes on Australian ski fields. In: Pearman G. *Greenhouse: Planning for Climatic Change*. Melbourne: CSIRO.

Gilbert D, Hudson S. 2000. Tourism demand constraints: A skiing participation. *Annals of Tourism Research*, 27 (4): 906-925.

Gilg A, Barr S, Ford N. 2005. Green consumption or sustainable lifestyles? Identifying the sustainable consumer. *Futures*, 37 (6): 481-504.

Gossling S, Bredberg M, Randow A, et al. 2006. Tourist perceptions of climate change: A study of international tourists in Zanzibar. *Current issues in tourism*, 9 (4-5): 419-435.

Gossling S, Broderick J, Upham P, et al. 2007. Voluntary carbon offsetting schemes for aviation: Efficiency, credibility and sustainable Tourism. *Journal of Sustainable Tourism*, 15 (3): 223-248.

Gossling S, Scott D, Hall C M, et al. 2012. Consumer behaviour and demand response of tourists to climate change. *Annals of Tourism Research*, 39 (1): 36-58.

Haggard L M, Williams D R. 1992. Identity affirmation through leisure activities: Leisure symbols of the self. *Journal of Leisure Research*, 24（1）：1-18.

Hair J F, Black W C, Babin B J, et al. 2011. *Multivariate Data Analysis（the 7th Edition）*. Beijing：Pearson Education Asia Ltd.

Havitz M E, Dimanche F, Bogle T. 1994. Segmenting the adult fitness market using involvement profiles. *Journal of Park and Recreation Administration*, 12（3）：38-56.

Havitz M E, Dimanche F. 1990. Propositions for testing the involvement construct in recreational and tourism contexts. *Leisure Sciences*, 12（2）：179-195.

Havitz M E, Howard D R. 1995. How enduring is enduring involvement? A seasonal examination of three recreational activities. *Journal of Consumer Psychology*, 4（3）：255-276.

Henderson K A, Stalnaker D, Taylor G. 1988. The relationship between barriers to recreation and gender-role personality traits for women. *Journal of Leisure Research*, 20（1）：69-80.

Henderson K A. 1991. The contribution of feminism to an understanding of leisure constraints. *Journal of Leisure Research*, 23（4）：363-377.

Hendrikx J, Hreinsson E Ö, Clark M P, et al. 2012. The potential impact of climate change on seasonal snow in New Zealand：part I—an analysis using 12 GCMs. *Theoretical and Applied Climatology*, 110（4）：607-618.

Hendrikx J, Zammit C, Hreinsson E Ö, et al. 2013. A comparative assessment of the potential impact of climate change on the ski industry in New Zealand and Australia. *Climatic Change*, 119（3-4）：965-978.

Hennessy K, Whetton P, Smith I, et al. 2003. *The Impact of Climate Change on Snow Conditions in Mainland Australia*. Aspendale：CSIRO Atmospheric Research.

Heo I, Lee S. 2008. The impact of climate changes on ski industries in South Korea. 대한지리학회지, 43（5）：715-727.

Houston M J. 1978. Conceptual and methodological perspectives on involvement. In：Jain S. *Research Frontiers in Marketing：Dialogues and Directions*. Chicago：American Marketing Association.

Hudson S, Gilbert D. 1998. Skiing constraints：Arresting the downhill slide. In：*Presentation at the conference on Harnessing the High Latitudes*. Guildford：University of Surrey.

IPCC. 2013. *Climate Change 2013：The Physical Science Basis*. Cambridge：Cambridge University Press.

IPCC. 2021. *Climate Change 2021：The Physical Science Basis*. Cambridge：Cambridge University Press.

Iso-Ahola S E, Allen J R. 1982. The dynamics of leisure motivation：The effects of outcome on leisure needs. *Research Quarterly for Exercise and Sport*, 53（2）：141-149.

Iso-Ahola S E. 1986. A theory of substitutability of leisure behavior. *Leisure Sciences*, 8（4）：

367-389.

Iwasaki Y, Havitz M E. 2004. Examining relationships between leisure involvement, psychological commitment and loyalty to a recreation agency. *Journal of Leisure Research*, 36 (1): 45-72.

Jackson E L, Searle M S. 1985. Recreation non-participation and barriers to participation: Concepts, and models. *Society and Leisure*, 8 (2): 693-707.

Jackson E L. 1988. Leisure constraints: A survey of past research. *Leisure Sciences*, 10 (3): 203-215.

Jackson E L. 1993. Recognizing patterns of leisure constraints: Results from alternative analyses. *Journal of Leisure Research*, 25 (2): 129-149.

Jacoby J, Chestnut R W. 1978. *Brand Loyalty: Measurement and Management*. Hoboken: John Wiley Sons Incorporated.

Katzenberger J, Crandall K, Smith J, et al. 2006. Climate change and aspen: An assessment of impacts and potential responses. *A report in the Aspen Global Change Institute Elements of Change series*, Basalt: AGCI.

Kendall M G. 1975. *Rank Correlation Methods*. London: Charles Griffin.

Klenosky D B, Gengler C E, Mulvey M S. 1993. Understanding the factors influencing ski destination choice: A means-end analytic approach. *Journal of Leisure Research*, 25 (4): 362-379.

Koenig U, Abegg B. 1997. Impacts of climate change on winter tourism in the Swiss Alps. *Journal of Sustainable Tourism*, 5 (1): 46-58.

Kureha M. 2008. Changing ski tourism in Japan: From mass tourism to ecotourism. *Global Environmental Research*, 12 (2): 137-144.

Kyle G, Absher J, Norman W, et al. 2007. A modified involvement scale. *Leisure Studies*, 26 (4): 399-427.

Kyle G, Chick G. 2002. The social nature of leisure involvement. *Journal of Leisure Research*, 34 (4): 426-448.

Kyle G, Graefe A, Manning R, et al. 2004. Effects of place attachment on users' perceptions of social and environmental conditions in a natural setting. *Journal of Environmental Psychology*, 24 (2): 213-225.

König U. 1998. *Tourism in a Warmer World: Implications of Climate Change due to Enhanced Greenhouse Effect for the Ski Industry in the Australian Alps*. Zürich: Univ. Zürich-Irchel Geographisches Institut.

Laurent G, Kapferer J N. 1985. Measuring consumer involvement profiles. *Journal of Marketing Research*, 22 (1): 41-53.

Luthe T. 2009. *Vulnerability to Global Change and Sustainable Adaptation of Ski Tourism:*

SkiSustain. Köln: Doctoral dissertation, Deutsche Sporthochschule.

Mann H B. 1945. Nonparametric tests against trend. *Econometrica: Journal of the Econometric Society*, 13, 245-259.

McBoyle G, Wall G, Harrison K, et al. 1986. Recreation and climate change: A Canadian case study. *Ontario Geography*, 28 (1): 51-56.

McClung D, Schaerer P A. 2006. *The Avalanche Handbook* (3rd ed.). Seattle, USA: Mountaineers Books.

McGuire F A. 1984. A factor analytic study of leisure constraints in advanced adulthood. *Leisure Sciences*, 6: 313-26.

McIntyre N. 1989. The personal meaning of participation: Enduring involvement. *Journal of Leisure Research*, 21 (2): 167-179.

Mitchell V W. 1995. Organizational risk perception and reduction: A literature review. *British Journal of Management*, 6 (2): 115-133.

Moen J, Fredman P. 2007. Effects of climate change on alpine skiing in Sweden. *Journal of Sustainable Tourism*, 15 (4): 418-437.

Moreno A, Becken S. 2009. A climate change vulnerability assessment methodology for coastal tourism. *Journal of Sustainable Tourism*, 17 (4): 473-488.

Nawijn J, Peeters P M. 2010. Travelling 'green': Is tourists' happiness at stake? *Current Issues in Tourism*, 13 (4): 381-392.

NSAA (National Ski Areas Association). 2008. Kottke national end of season survey 2007/08. https://cdn.adventuresportsnetwork.com/uploads/2008/06/02/kottke-preliminary-rpt-0708.pdf [2022-1-26].

Oliver R L. 1999. Whence consumer loyalty? *Journal of Marketing*, 63 (4_ suppl1): 33-44.

Ontario Snow Resorts Association. 2012. OSRA 2011-2012 *End of Season Report*. Collingwood, ON: OSRA.

Pickering C M, Castley J G, Burtt M. 2010. Skiing less often in a warmer world: Attitudes of tourists to climate change in an Australian ski resort. *Geographical Research*, 48 (2): 137-147.

Pittock A B. 1993. Climate scenario development. In: Jakeman A. J, Beck M B, McAleer M J. (eds) *Modelling change in environmental systems*. New York: John Wiley Sons.

Pritchard M P, Havitz M E, Howard D R. 1999. Analyzing the commitment-loyalty link in service contexts. *Journal of the Academy of Marketing Science*, 27 (3): 333-348.

Pritchard M P, Howard D R. 1993. Measuring loyalty in travel services: A multi-dimensional approach. *Proceedings of the World Marketing Congress*, 6: 115-119.

Racsko P, Szeidl L, Semenov M. 1991. A serial approach to local stochastic weather models.

Ecological modelling, 57 (1-2): 27-41.

Riahi K, Rao S, Krey V, et al. 2011. RCP8.5—A scenario of comparatively high greenhouse gas emissions. *Climatic Change*, 109: 33-57.

Richins M L, Bloch P H. 1986. After the new wars off: The temporal context of produce involvement. *Journal of Consumer Research*, 13: 280-285.

Rixen C, Teich M, Lardelli C, et al. 2011. Winter tourism and climate change in the Alps: An assessment of resource consumption, snow reliability, and future snowmaking potential. *Mountain Research and Development*, 31 (3): 229-236.

Rothschild M L. 1984. Perspectives on involvement: current problems and future directions. *Advances in Consumer Research*, 11: 216-217.

Rutty M, Scott D, Johnson P, et al. 2015. Behavioural adaptation of skiers to climatic variability and change in Ontario, Canada. *Journal of Outdoor Recreation and Tourism*, 11: 13-21.

Rutty M, Scott D, Johnson P, et al. 2017. Using ski industry response to climatic variability to assess climate change risk: An analogue study in Eastern Canada. *Tourism Management*, 58: 196-204.

Räisänen J. 2008. Warmer climate: Less or more snow? *Climate Dynamics*, 30 (2-3): 307-319.

Salancik G R. 1977. Commitment and the control of organizational behavior and belief. In: Staw B M, Salancik G R (Eds.). *New Directions in Organizational Behavior* (pp. 1–54). Chicago: St. Clair-Press.

Scott D, Jones B. 2005. *Climate change and Banff: implications for tourism and recreation-executive summary*. Alberta, Canada: Town of Banff.

Scott D, Dawson J, Jones B. 2008. Climate change vulnerability of the US Northeast winter recreation—tourism sector. *Mitigation and Adaptation Strategies for Global Change*, 13 (5-6): 577-596.

Scott D, McBoyle G, Mills B. 2003. Climate change and the skiing industry in southern Ontario (Canada): Exploring the importance of snowmaking as a technical adaptation. *Climate Research*, 23 (2): 171-181.

Scott D, McBoyle G, Minogue A, et al. 2006. Climate change and the sustainability of ski-based tourism in eastern North America: A reassessment. *Journal of Sustainable Tourism*, 14 (4): 376-398.

Scott D, McBoyle G, Minogue A. 2007. Climate change and Quebec's ski industry. *Global Environmental Change*, 17 (2): 181-190.

Scott D, Steiger R, Rutty M, et al. 2019b. The changing geography of the Winter Olympic and Paralympic Games in a warmer world. *Current Issues in Tourism*, 22 (11): 1301-1311.

Scott D, Steiger R, Knowles N, et al. 2020. Regional ski tourism risk to climate change: An intercomparison of Eastern Canada and US Northeast markets. *Journal of Sustainable Tourism*, 28 (4): 568-586.

Scott D, Steiger R, Rutty M, et al. 2019a. The differential futures of ski tourism in Ontario (Canada) under climate change: The limits of snowmaking adaptation. *Current Issues in Tourism*, 22 (11): 1327-1342.

Semenov M A, Barrow E M. 1997. Use of a stochastic weather generator in the development of climate change scenarios. *Climatic Change*, 35 (4): 397-414.

Shih C, Nicholls S, Holecek D F. 2009. Impact of weather on downhill ski lift ticket sales. *Journal of Travel Research*, 47 (3): 359-372.

Shipley B. 2016. *Cause and Correlation in Biology: A User's Guide to Path Analysis, Structural Equations and Causal Inference with R*. Cambridge: Cambridge University Press.

Shoemaker S, Lewis R C. 1999. Customer loyalty: The future of hospitality marketing. *International Journal of Hospitality Management*, 18 (4): 345-370.

Silberman J A, Rees P W. 2010. Reinventing mountain settlements: A GIS model for identifying possible ski towns in the US Rocky Mountains. *Applied Geography*, 30 (1): 36-49.

Siomkos G, Vasiliadis C, Lathiras P. 2006. Measuring customer preferences in the winter sports market: The case of Greece. *Journal of Targeting, Measurement and Analysis for Marketing*, 14 (2): 129-140.

Snowathome. 2013. Wet-bulb temperature chart: Snowmaking Weather Tools. www.snowathome.com/pdf/wet_bulb_chart_celsius.pdf [2022-2-13].

Steiger R, Abegg B. 2013. The sensitivity of Austrian ski areas to climate change. *Tourism Planning & Development*, 10 (4): 480-493.

Steiger R, Scott D, Abegg B, et al. 2019. A critical review of climate change risk for ski tourism. *Current Issues in Tourism*, 22 (11): 1343-1379.

Steiger R. 2010. The impact of climate change on ski season length and snowmaking requirements in Tyrol, Austria. *Climate Research*, 43 (3): 251-262.

Steiger R. 2011a. The impact of snow scarcity on ski tourism: An analysis of the record warm season 2006/2007 in Tyrol (Austria). *Tourism Review*, 66 (3): 4-13.

Steiger R. 2011b. The impact of climate change on ski touristic demand using an analogue approach. In: Weiermair K, Pechlahner H, Strobl A, et al. (Eds). *Coping with Global Climate Change: Strategies, Policies and Measures for the Tourism Industry*. Innsbruck: Innsbruck University Press.

Steiger R. 2012. Scenarios for skiing tourism in Austria: Integrating demographics with an analysis of climate change. *Journal of Sustainable Tourism*, 20 (6): 867-882.

Tasci A D, Gartner W C, Cavusgil S T. 2007. Measurement of destination brand bias using a quasi-experimental design. *Tourism Management*, 28 (6): 1529-1540.

Thomson A M, Calvin K V, Smith S J, et al. 2011. RCP4. 5: A pathway for stabilization of radiative forcing by 2100. *Climatic Change*, 109: 77-94.

Unbehaun W, Pröbstl U, Haider W. 2008. Trends in winter sport tourism: Challenges for the future. *Tourism Review*, 63 (1): 36-47.

Unofficial Network. 2015. 42 *ski resorts that get the most snow in the world*, retrieved from https://unofficialnetworks. com/2015/10/07/the-42-ski-resorts-that-get-the-most-snow-in-the-world/[2022-3-10].

Vallerand R J, Losier G F. 1999. An integrative analysis of intrinsic and extrinsic motivation in sport. *Journal of Applied Sport Psychology*, 11 (1): 142-169.

Vanat L. 2017. 2017 *International Report on Snow & Mountain Tourism: Overview of the key Industry Figures for Ski Resorts*.

Walmsley D J, Lewis G J. 1988. 行为地理学导论. 王兴中, 郑国强, 李贵才译. 西安: 陕西人民出版社.

Walsh R G, Davitt G J. 1983. A demand function for length of stay on ski trips to Aspen. *Journal of Travel Research*, 21 (4): 23-29.

Waluyo M, Huda S, Soetjipto N. 2016. Analysis of balance scorecards model performance and perspective strategy synergized by SEM. In: *MATEC Web of Conferences*. Paris: Castanet-Tolosan EDP Sciences.

Wardekker J A, Petersen A C, van Der Sluijs J P. 2009. Ethics and public perception of climate change: Exploring the Christian voices in the US public debate. *Global Environmental Change*, 19 (4): 512-521.

Webb Ⅲ T, Wigley T M L. 1985. What past climates can indicate about a warmer world. In: MacCracken M C. Luther F M. (Eds). *Projecting the Climatic Effects of Increasing Carbon Dioxide*. Washington D. C.: U. S. Dep. of Energy.

Wellman J D, Roggenbuck J W, Smith A C. 1982. Recreation specialization and norms of depreciative behavior among canoeists. *Journal of Leisure Research*, 14 (4): 323-340.

Yang X, Zhou B, Xu Y, et al. 2021. CMIP6 evaluation and projection of temperature and precipitation over China. *Advances in Atmospheric Sciences*, 38 (5): 817-830.

Zhang G, Zeng G, Liang X Z, et al. 2021b. Increasing heat risk in China's urban agglomerations. *Environmental Research Letters*, 16 (6): 064073.

Zhang G, Zeng G, Yang X, et al. 2021a. Future changes in extreme high temperature over China at 1.5C-5C global warming based on CMIP6 simulations. *Advances in Atmospheric Sciences*, 38 (2): 253-267.

附　　录

附录 A　滑雪者气候变化感知和决策行为调查问卷

亲爱的先生/女士：

您好！我们正在进行一项关于气候变暖对中国滑雪需求影响的研究。本问卷采用匿名方式作答，所得资料和数据仅用于学术研究，不会泄露您所填写的任何个人信息。问卷中所有选项没有正确和错误之分，请根据您的真实情况及想法填写。

您所提供的宝贵信息对我们的研究非常重要，感谢您的支持与配合！

一、基本特征

1. 您的性别：
〇男　　　〇女

2. 您的年龄：
〇18 岁以下　　〇18～30 岁　　〇31～44 岁
〇45～64 岁　　〇65 岁及以上

3. 您的文化程度：
〇初中及以下　〇高中或中专　〇大专或本科　〇硕士及以上

4. 您的月平均收入：
〇5000 以下　〇5000～9999　〇10000～20000　〇20000 以上

5. 您的常住地位于以下哪个区域？
〇东北（黑龙江、吉林、辽宁）
〇华东（上海、江苏、浙江、安徽、福建、江西、山东、台湾）

○华北（北京、天津、山西、河北、内蒙古）

○华中（河南、湖北、湖南）

○华南（广东、广西、海南、香港、澳门）

○西南（重庆、四川、贵州、云南、西藏）

○西北（陕西、甘肃、青海、宁夏、新疆）

二、滑雪经验及行为

6. 您认为您是双板滑雪者，单板滑雪者还是两者皆是？

○双板滑雪者　　○单板滑雪者　　○两者皆是

7. 您自己拥有滑雪装备还是在滑雪场租赁？

○自有滑雪装备　　○租赁滑雪装备　　○自有一些/部分租赁

8. 您滑雪几年了？＿＿＿＿＿＿年

9. 您每个雪季滑雪的次数为：

○1次　　○2~4次　　○5~9次　　○10次以上

10. 您第一次滑雪的年龄是？

○小于10岁　　○11~20岁　　○21~30岁　　○大于30岁

11. 您主要在哪里滑雪？

○国内（请填写具体省份）＿＿＿＿＿＿＿　　○国外（请填写具体国家）＿＿＿＿＿＿＿

12. 在哪个雪道滑雪您感觉非常舒适？

○初级雪道（绿道）

○中级或高级雪道（蓝道或黑道）

○专家级雪道（双黑道）

13. 您是否购买过雪季季票？

○未买过

○买过（若买过，在过去五年间您购买过几张雪季季票？）＿＿＿＿＿＿＿张

14. 您在做滑雪决策时，是否会收集相关信息了解意向滑雪场的积雪状况？

○会　　　　○不会

15. 影响您选择滑雪场的主要因素有：

影响因素	非常重要	重要	一般	不重要	非常不重要
与居住地的距离	○	○	○	○	○
交通可达性	○	○	○	○	○
雪票价格	○	○	○	○	○
积雪质量	○	○	○	○	○
有专家级雪道（双黑道）	○	○	○	○	○
有中高级雪道（蓝道和黑道）	○	○	○	○	○
有初级雪道（绿道）	○	○	○	○	○
朋友或者家人经常去那滑雪	○	○	○	○	○
优质的服务	○	○	○	○	○
良好的设施（如住宿）	○	○	○	○	○
开展夜间滑雪活动	○	○	○	○	○
除滑雪之外的娱乐活动丰富（如泳池、温泉等）	○	○	○	○	○
人工造雪能力强（如完善的人工造雪系统）	○	○	○	○	○
雪道不拥挤	○	○	○	○	○

16. 除以上因素外，是否有其他因素影响您选择滑雪场？
○没有　　　　　○有（请填写具体内容）_____

17. 影响您每个滑雪季滑雪天数的因素有：

影响因素	非常重要	重要	一般	不重要	非常不重要
汽油价格	○	○	○	○	○
交通费用	○	○	○	○	○
雪票价格	○	○	○	○	○
可自由支配收入	○	○	○	○	○
您家庭成员或朋友的可支配收入	○	○	○	○	○
滑雪场积雪质量	○	○	○	○	○
居住地的降雪量	○	○	○	○	○
适合滑雪的天气	○	○	○	○	○
滑雪场的交通可达性	○	○	○	○	○

续表

影响因素	非常重要	重要	一般	不重要	非常不重要
闲暇时间	○	○	○	○	○
您家庭成员或朋友的闲暇时间	○	○	○	○	○

18. 除以上因素外，是否有其他因素影响您每个滑雪季的滑雪天数？
○没有　　　　　　○有（请填写具体内容）＿＿＿＿＿＿

三、心理特征

19. 您参与滑雪活动的动机是：

	非常赞同	赞同	不确定	不赞同	非常不赞同
暂时摆脱生活、工作压力	○	○	○	○	○
休闲娱乐	○	○	○	○	○
暂时从日常琐碎生活中抽离出来	○	○	○	○	○
欣赏自然风光	○	○	○	○	○
亲近大自然	○	○	○	○	○
当别人知道您会滑雪时，您会产生优越感	○	○	○	○	○
乐意向他人展示您会滑雪	○	○	○	○	○
您认为会滑雪能使别人留下深刻的印象	○	○	○	○	○
享受未知和冒险	○	○	○	○	○
喜欢滑雪运动的刺激	○	○	○	○	○
与家人和朋友共度欢乐时光	○	○	○	○	○
和其他滑雪者交流	○	○	○	○	○
会见及认识新的滑雪者	○	○	○	○	○
学习并提高滑雪技术	○	○	○	○	○
享受挑战自我的乐趣	○	○	○	○	○
锻炼身体，提高身体素质	○	○	○	○	○

续表

	非常赞同	赞同	不确定	不赞同	非常不赞同
实现自我价值	○	○	○	○	○
获得成就感	○	○	○	○	○
获得尊重	○	○	○	○	○

20. 除了以上因素，您是否有参与滑雪运动的其他原因？

○没有　　　　　○有（请填写具体内容）_____

21. 滑雪对您而言意味着：

	非常赞同	赞同	不确定	不赞同	非常不赞同
滑雪是您最享受的运动之一	○	○	○	○	○
滑雪对您很重要	○	○	○	○	○
您的大部分生活是围绕着滑雪的	○	○	○	○	○
滑雪在您的生活中扮演着非常重要的角色	○	○	○	○	○
您乐意与您的朋友讨论滑雪	○	○	○	○	○
您大部分朋友都是滑雪者	○	○	○	○	○
滑雪运动能让您真正的做自己	○	○	○	○	○
您滑雪时所呈现的自己是您想展示给他人的样子	○	○	○	○	○

22. 您对于您经常去的滑雪场的评价为：

	非常赞同	赞同	不确定	不赞同	非常不赞同
您会始终在您常去的滑雪场滑雪	○	○	○	○	○
若需更改常去的滑雪场，您需慎重考虑	○	○	○	○	○
常去滑雪场的形象最能反映您的生活方式	○	○	○	○	○
常去的滑雪场能体现您是谁	○	○	○	○	○
您常去的滑雪场是从您从多个滑雪场自由确定的	○	○	○	○	○
常去的滑雪场是由他人决定的	○	○	○	○	○
您非常了解您常去的滑雪场	○	○	○	○	○

四、气候变化感知

23. 经验感知：

	明显变暖/减少	变暖/减少	不确定	变冷/增加	明显变冷/增加
与您的童年时期相比，您觉得近几年气温有怎样的变化？	○	○	○	○	○
与您的童年时期相比，您觉得近几年降水有怎样的变化？	○	○	○	○	○
与您的童年时期相比，您觉得近几年降雪有怎样的变化？	○	○	○	○	○

24. 知识感知：

	非常了解	比较了解	一般	不太了解	非常不了解
科学研究表明，过去100年来地球平均气温上升0.74℃，中国平均气温升高0.5～0.8℃，预计未来气温仍将升高，您是否了解？	○	○	○	○	○
科学研究表明，全球气候变暖对各国和各领域存在不同影响，但主要以不利影响为主，您是否了解？	○	○	○	○	○
气候变暖将有可能对自然降雪量、人工造雪量及滑雪体验造成影响，您是否了解？	○	○	○	○	○

后果感知：

25. 气候变暖对滑雪体验

非常有利　　○1　　○2　　○3　　○4　　○5　　非常不利

26. 气候变暖对滑雪场的影响

完全不致命　　○1　　○2　　○3　　○4　　○5　　非常致命

27. 气候变暖对滑雪场的影响

完全能避免　　○1　　○2　　○3　　○4　　○5　　完全不能避免

28. 气候变暖对滑雪旅游影响后果

完全能控制　　○1　　○2　　○3　　○4　　○5　　完全不能控制

29. 关于气候变暖对滑雪旅游影响

完全不知道　　○1　　○2　　○3　　○4　　○5　　非常熟悉

五、应对策略

30. 气候变暖是否会对您的滑雪决策造成影响？

	非常赞同	赞同	不确定	不赞同	非常不赞同
没有影响（在既定时间和既定滑雪场进行滑雪）	○	○	○	○	○
更改滑雪时间，在天气状况好或积雪质量好的时期去滑雪	○	○	○	○	○
更改滑雪地点，选择积雪质量更好的滑雪场进行滑雪	○	○	○	○	○
放弃滑雪活动	○	○	○	○	○

31. 若您选择更改滑雪时间，您的滑雪频次是否增加？

○滑雪频次不变

○滑雪频次减少（请填写减少比例%）＿＿＿＿＿＿

○滑雪频次增加（请填写增加比例%）＿＿＿＿＿＿

32. 若您选择更改滑雪地点，您会选择

○国内的滑雪场（请填写具体省份）＿＿＿＿＿＿

○国外的滑雪场（请填写具体国家）＿＿＿＿＿＿

附录B 潜在滑雪者气候变化感知和决策行为调查问卷

亲爱的先生/女士：

您好！我们正在进行一项关于气候变暖对中国滑雪需求影响的研究。本问卷采用匿名方式作答，所得资料和数据仅用于学术研究，不会泄露您所填写的任何个人信息。问卷中所有选项没有正确和错误之分，请根据您的真实情况及想法填写。

您所提供的宝贵信息对我们的研究非常重要，感谢您的支持与配合！

一、基本特征

1. 您的性别：
○男　　○女

2. 您的年龄：
○18岁以下　　○18~30岁　　○31~44岁　　○45~64岁　　○65岁及以上

3. 您的文化程度：
○初中及以下　　○高中或中专　　○大专或本科　　○硕士及以上

4. 您的月平均收入：
○5000以下　　○5000~9999　　○10000~20000　　○20000以上

5. 您的常住地位于以下哪个区域？
○东北（黑龙江、吉林、辽宁）
○华东（上海、江苏、浙江、安徽、福建、江西、山东、台湾）
○华北（北京、天津、山西、河北、内蒙古）
○华中（河南、湖北、湖南）
○华南（广东、广西、海南、香港、澳门）
○西南（四川、贵州、云南、重庆、西藏）
○西北（陕西、甘肃、青海、宁夏、新疆）

二、滑雪意向及相关决策

6. 您是否愿意尝试滑雪运动？
○愿意　　　○不愿意

7. 阻碍您参与滑雪运动的主要因素是：

	非常赞同	赞同	不确定	不赞同	非常不赞同
对滑雪运动完全不感兴趣	○	○	○	○	○
害怕受伤	○	○	○	○	○
滑雪比其他运动更难掌握	○	○	○	○	○
身体状况不允许	○	○	○	○	○
不喜欢寒冷	○	○	○	○	○
害怕乘坐缆车	○	○	○	○	○
恐高	○	○	○	○	○
滑雪运动过于危险	○	○	○	○	○
担心年龄太大无法掌握滑雪技能	○	○	○	○	○
预期花费过高	○	○	○	○	○
滑雪装备和服装太贵	○	○	○	○	○
缺少花费少、全包的滑雪旅游产品	○	○	○	○	○
没有足够的可自由支配收入	○	○	○	○	○
没有足够的闲暇时间	○	○	○	○	○
雪道太过于拥挤	○	○	○	○	○
购买/租聘滑雪装备过于麻烦	○	○	○	○	○
热衷于其他休闲娱乐活动	○	○	○	○	○
您居住地附近没有合适的滑雪场	○	○	○	○	○
适合滑雪的天气较少	○	○	○	○	○
找不到合适的人一起滑雪	○	○	○	○	○
滑雪是一项精英/贵族运动	○	○	○	○	○
伴侣对滑雪不感兴趣	○	○	○	○	○
朋友/家庭成员没有足够的可自由支配收入	○	○	○	○	○
朋友/家庭成员没有足够的闲暇时间	○	○	○	○	○

	非常赞同	赞同	不确定	不赞同	非常不赞同
朋友/家庭成员不带您参与滑雪	○	○	○	○	○
害怕在朋友/家庭成员面前出丑	○	○	○	○	○
部分家庭成员年龄太小	○	○	○	○	○

8. 除以上因素外，是否有其他因素阻碍您参与滑雪运动？

○没有　　　　○有（请填写详细内容）＿＿＿＿＿＿

9. 您倾向去以下哪个省份/直辖市滑雪？

□黑龙江　　□吉林　　□辽宁　　□河北　　□北京　　□山西
□内蒙古　　□天津　　□新疆　　□甘肃　　□宁夏　　□青海
□陕西　　　□山东　　□浙江　　□江苏　　□安徽　　□福建
□河南　　　□湖南　　□湖北　　□四川　　□重庆　　□贵州
□云南　　　□广西　　□广东

10. 影响您选择滑雪场的可能因素有：

	非常重要	重要	一般	不重要	非常不重要
与您居住地的距离	○	○	○	○	○
交通可达性	○	○	○	○	○
雪票价格	○	○	○	○	○
积雪质量	○	○	○	○	○
有专家级雪道（双黑道）	○	○	○	○	○
有中高级雪道（蓝道和黑道）	○	○	○	○	○
有初级雪道（绿道）	○	○	○	○	○
朋友或者家人经常去那滑雪	○	○	○	○	○
优质的服务	○	○	○	○	○
良好的设施（如住宿）	○	○	○	○	○
开展夜间滑雪活动	○	○	○	○	○
除滑雪之外的娱乐活动丰富（如泳池、温泉等）	○	○	○	○	○
人工造雪能力强（如完善的人工造雪系统）	○	○	○	○	○
雪道不拥挤	○	○	○	○	○

11. 除以上因素外，是否有其他因素影响您选择滑雪场？

○没有　　　　○有（请填写具体内容）＿＿＿＿＿＿

12. 可能影响您每个滑雪季滑雪天数的因素有：

	非常重要	重要	一般	不重要	非常不重要
汽油价格	○	○	○	○	○
交通费用	○	○	○	○	○
雪票价格	○	○	○	○	○
可自由支配收入	○	○	○	○	○
您家庭成员或朋友的可支配收入	○	○	○	○	○
滑雪场积雪质量	○	○	○	○	○
居住地的降雪量	○	○	○	○	○
适合滑雪的天气	○	○	○	○	○
滑雪场的交通可达性	○	○	○	○	○
闲暇时间	○	○	○	○	○
您家庭成员或朋友的闲暇时间	○	○	○	○	○

13. 除以上因素外，是否有其他因素影响您每个滑雪季的滑雪天数？

○没有　　　　○有（请填写具体内容）＿＿＿＿＿＿

三、心理特征

14. 您参与滑雪活动的可能动机是：

	非常赞同	赞同	不确定	不赞同	非常不赞同
暂时摆脱生活、工作压力	○	○	○	○	○
休闲娱乐	○	○	○	○	○
暂时从日常琐碎生活中抽离出来	○	○	○	○	○
欣赏自然风光	○	○	○	○	○
亲近大自然	○	○	○	○	○

续表

	非常赞同	赞同	不确定	不赞同	非常不赞同
当别人知道您会滑雪时，您会产生优越感	○	○	○	○	○
乐意向他人展示您会滑雪	○	○	○	○	○
您认为会滑雪能使别人留下深刻的印象	○	○	○	○	○
享受未知和冒险	○	○	○	○	○
喜欢滑雪运动的刺激	○	○	○	○	○
与家人和朋友共度欢乐时光	○	○	○	○	○
和其他滑雪者交流	○	○	○	○	○
会见及认识新的滑雪者	○	○	○	○	○
学习并提高滑雪技术	○	○	○	○	○
享受挑战自我的乐趣	○	○	○	○	○
锻炼身体，提高身体素质	○	○	○	○	○
实现自我价值	○	○	○	○	○
获得成就感	○	○	○	○	○
获得尊重	○	○	○	○	○

15. 除了以上因素，您是否有参与滑雪运动的其他原因？

○没有　　　　　　○有（请填写具体内容）＿＿＿＿＿＿

四、气候变化感知

16. 经验感知：

	明显变暖/减少	变暖/减少	不确定	变冷/增加	明显变冷/增加
与您的童年时期相比，您觉得近几年气温有怎样的变化？	○	○	○	○	○

续表

	明显变暖/减少	变暖/减少	不确定	变冷/增加	明显变冷/增加
与您的童年时期相比,您觉得近几年降水有怎样的变化?	○	○	○	○	○
与您的童年时期相比,您觉得近几年降雪有怎样的变化?	○	○	○	○	○

17. 知识感知:

	非常了解	比较了解	一般	不太了解	非常不了解
科学研究表明,过去100年来地球平均气温上升0.74℃,中国平均气温升高0.5℃~0.8℃,预计未来气温仍将升高,您是否了解?	○	○	○	○	○
科学研究表明,全球气候变暖对各国和各领域存在不同影响,但主要以不利影响为主,您是否了解?	○	○	○	○	○
气候变暖将有可能对自然降雪量、人工造雪量及滑雪体验造成影响,您是否了解?	○	○	○	○	○

后果感知:

18. 气候变暖对滑雪体验

非常有利　　○1　　○2　　○3　　○4　　○5　　非常不利

19. 气候变暖对滑雪场的影响

完全不致命　　○1　　○2　　○3　　○4　　○5　　非常致命

20. 气候变暖对滑雪场的影响

完全能避免　　○1　　○2　　○3　　○4　　○5　　完全不能避免

21. 气候变暖对滑雪旅游影响后果

完全能控制　　○1　　○2　　○3　　○4　　○5　　完全不能控制

22. 关于气候变暖对滑雪旅游影响

完全不知道　　○1　　○2　　○3　　○4　　○5　　非常熟悉

五、应对策略

23. 气候变暖是否会对您的滑雪决策造成影响？

	非常赞同	赞同	不确定	不赞同	非常不赞同
没有影响（在既定时间和既定滑雪场进行滑雪）	○	○	○	○	○
更改滑雪时间，在天气状况好或积雪质量好的时期去滑雪	○	○	○	○	○
更改滑雪地点，选择积雪质量更好的滑雪场进行滑雪	○	○	○	○	○
放弃滑雪活动	○	○	○	○	○

24. 若您选择更改滑雪时间，您的滑雪频次是否增加？

○滑雪频次不变

○滑雪频次减少（请填写减少比例%）＿＿＿＿＿

○滑雪频次增加（请填写增加比例%）＿＿＿＿＿

25. 若您选择更改滑雪地点，您会选择

○国内的滑雪场（请填写具体省份）

＿＿＿＿＿＿＿＿＿＿

○国外的滑雪场（请填写具体国家）

＿＿＿＿＿＿＿＿＿＿